Berlitz®

Spanisch
Grammatik

Basiswissen

W0337876

Phil Turk

Berlitz Publishing Company, Inc.
Princeton Mexiko Dublin Eschborn Singapur

Spanisch: Grammatik

Der Autor:

Phil Turk ist Lehrer mit langjähriger Erfahrung, Autor verschiedener Lehrbücher der spanischen Sprache und Herausgeber von *Vida Hispánica,* der spanischen Zeitschrift der Association for Language Learning.

Der Herausgeber der Reihe:

Christopher Wightwick hat Großbritannien beim Fremdsprachenprojekt des Europarates vertreten und ist ehemaliger Oberinspektor für Neuere Sprachen im englischen Schulwesen.

Deutsche Bearbeitung: **Inge Shields**

1. Ausgabe, 4. Auflage April 1999

ISBN: 3-8043-4514-X

Printed in Spain

INHALT

C Handlungen und Zustände: Verben und ihr Gebrauch

Wie man dieses Buch benutzt

Spanisch: Grammatik kann man auf zwei verschiedene Arten verwenden.

• Wenn Sie sich lediglich ganz allgemein ein Bild von einem bestimmten Aspekt der spanischen Grammatik machen wollen, schlagen Sie bitte im *Inhaltsverzeichnis* am Anfang des Buches nach. Lesen Sie sich dann die entsprechenden Abschnitte im Text durch. Die zahlreichen Querverweise führen Sie zu anderen, verwandten Themen..

• Wenn Sie mehr über ein bestimmtes Grammatikthema oder den Gebrauch eines bestimmten spanischen Wortes oder Ausdrucks erfahren möchten, so finden Sie hinten im Buch ein ausführliches *Sachregister*. Das Register hat viele Unterabschnitte. Darüber hinaus sind viele Punkte unter mehreren Überschriften aufgeführt. Das Register weist Sie auf die Nummern der einzelnen Abschnitte hin.

Spanisch: Grammatik gibt Ihnen übersichtliche Informationen über die grammatikalischen Formen und Strukturen des Spanischen. Das Buch dient jedoch in erster Linie dazu, Ihnen zu zeigen, wie Sie diese Formen und Strukturen in der mündlichen oder schriftlichen Kommunikation anwenden können.

• Grammatikalische Ausdrücke werden verwendet, soweit dies für die Beschreibung der spanischen Sprache nötig ist. Wir gehen jedoch nicht davon aus, daß Sie mit diesen Ausdrücken bereits vertraut sind. In allen Abschnitten dieses Buches finden Sie Erklärungen der grammatikalischen Ausdrücke.

• Wesentlich an diesem Buch ist die große Anzahl der Beispiele aus dem modernen spanischen Sprachgebrauch. Wo immer dies sinnvoll möglich ist, werden sie in kurzen Dialogen, Themen oder Geschichten zusammengefaßt. Wenn Sie tatsächlich eine Grammatikerklärung nicht verstehen sollten, so hilft Ihnen das Beispiel, besser zu erkennen, um was es geht.

• *Spanisch: Grammatik* ist für alle bestimmt, die ihr Spanisch *anwenden* möchten. Wo Konstruktionen oder Ausdrücke nur in einem formellen Zusammenhang verwendet werden, wird das im Text deutlich herausgestellt.

Als Sicherheitsnetz gibt es schließlich noch überall dort, wo Sie dieses Zeichen sehen, Warnhinweise, die Ihnen helfen, Klippen zu umgehen und Fallen zu vermeiden.

A

WIE MAN IDEEN IN WORTE FASST

1	*Wortarten*
2	*Wie man etwas zu Papier bringt: Rechtschreibung und Zeichensetzung*
3	*Wie man Ideen verbindet*

1 Wortarten

1a *Was für ein Wort ist es?*

Man kann oft erst sagen, um welche *Wortart* es sich handelt, wenn das Wort in einem Satz verwendet wird. Andererseits kann das Verstehen eines Satzes auch davon abhängen, ob man weiß, zu welcher Wortart ein Wort gehört. Es hilft daher, wenn man in der Lage ist, sie zu erkennen. In diesem Buch definieren wir jede Wortart hauptsächlich nach dem, was sie tut, worauf sie sich bezieht, welche Funktion und Stellung sie im Satz einnimmt. Wenn man sie auch an der Form, zum Beispiel aufgrund ihrer Endungen erkennen kann, so wird dies ebenfalls beschrieben.

1b *Inhalts- und Funktionswörter*

Es gibt in der Hauptsache vier Wortarten, *die Inhalt vermitteln* und für die Bedeutung des Satzes ausschlaggebend sind. Die restlichen, *die Strukturen vermitteln*, tragen selbstverständlich zur Satzbedeutung bei, tun dies jedoch in erster Linie durch die Art und Weise, in der sie sich auf die inhaltsvermittelnden Worte beziehen. Nachstehende Tabelle zeigt die beiden Gruppen mit ihren deutschen und spanischen Namen, einige Beispiele und den Abschnitt, in dem sie zuerst definiert werden.

N.B. Zwischen diesen beiden Gruppen gibt es zwar einige Überschneidungen, es ist jedoch trotzdem sinnvoll, diesen Unterschied zu machen.

I Wörter, die Inhalt vermitteln

Vollverben: **verbos completos** [➤7a]

Me *hospedo* a menudo en los grandes hoteles, pero los *odio*. Me *ponen* nervioso.	Ich *übernachte* häufig in Hotels, doch ich *hasse* sie. Sie *machen* mich nervös..

Nomen: **su(b)stantivos** [➤20]

Conozco un pequeño *hotel* en *Córdoba* que tiene ocho *habitaciones* con *cuarto de baño*, *televisor* y *balcón*.	Ich kenne ein kleines *Hotel* in *Córdoba* mit acht *Zimmern* mit *Bad*, *Fernseher* und *Balkon*

Adjektive: **adjetivos** [➤22]

Las habitaciones son *sencillas*, pero muy *cómodas* y bien *amuebladas*. Y aquella pareja *simpática* siempre sirve una cena *enorme*.

Die Zimmer sind *einfach*, doch sehr *bequem* und gut *ausgestattet*. Und das *nette* Ehepaar serviert uns immer eine *riesige* Mahlzeit.

Adverbien: **adverbios** [➤26]

Ahora *siempre* me hospedo *allí* cuando estoy en Córdoba, porque *también* es *relativamente* barato.

Jetzt wohne ich *dort immer*, wenn ich in Córdoba bin, denn es ist auch *relativ* preiswert.

II Wörter, die Strukturen vermitteln

Hilfsverben: **verbos auxiliares** [➤7b]

Acabo de recomendar este hotel a un amigo que *suele* preferir los hoteles de lujo. Me *ha* dicho que le *ha* gustado mucho.

Ich *habe* dieses Hotel gerade einem Freund empfohlen, der normalerweise Luxushotels bevorzugt. Er *hat* mir gesagt, daß er sehr zufrieden damit gewesen *ist*.

Pronomen: **pronombres** [➤23]

Los dueños *me* dicen que el hotel es antiguo, y *yo les* creo. Es muy interesante charlar con *ellos*.

Die Inhaber haben *mir* gesagt, das Hotel sei sehr alt, und *ich* glaube *ihnen*. Es ist sehr interessant, *sich* mit *ihnen* zu unterhalten.

Bestimmungswörter: **determinadores** [➤21]

Este hotel es mejor que t*odos los otros* hoteles que conozco. ¡*Algunos* hoteles son horrorosos!

Dieses Hotel ist besser als *alle* anderen Hotels, die ich kenne. *Einige* Hotels sind furchtbar!

Präpositionen: **preposiciones** [➤25]

El hotel está *cerca de* la empresa, que está *en* el centro. *Para* llegar *a* la oficina *antes de* las diez, puedo ir andando *sin* tomar un taxi.

Das Hotel ist *bei* der Firma, die *im* Stadtzentrum liegt. Um *vor* zehn *im* Büro zu sein, kann ich zu Fuß gehen, *ohne* ein Taxi zu nehmen.

Konjunktionen: **conjunciones** [➤5a]

El hotel es muy práctico *y* barato, *pero* a veces está completo *cuando* llamo para reservar una habitación, *aunque* siempre tratan de guardarme una.

Das Hotel ist sehr praktisch *und* preiswert, *aber* manchmal ist es voll, *wenn* ich anrufe, um ein Zimmer zu bestellen, *obwohl* sie immer versuchen, mir eines zu reservieren.

Ausrufe: **exclamaciones** {[➤24]

¡*Qué* hotel tan acogedor!
¡*Qué simpáticos* son los dueños!
¡*Qué* habitaciones tan *cómodas!*
¡*Lo agradable que es* todo!
¡*Claro que* volveré!

Was für ein gastfreundliches Hotel!
Wie nett die Eigentümer sind!
Was für bequeme Zimmer!
Wie angenehm das alles ist!
Natürlich werde ich wiederkommen!

2 Wie man etwas zu Papier bringt: Rechtschreibung und Zeichensetzung

2a *Rechtschreibung und Aussprache*

In diesem Kapitel werden die Grundlagen der spanischen Rechtschreibung und Zeichensetzung beschrieben. Die Aussprache wird hier nicht direkt behandelt, da ein Versuch, Aussprache schriftlich zu beschreiben, eher hinderlich als hilfreich ist.

2b *Das spanische Alphabet*

Die Reihenfolge, in der Buchstaben in spanischen Wörterbüchern aufgeführt werden, ist nachstehende:

Buchstabe		Name des Buchstabens im Spanischen	Buchstabe		Name des Buchstabens im Spanischen
A	a	a	N	n	ene
B	b	be	Ñ	ñ	eñe
C	c	ce	O	o	o
Ch	ch	che	P	p	pe
D	d	de	Q	q	cu
E	e	e	R	r	ere
F	f	efe	S	s	ese
G	g	ge	T	t	te
H	h	ache	U	u	u
I	i	i	V	v	uve
J	j	jota	W	w	uve doble
K	k	ka	X	x	equis
L	l	ele	Y	y	i griega
Ll	ll	elle	Z	z	ceda or ceta
M	m	eme			

⚠ Die Buchstabenkombinationen **ch** (**che**), **ll** (**elle**) und **ñ** (**eñe**) werden im Spanischen als eigenständige Buchstaben behandelt. Sie kommen im Alphabet selbst innerhalb eines Wortes an der oben angeführten

Stelle vor: **almorzar** »zu Mittag essen« steht daher vor **allí** »dort« und **antíguo** »alt, langjährig« vor **año** »Jahr«.
Da **b** und **v** gleich ausgesprochen werden wird **b** zur Vermeidung von Verwirrungen **be** genannt und **v uve**.
K und **w** kommen nicht sehr häufig vor. **K** kommt hauptsächlich in den metrischen Bezeichnungen **kilo**- und in importierten Wörtern wie **kaki**, **kamikaze** vor, **w** in Wörtern, die aus dem Englischen ins Spanische übernommen wurden, wie zum Beispiel **walki-talki**, **whisk(e)y**, **windsurfing**.

2c *Die wichtigsten Rechtschreibregeln*

(i) *Betonung und Akzent*

Der Akzent (´) im Spanischen wird dazu gebraucht, die *Betonung* anzugeben. Die eigentliche Aussprache des Vokals wird durch den Akzent nicht verändert. Die Betonung bezieht sich darauf, welche Silbe in einem Wort mit mehreren Silben am stärksten hervorgehoben wird.

mantequilla	Butter
margarina	Margarine
azúcar	Zucker

Drei Grundregeln bestimmen die Betonung eines spanischen Wortes:

(A) Wörter, die auf einen Vokal oder auf **-n** oder **-s** enden, werden auf der vorletzten Silbe betont (**n** und **s** werden mit einbezogen, da sie häufig der letzte Buchstabe der Verb-Endungen und des Plurals der Adjektive und Nomen sind [➤19, 20g, 22a(i)].

cosa	Sache	**cosas**	Sachen
agua pura	reines Wasser	**aguas puras**	reine Wasser
hablo	ich spreche	**hablas**	du sprichst
habla	er/sie spricht	**hablan**	sie sprechen

(B) Wörter, die auf einen anderen Konsonanten als **-n** und **-s** enden, werden auf der letzten Silbe betont.

arroz	Reis
comer	essen

(C) Wörter, die nicht einer dieser beiden vorstehenden Regeln entsprechen, werden durch einen Akzent auf dem betonten Vokal gekennzeichnet.

azúcar	Zucker
almíbar	Syrup

hablaré	ich werde sprechen
hablarás	du wirst sprechen
hablará	er wird sprechen
hablaréis	ihr werdet sprechen
hablarán	sie werden sprechen

Zu dieser Kategorie gehören alle Wörter, bei denen die Betonung auf einer anderen Silbe liegt, wie zum Beispiel der vor- oder drittletzten. Hierzu gehören auch der Imperativ [➤15], der Infinitiv [➤10a] und das Gerundium [➤10b], wenn Objektpronomen [➤23b] an sie angehängt werden.

fantástico	phantastisch
auténtico	authentisch
dímelo	sag' es mir!
decírtelo	(um) es dir zu sagen
diciéndotelo	es dir sagend (während ich es dir sagte)

⚠ Bestimmte Wortgruppen haben einen Akzent im Singular und nicht im Plural, und umgekehrt.

Wörter, die auf **-án**, **-én**, **-ín**, **-ón**, **-ún**, **-és** enden:

rehén	**rehenes**	Geisel(n)
estación	**estaciones**	Bahnhof(-höfe), Jahreszeit(en)
inglés	**ingleses**	der/die Engländer

Wörter, die auf **-en** enden, werden auf der vorletzten Silbe betont:

examen	**exámenes**	Prüfung(en)
origen	**orígenes**	Ursprung(-sprünge)

Der Akzent wird auch in folgenden Fällen zur Betonung gebraucht:

(A) Auf der betonten Silbe von Fragewörtern:

qué?	was?	**quién?**	wer?

usw. [➤6d, 23g]

(B) Obwohl es streng genommen nicht notwendig ist, auch bei Demonstrativpronomen in der weiblichen und männlichen Form, wenn sie nicht beim Nomen stehen:

éste y ése dieser und jener

(C) Um Wörter zu unterscheiden, die sonst gleich geschrieben werden:

de	von	**dé**	gebe (Konjunktiv Präsens)
el	der	**él**	er, ihm
mas	aber	**más**	mehr
mi	mein	**mí**	mir, mich
se	sich	**sé**	ich weiß; sei!
si	wenn	**sí**	ja; sich selbst
solo	allein	**sólo**	nur
te	dir, dich	**té**	Tee
tu	dein	**tú**	du

(ii) *Sonstige Akzente*

(A) Die Tilde (~) unterscheidet den einfachen Buchstaben **n** (**ene**) vom **ñ** (**eñe**).

señor	Herr	**año**	Jahr

(B) Das Trema (**el diéresis**) (¨) wird nur bei den Kombinationen **-güe** und **-güi** gebraucht, um zu zeigen, daß das **-u-** ausgesprochen wird.

vergüenza	Scham; Schande

(iii) *Vokale*

(A) **A**, **e** und **o** bezeichnet man als *starke* Vokale, **i** und **u** als *schwache* Vokale. Kommen zwei starke Vokale zusammen, werden sie wie zwei getrennte Silben betont.

leo = le-o, **lees = le-es**	ich lese; du liest
cae = ca-e, **caen = ca-en**	er/sie fällt; sie fallen

(B) Kommen ein starker und ein schwacher oder zwei schwache Vokale zusammen, so entsteht ein *Diphthong.* Der Diphthong wird als eine Silbe behandelt.

seis	sechs	**Dios**	Gott
siete	sieben	**ruido**	Geräusch, Lärm
viuda	Witwe		

(C) Bei der Verbindung eines starken Vokals mit einem schwachen wird ein Akzent notwendig, um den schwachen Vokal zu betonen, selbst wenn zwischen den Vokalen ein h steht.

día	Tag	**aún**	noch
leído	gelesen	**prohíbo**	ich verbiete
continúo	ich fahre fort (im Sinne von weitermachen)		

(D) **Y** ist ein Konsonant, wenn es zwischen Vokalen steht (**mayo** »Mai«) und muß bei einem Diphthong am Endes eines

Wortes anstelle des **i** verwendet werden.

hay	es gibt	**estoy**	ich bin
ley	Gesetz	**muy**	sehr

(iv) *Einfache und doppelte Buchstaben*

Ein bemerkenswertes Charakteristikum der spanischen Sprache ist, daß sie keine doppelten Konsonanten besitzt. Nur nachstehende Konsonanten können verdoppelt werden, und dies nur deshalb, weil ihre Aussprache sich von der des einfachen Konsonanten unterscheidet.

Ll ist ein anderer Buchstabe als **l** [➤2b]. Vergleichen Sie nachstehendes:

lamer	lecken	**llamar**	rufen

Rr wird sehr viel stärker »gerollt« als ein einfaches **r**.

pero	aber	**perro**	Hund
ahora	jetzt	**ahorra**	er/sie spart

Nn kommt in Adjektiven vor, die mit **n-** beginnen und die negative Vorsilbe **in-** haben: beide **n**s werden ausgesprochen.

negable	bestreitbar
innegable	unbestreitbar

N.B. Auch **perenne** »immerwährend, ewig«

Bei **cc** ist das erste **c** *hart* und das zweite *weich*.

acceso	Zugang	**sección**	Abschnitt

(v) *Die Auswirkung der Endung auf die Rechtschreibung*

Manchmal verändert sich im Spanischen die Rechtschreibung, wenn ein Nomen, Adjektiv oder Verb seine Endung ändert.

(A) Eine Veränderung der Verb-Endung oder die Pluralform eines Nomens kann eine Veränderung des geschriebenen Konsonanten notwendig machen, damit die korrekte Aussprache beibehalten wird.

Vor **e** oder **i** muß **c** als **-qu-** geschrieben werden und **z** als **c**.

sacar	herausnehmen	**saqué**	ich nahm heraus
empezar	beginnen	**empecé**	ich begann [➤19e]
una vez	einmal	**muchas veces**	viele Male; oft [➤20g(iii)]

Nachstehende Tabelle zeigt die Veränderungen in der Schriftsprache, damit die Aussprache **k**, **kw** und **th** (in Spanien wie das englische *th*, jedoch in Lateinamerika wie *s* ausgesprochen) beibehalten wird.

Vokal		*Konsonant*	
	k	**kw**	**th/s**
a	ca	cua	za
e	que	cue	ce
i	qui	cui	ci
o	co	cuo	z
u	cu	–	zu
			-z (Wortende)

Nachstehende Tabelle zeigt die Veränderung in der Schriftsprache, damit die Aussprache von **g**, **gw** und **j** (wie in **ajo**) vor einem Vokal beibehalten wird.

Vokal		*Konsonant*	
	g	**gw**	**j**
a	ga	gua	ja
e	gue	güe	ge/je
i	gui	güi	gi/ji
o	go	guo	jo
u	gu	–	ju
			-j (Wortende)

In den Kombinationen **-ce** und **-ci** muß **-c-**, nicht **-z-**verwendet werden, doch bei **-ge/-gi** und **-je/-ji** ist beides möglich.

(B) Bei den verschiedenen Tempora der Verben [➤18, 19] kann sich die Betonung selbst verändern, man muß daher darauf achten, ob die veränderte Betonung einen Akzent notwendig macht.

hablo	ich spreche	**hablamos**	wir sprechen
habló	er/sie sprach	**hablará**	er/sie wird sprechen

(C) Einige Nomen und Adjektive haben im Maskulinum Singular jedoch nicht im Femininum oder Plural einen Akzent, oder umgekehrt [➤2c(i) vorstehend].

(vi) *Großschreibung*

Eigennamen, Ortsnamen und Länder [➤20c] werden groß geschrieben.

Juan y Mercedes son de Zaragoza en España.	Juan und Mercedes kommen aus Zaragoza in Spanien.

Adjektive, die eine Region oder Staatsangehörigkeit bezeichnen [➤22a(i)], Titel [➤21c(v)] sowie Tage und Monate [➤30a, b] werden *klein* geschrieben.

2d Zeichensetzung

(i) Die wichtigsten Satzzeichen im Spanischen

.	**punto**	Punkt
.	**punto y aparte**	Punkt, Absatz
,	**coma**	Komma
:	**dos puntos**	Doppelpunkt
;	**punto y coma**	Semikolon; Strichpunkt
¿	**ábranse puntos de interrogación**	Fragezeichen am Frageanfang
?	**ciérrense puntos de interrogación**	Fragezeichen am Frageende
¡	**ábranse puntos de admiración**	Ausrufezeichen am Satzanfang
!	**ciérrense puntos de admiración**	Ausrufezeichen am Satzende
(	**ábranse paréntesis**	Klammern auf
)	**ciérrense paréntesis**	Klammern zu
«	**ábranse comillas**	Anführungszeichen auf
»	**ciérrense comillas**	Anführungszeichen zu
–	**raya**	Gedankenstrich
-	**guión**	Bindestrich

(ii) ¿? ¡!

Eines der typischsten Charakteristika der spanischen Schriftsprache ist das umgekehrte Frage- oder Ausrufezeichen am Anfang einer Frage oder eines Ausrufs. Diese Zeichen sind notwendig, weil das Personalpronomen [➤23b(i)] im Spanischen meistens nicht ausgedrückt wird und Verb und Subjekt daher nicht invertiert werden können wie im Deutschen. Das umgekehrte Frage- oder Ausrufezeichen wird aber erst *an den Anfang der Frage oder des Ausrufs* gestellt, nicht unbedingt an den Anfang des Satzes.

Lo que quiero saber es *¿vamos a hacerlo? ¡No tengo ni idea!*	Was ich wissen will, ist: *Werden wir es tun? Ich habe keine Ahnung!*

(iii) –

Im Spanischen gebraucht man am Anfang der direkten Rede den Gedankenstrich (**raya**). Im Deutschen setzen wir Anführungszeichen. Der Gedankenstrich wird immer an den Anfang der direkten Rede gestellt. An das Ende ebenfalls, wenn darauf nicht-gesprochene Worte folgen.

– Lo que quiero saber – dijo Miguel – es ¿vamos a hacerlo o no?	»Was ich wissen möchte«, sagte Michael, »ist: Tun wir es oder nicht?«
– ¡No tengo ni idea! – respondió su compañero.	»Ich habe keine Ahnung!«, sagte sein Begleiter.

Der Gedankenstrich wird auch oft verwendet, wo wir im Deutschen bei einem Zwischensatz Kommas setzen.

Su compañero – que no era muy valiente – dudaba.	Sein Begleiter, der nicht sehr tapfer war, zögerte.

Auch Klammern () können im Spanischen auf diese Weise verwendet werden.

(iv) « »

Anführungszeichen (**comillas**) werden normalerweise verwendet, um ein Textzitat, einen fremden Ausdruck oder auch einen Titel zu kennzeichnen.

Miguel se consideraba muy *«avant-garde»*.	Michael hielt sich für sehr *»avant garde«*.

(v) -

Der Bindestrich (**guión**) wird im Spanischen nicht sehr häufig gebraucht. Zur Trennung von Wörtern am Zeilenende ist er jedoch notwendig. Hier muß man darauf achten, daß die neue Silbe möglichst mit einem Konsonanten beginnen soll. Die

Trennung der Monatsnamen vermittelt Ihnen hier eine recht gute Vorstellung, wie die Trennung von im Spanischen funktioniert: **e-ne-ro**, **fe-bre-ro**, **mar-zo**, **a-bril**, **ma-yo**, **ju-nio**, **ju-lio**, **a-gos-to**, **se-tiem-bre**, **oc-tu-bre**, **no-viem-bre**, **di-ciem-bre**.

Bei zusammengesetzten Wörtern wird selten ein Bindestrich verwendet. Sie werden, wie im Deutschen, normalerweise zusammengeschrieben.

abrebotellas	Flaschenöffner

Bei der Koppelung von zwei Nomen wird durchaus auch ein Bindestrich verwendet [➤3a(ii)].

bebé-probeta	Retortenbaby
coche-restaurante	Speisewagen

3 Wie man Ideen verbindet

3a *Zusammengesetzte Wörter oder Wendungen?*

In allen Sprachen braucht man Methoden, Wörter zu verbinden, um komplexere Zusammenhänge auszudrücken. Dazu kann man entweder zwei Nomen [➤20] und in gewissem Maß auch Verben [➤7] zu einem zusammengesetzten Wort oder mehrere einzelne Wörter zu einer Wendung verbinden.

(i) *Zusammengesetzte Wörter ohne Bindestrich*

Im Spanischen gibt es eine ganze Reihe zusammengesetzter Nomen, bei denen der erste Teil des Wortes ein Verb ist. Sie werden als ein Wort geschrieben und sind maskulin. Wenn sie auf **-s** enden haben sie keine Pluralform.

abrebotellas	Flaschenöffner
abrelatas	Dosenöffner
espantapájaros	Vogelscheuche
lavaplatos	Geschirrspülmaschine
lavavajilla	Geschirrspülmittel
limpiabotas	Schuhputzer
limpiaparabrisas	Scheibenwischer
parabrisas	Windschutzscheibe
parachoques	Stoßstange
portaviones	Flugzeugträger
portavoz	Sprecher
rascacielos	Wolkenkratzer
reposabrazos	Armlehne
sacacorchos	Korkenzieher

(ii) *Zusammengesetzte Wörter mit Bindestrich*

Der Bindestrich wird im Spanischen selten in dieser Art gebraucht [➤2d(v) vorstehend], doch in zwei Fällen benutzt man ihn:

(A) Wenn zwei Wörter verbunden werden, bei denen das zweite das erste Wort beschreibt oder definiert:

bebé-probeta	Retortenbaby
camión-tanque	Tankwagen
coche-cama	Schlafwagen

coche-comedor	Speisewagen
coche-patrulla	Streifenwagen

(B) Zusammengesetzte »Jargon«-Adjektive, wie zum Beispiel nachstehendes, obwohl sie oft auch in einem Wort geschrieben werden.

socio-político	»sozialpolitisch«

(iii) *Zusammengesetzte Wendungen*

Im allgemeinen ist es jedoch nicht möglich, im Spanischen ein Nomen zur Beschreibung eines weiteren in dieser Form zu verwenden. Im Deutschen ist dies möglich: »Teetasse«, »Mannschaftsspiel«, »Schuljahr«. Doch im Spanischen werden normalerweise zwei Nomen mit einer Präposition verbunden [➤20b], oder es wird ein Adjektiv gebildet: **taza de/para té**, **juego de equipo**, **año escolar**.

(A) Soll die Funktion des Objekts ausgedrückt werden, so wird **de** + der Infinitiv des Verbs gebraucht: **agujas de hacer calceta** »Stricknadeln«.

Hier ein paar Beispiele für zusammengesetzte Wendungen mit Präposition:

cordones de zapatos	Schnürsenkel
cuchara de sopa	Suppenlöffel
cucharilla de café	Kaffeelöffel
equipaje de mano	Handgepäck
estufa de gas	Gasofen
libro de biblioteca	Buch aus der Bücherei
máquina de coser	Nähmaschine
la plaza del pueblo	der Dorfplatz
vaso de/para cerveza	Bierglas

Am häufigsten wird bei diesen Zusammensetzungen die Präposition **de** verwendet. Soll jedoch der Verwendungszweck oder der Inhalt angegeben werden, gebraucht man auch spezifischere Präpositionen wie zum Beispiel **para** »für« oder **con** »mit«, um Mehrdeutigkeit zu vermeiden. **Una taza de té** könnte entweder »eine Teetasse« oder »eine Tasse Tee« bedeuten; **una taza para té** ist jedoch »eine Tasse für Tee«, d.h. »eine Teetasse«, und **una taza con té** ist »eine Tasse mit Tee« – d.h. die Tee enthält – also »eine Tasse Tee« [➤25].

(B) Manchmal – und das kommt besonders im modernen Journalismus vor – wird zur Verbindung zweier Ideen ein Adjektiv gebildet und gebraucht. Hier gibt es keine festen

Regeln, wann Adjektive verwendet und wie sie gebildet werden sollten. Nachstehende Beispiele verwenden die häufig gebrauchten adjektivischen Suffixe **-ar**, **-ario/a**, **-al** und **-ivo/a** [➤22e].

año escolar	Schuljahr
crisis bancaria	Bankkrise
estudios universitarios	Universitätsstudien (-studium)
frase nominal	Nominalphrase
frase verbal	Verbalphrase
política defensiva	Verteidigungspolitik
programas televisivos	Fernsehprogramme

Durante mis *estudios universitarios* se habló a menudo de una *crisis bancaria* en los *programas televisivos.*	Während meines *Universitätsstudiums* sprach man (sprachen sie) in *Fernsehprogrammen* oft über eine *Bankkrise.*

3b *Suffixe*

Suffixe sind Endungen, die an ein Wort angehängt werden, um seine Bedeutung zu verändern oder manchmal auch, um es in eine andere Wortart zu verwandeln. Die spanische Sprache gebraucht sehr viele.

(i) *Nomen in Adjektive verwandeln*

Ein beschreibendes Adjektiv wird oft durch Anhängen der Silbe **-oso/a** an ein Nomen gebildet. Oft entspricht sie dem deutschen Suffix -ig.

arena	Sand	**arenoso**	sandig
chiste	Witz	**chistoso**	witzig
furia	Wut	**furioso**	wütend
roca	Felsen	**rocoso**	felsig

Las playas de esta región son más arenosas que rocosas.	Die Strände dieser Region sind mehr sandig als felsig.

Muß das Nomen selbst in ein Adjektiv verwandelt werden, um ein weiteres Nomen zu beschreiben, gebraucht man die Endungen **-al**, **-ar**, **-ario/a**, **-ero/a**, **-ivo/a** wie in 3a(iii) vorstehend beschrieben.

Leider lassen sich hier keine festen Regeln aufstellen, welche Endung sich für welches Nomen eignet. Wir empfehlen Ihnen, diese Wörter zu lernen, wenn Sie ihnen begegnen. Anderenfalls kann man zwei Nomen durch eine Präposition miteinander verbinden [➤3a(iii)].

(ii) *Nomen oder Adjektive in Verben verwandeln*

Eine häufige Methode, um aus einem Nomen oder Adjektiv ein Verb zu machen, ist der Gebrauch der Infinitivendung **-ear**. Dies führt zur Bildung eines regelmäßigen Verbs auf **-ar** [➤18a(i), 19a].

amarillo	gelb	**amarillear**	gelb machen
el boicot	Boykott	**boicotear**	boykottieren
la chispa	Funke	**chispear**	Funken sprühen; funkeln
la maña	Geschicklichkeit	**mañear**	mit Geschick vorgehen
el toro	Stier	**torear**	mit e-m Stier kämpfen; als Stierkämpfer auftreten
el verano	Sommer	**veranear**	den Sommerurlaub verbringen
verde	grün	**verdear**	grün werden

Weiterhin gibt es eine verwandte Nomenendung **-eo**, die auf einen fortlaufenden Prozeß oder eine fortlaufende Tätigkeit hinweist.

el boicoteo	Boykottierung
el papeleo	Papierkrieg
el toreo	Stierkampf
el veraneo	Sommerfrische, -aufenthalt

Por eso veraneamos aquí. Es una manera de escaparse del papeleo de la oficina.	Darum verbringen wir hier unsere Sommerferien. Es ist eine Möglichkeit, dem Papierkrieg des Büros zu entkommen.

(iii) *Diminutiv und Augmentativ*

Die spanische Sprache besitzt eine Vielzahl von Suffixen, die an Nomen und manchmal auch Adjektive angehängt werden, um zu beschreiben, wie klein oder wie groß etwas ist. Oft drücken sie jedoch auch sonstige Nuancen aus. Ihr Geschlecht richtet sich nach dem des ursprünglichen Nomens oder nach dem Nomen, das sie beschreiben.

(A) Der am häufigsten verwendete Diminutiv ist **-ito**, oder auch **-cito** oder **-ecito**). Er weist nicht nur darauf hin, wie klein etwas ist, sondern ist auch eine Form der Zärtlichkeitsbezeigung oder ein Kosename.

Tenemos una *casita* cerca de la playa. Está en un *pueblecito* típico de la región. La casa es *pequeñita*.	Wir haben ein *kleines Haus* in Strandnähe. Es liegt in einem *kleinen Dorf*, das typisch für die Region ist. Das Haus ist *winzig*.

(B) Weitere Diminutive werden mit **-illo** (**cillo**, **-ecillo**), **-ico** (**-cico**, **-ecico**), **-uelo** (**-zuelo**) gebildet. Hierdurch wird gewöhnlich ausgedrückt, wie bedeutungslos etwas ist.

Hay una *tiendecilla* en la *callejuela* que lleva a la plaza.	In der *Gasse*, die zum Dorfplatz führt, ist ein *winziger kleiner* Laden.

(C) Die Suffixe **-aco**, **-uco**, **-ucho** sind abwertend. Hier soll meist ausgedrückt werden, wie klein, häßlich oder unattraktiv etwas ist.

¡Es una casucha!	Es ist ein Loch!

(D) Die Suffixe mit augmentativer Bedeutung **-ón/-ona** und **-ote/ota** bringen Größe zum Ausdruck, oft aber auch Ungeschicktheit oder Unerfreulichkeit.

María, eres una *cabezota*. ¡No seas tan *mandona* y no digas *palabrotas*!	Maria, du bist ein *Dickkopf!* Sei nicht so *herrschsüchtig* und *fluche* nicht!

(E) Durch Hinzufügen des Suffixes **-udo** wird Größe oder Volumen ausgedrückt

orejudo	große Ohren haben
peludo	stark behaart

(F) **-azo** kann augmentativ oder auch negativ sein, hat jedoch auch eigenartigerweise die Bedeutung von »ein Schlag/Stoß mit«.

Murió de un *balazo*.	Er starb an einer *Schußwunde.*
El delantero le dio un *rodillazo* a su adversario.	Der Stürmer gab seinem Gegner *einen Stoß mit dem Knie.*

(Der von Oberst Tejero 1981 versuchte, jedoch fehlgeschlagene Staatsstreich in Spanien wird oft als **el tejerazo** »der Staatsstreich durch Tejero« bezeichnet.)

3c Nebeneinander: Appositionen

Manchmal fügen wir direkt nach dem Namen von Menschen oder Dingen eine Wendung hinzu, die eine zusätzliche Aussage über sie macht. Diese erklärende Wendung bezeichnen wir als *Apposition* oder Bezugsnomen.

Im Spanischen führt die Apposition normalerweise weder den bestimmten [➤21c] noch den unbestimmten [➤21e] Artikel.

***Bogotá, capital de Colombia,* es una ciudad muy poblada**	*Bogotá, die Hauptstadt von Kolumbien,* ist eine dicht bewohnte Stadt.
***Tejero, autor del golpe fracasado,* fue condenado a la cárcel.**	*Tejero, der Anstifter des mißglückten Staatsstreichs,* wurde zu einer Gefängnisstrafe verurteilt.

B

WIE MAN EINEN SATZ BILDET: SYNTAX

4 Wie man einen Satz erkennt

4a Was ist ein Satz?

Ein Satz ist eine mündliche oder schriftliche Äußerung, die mindestens ein *Subjekt* und ein *Prädikat* aufweist. Im Gespräch sagen wir häufig Dinge, die keine Sätze sind (zum Beispiel Ausrufe [➤24] oder isolierte Ausdrücke, die einen klaren Sinn ergeben, da wir den Zusammenhang kennen). Wenn wir uns schriftlich ausdrücken, versuchen wir jedoch normalerweise, komplette Sätze zu verwenden. Die Struktur eines Satzes bezeichnet man als seine *Syntax*.

4b Das Subjekt des Satzes

(i) Was ist ein Subjekt?

Gewöhnlich ist das Subjekt das Wort oder der Ausdruck, dessen Handlung oder Zustand der Satz beschreibt. Mit anderen Worten, es antwortet auf die Frage **¿quién/qué es/está ...?** »wer/was ist...?« oder **¿quién/qué hace ...?** »wer/was tut ...?«.

***Esta mujer* es mi hermana. *Mi hermana* vive en Guadalajara. *Su casa* está en las afueras de la ciudad.**	*Diese Frau* ist meine Schwester. *Meine Schwester* wohnt in Guadalajara. *Ihr Haus* liegt am Stadtrand.

Im Spanischen wird das Personalpronomen (**yo**, **tú**, **él, ella**, usw. »ich, du, er, sie, usw.«) [➤23b(i)] nicht sehr häufig gebraucht, denn das Subjekt eines Satzes wird durch die Endung des Verbs ausgedrückt.

***Esta mujer* es mi hermana. *Vive* en Guadalajara.**	*Diese Frau* ist meine Schwester. *Sie wohnt* in Guadalajara.

Das unpersönliche Subjekt »es« ist im Spanischen auch oft im Verb enthalten [➤8h].

Es* evidente que Guadalajara es bonita – cuando no *llueve.	*Es ist* offensichtlich, daß Guadalajara schön ist – wenn *es* nicht *regnet.*

(ii) Steht das Verb im Passiv [➤17], dann antwortet das Subjekt auf die Frage **¿a quién o a qué fue hecho?** »wem oder was wurde dies zugefügt?«

Su casa fue construida en las afueras de Guadalajara.	Ihr Haus *wurde* am Rand von Guadalajara *gebaut.*

(iii) In der Befehlsform wird das *informelle* »du/ihr« (**tú**, **vosotros**) normalerweise nicht ausgedrückt, obwohl das *formelle* »Sie« (**usted**, **ustedes**) oft gebraucht wird, um etwas klar herauszustellen [➤15b, 16a, 18d(i)].

Ven/venid a vernos a Guadalajara.	*Komm/Kommt* und besucht uns in Guadalajara!
***Venga usted/vengan ustedes* a vernos a Guadalajara.**	*Kommen Sie* und besuchen Sie uns in Guadalajara!

4c *Das Prädikat des Satzes*

Der übrige Teil des Satzes (also ohne das Subjekt) wird als *Prädikat* bezeichnet. Es besteht mindestens aus einem Hauptverb, das heißt einem Verb in einer der Tempora, normalerweise im Indikativ [➤18c(i)]. Dieses Verb *stimmt* mit dem Subjekt *überein*. Wie im Deutschen auch verändert es seine Form (das heißt meistens seine Endungen), um dem Subjekt zu entsprechen. Kapitel 7 beschreibt die verschiedenen Verbarten und was sie tun.

Mi hermana *llegó.*	Meine Schwester *kam an.*

Die meisten Prädikate bestehen jedoch aus mehr als nur diesem Minimum. Sie können zum Beispiel auch ein Objekt des Verbs [➤8e, f], adverbiale Bestimmungen [➤26] oder nicht zeitgebundene Verben [➤10] enthalten.

Mi hermana *llegó a Guadalajara. Compró una nueva casa en las afueras de la ciudad para estar cerca de su trabajo.*	Meine Schwester *kam in Guadalajara an.* Sie *kaufte ein neues Haus am Rand der Stadt, um in der Nähe ihres Arbeitsplatzes zu sein.*

4d *Satzarten*

Man unterscheidet drei Arten von Sätzen:

- Aussagesätze, die grundlegende Satzart;
- direkte Fragen [➤6];
- Befehlssätze [➤15].

Alle drei Satzarten müssen aus einem Hauptsatz bestehen, doch sie können darüber hinaus auch eine beliebige Anzahl von Nebensätzen aufweisen.

4e *Hauptsätze*

Ein Hauptsatz ist ein Satz, der alleine stehen kann. Er ergibt allerdings manchmal erst dann einen Sinn, wenn wir wissen, wovon gesprochen wird. Die häufigste Wortstellung im Satz ist Subjekt + Verb + Objekt oder Ergänzung. Im Spanischen sind jedoch auch andere Wortstellungen möglich [➤4g], und dem Verb gehen in den meisten Fällen Objektpronomen [➤23b(ii), (iii)] voraus.

Mi hermana no sabía.	Meine Schwester wußte (es) nicht.

4f *Nebensätze*

Ein Nebensatz hängt stets von dem Hauptsatz ab, den er vervollständigt oder erweitert. Er wird durch eine der drei folgenden Wortarten mit dem Hauptsatz verbunden:

- eine unterordnende Konjunktion [➤5a(ii)];
- ein Fragewort [➤6d];
- ein Relativpronomen {➤23k].

Bei manchen Nebensätzen steht das Verb im Spanischen im Konjunktiv [➤16].

Im nachstehenden Beispiel stehen die Nebensätze in Kursivschrift.

Mi hermana no sabía *dónde* *quería vivir porque iba a trabajar a Guadalajara, que está bastante lejos de nosotros.*	Meine Schwester wußte nicht, *wo sie wohnen wollte, da sie in Guadalajara arbeiten würde , was ziemlich weit von uns ist.*

4g *Wortstellung*

Die Wortstellung im Spanischen ist relativ flexibel und variiert oft, je nachdem welches Wort oder welchen Satzteil der Sprecher betonen möchte. Nachstehendes soll daher nur als Hinweis dienen, feste Regeln gibt es nicht.

(i) *Subjekt + Verb + Objekt + adverbiale Bestimmungen*

Bei dieser Wortstellung wird eine neutrale Aussage gemacht, kein Satzelement wird besonders betont. Adverbiale Bestimmungen der Zeit stehen normalerweise vor denen des Ortes, doch auch dies kann davon abhängen, welche Betonung der Sprecher beabsichtigt.

Mi hermana compró una casa el año pasado en Guadalajara.	Meine Schwester kaufte letztes Jahr ein Haus in Guadalajara.

(ii) *Verb + Subjekt*

Sehr oft folgt das Subjekt im Spanischen auf das Verb.

Ahora dice mi hermana que tiene una casa bonita.	Jetzt sagt meine Schwester, daß sie ein schönes Haus besitzt.
Es cómoda la casa.	Das Haus ist bequem.

(iii) Jedes Satzelement, das hervorgehoben werden soll, kann an den Satzanfang gestellt werden. Dies gilt auch für das direkte oder indirekte Objekt, das dann jedoch fast immer durch das entsprechende Objektpronomen [23b(v)] wieder aufgenommen wird.

***La casa* la compró mi hermana el año pasado.**	*Das Haus* kaufte meine Schwester letztes Jahr.

***El año pasado* mi hermana compró una casa en Guadalajara.**	*Letztes Jahr* kaufte meine Schwester ein Haus in Guadalajara.

(iv) Adverbiale Bestimmungen

Adverbiale Bestimmungen stehen gewöhnlich unmittelbar vor oder nach dem Wort, das sie näher beschreiben. Doch auch hier kann die Wortstellung verändert werden, um die Betonung zu ändern.

Mi hermana compró una casa en Guadalajara el año pasado.	Meine Schwester kaufte letztes Jahr in Guadalajara ein Haus.
Mi hermana vive ahora con su familia en Guadalajara.	Meine Schwester wohnt jetzt mit ihrer Familie in Guadalajara.
Mi hermana vive ahora en Guadalajara con su familia.	Meine Schwester wohnt jetzt in Guadalajara mit ihrer Familie.
Ahora mi hermana vive en Guadalajara con su familia.	Jetzt wohnt meine Schwester mit ihrer Familie in Guadalajara.

usw.

(v) Fragen

In Fragesätzen ohne Fragewort ist die Wortfolge normalerweise Verb + Subjekt + Objekt.

¿Compró su hermana la casa este año?	Kaufte Ihre Schwester das Haus dieses Jahr?

Bei **ser** und **estar** »sein« [➤8d] steht die Ergänzung oft vor dem Subjekt.

¿Es grande la casa? ¿Está contenta su hermana?	Ist das Haus groß? Ist Ihre Schwester zufrieden?

Wenn Objekt oder Ergänzung kürzer sind als das Subjekt, wird das Subjekt manchmal nachgestellt.

¿Tienen hijos su hermana y cuñado?	Haben Ihre Schwester und Ihr Schwager Kinder?

In der gesprochenen Sprache wird die Frage häufig durch die Intonation erkenntlich und die Wortfolge bleibt die gleiche wie beim Aussagesatz.

¿Su hermana compró la casa este año?	Ihre Schwester hat das Haus dieses Jahr gekauft?

5 Wie man Sätze verbindet

5a *Sätze mit Konjunktionen*

Eine Konjunktion bezeichnet man auf Deutsch als *Bindewort*. Es gibt zwei Arten von Konjunktionen: *nebenordnende* und *unterordnende*. Aus ihrer Bezeichnung wird ihre Funktion im Satz ersichtlich.

(i) *Nebenordnende Konjunktionen*

Nebenordnende Konjunktionen verbinden Sätze gleicher Art, also zum Beispiel zwei Hauptsätze oder zwei Nebensätze. Wir können ihnen entnehmen, in welchem Bezug die beiden Sätze zueinander stehen (sie verstärken einander, stehen im Gegensatz zueinander, usw.). Sie verändern die Struktur der beiden Sätze jedoch nicht.

Die häufigsten nebenordnenden Konjunktionen im Spanischen sind nachstehende:

y	und
o	oder
pero	aber
no...sino (que)...	nicht...sondern...
entonces	dann
pues	also, daher
o...o	entweder...oder
ni...ni(no)	weder...noch

La casa de mi hermana no es muy grande *pero* es muy cómoda.	Das Haus meiner Schwester ist nicht sehr groß, *aber* es ist sehr komfortabel.
***No sólo* hay calefacción central *sino que* también tiene aire acondicionado.**	Es hat *nicht nur* Zentralheizung, *sondern* es hat *auch* eine Klimaanlage.

Ella nos dijo – *O* tenemos una casa grande sin comodidades, *o* compramos una más pequeña *pero* con todo.	Sie sagte uns: »*Entweder* haben wir ein großes Haus ohne irgendwelche Bequemlichkeiten, *oder* wir kaufen ein kleineres *aber* mit jedem Komfort.«

⚠ **sino** (nicht **pero**) wird nach einem Negativum gebraucht, wenn der zweite Satz oder Ausdruck dem ersten entgegengesetzt ist. Bei der Verwendung in einem Satz muß (wie in dem vorstehenden zweiten Beispiel) **que** darauf folgen; es kann natürlich mit allen Wortarten verwendet werden.

Compró la casa *no* a una persona particular, *sino* a un agente.	Sie kaufte das Haus *nicht* von einer Privatperson *sondern* von einem Makler.

(ii) Unterordnende Konjunktionen

Unterordnende Konjunktionen verbinden Nebensätze mit dem übrigen Teil des Satzes. Gewöhnlich entspricht der Nebensatz einer adverbialen Bestimmung [➤26] – er antwortet auf eine der in Abschnitt 27b aufgeführten Fragen. Auf viele der unterordnenden Konjunktionen folgt im Spanischen der Konjunktiv [➤16c].

(A) ¿Cuándo? Wann?

antes de que	ehe	**cuando**	als
después de que	nachdem	**desde que**	seit
en cuanto	sobald als	**hasta que**	bis
mientras	während, solange	**siempre que**	wofern, unter der Bedingung, daß
una vez que	sobald		

Mi hermana vivirá en aquella casa *hasta que* cambie de trabajo.	Meine Schwester wird in diesem Haus wohnen, *bis* sie die Stelle wechselt.
***Mientras* viva allí no la veremos a menudo.**	*Solange* sie dort wohnt, werden wir sie nicht oft sehen.

(B) ¿Dónde? Wo?

dondequiera que	wo immer (auch), überall wo

***Dondequiera que* viva trataremos de visitarla una vez al año.**	*Wo immer* sie *auch* wohnt, wir werden versuchen, sie einmal im Jahr zu besuchen.

(C) **¿Cómo?** Wie?

a condición de que	unter der Bedingung, daß
a menos que	wofern (nicht), falls (nicht)
a pesar de que	trotz, ungeachtet
comoquiera que	wie auch immer
con tal que	vorausgesetzt, daß
sin que	ohne
si	wenn

A *pesar de que* viva tan lejos, nos llamaremos por teléfono.	*Trotz der Tatsache, daß* (obwohl) sie so weit weg wohnt, werden wir uns anrufen.
¡La llamaré a ella *con tal que* me llame a mí!	Ich werde sie anrufen, *vorausgesetzt* daß sie mich anruft!

(D) **¿Para qué?** Zu welchem Zweck? Wozu?

de manera que	damit, so daß
de modo que	damit, so daß
para que	damit, so daß

Ya me ha dado su número de teléfono *para que* la llame.	Sie hat mir bereits ihre Telefonnummer gegeben, *damit* ich sie anrufen kann.

(E) **¿Por qué?** Warum?

como	da, weil	**porque**	weil
puesto que	da, weil	**ya que**	da nun

No podemos visitarla con más frecuencia *ya que* todos tenemos que trabajar.	Wir können sie nicht häufiger besuchen, *da* wir alle arbeiten müssen.

5b Relativsätze

Relativsätze werden stets von Relativpronomen [➤23k] eingeleitet. Sie beschreiben bzw. definieren ein Nomen und erfüllen somit weitgehend die gleiche Funktion wie ein Adjektiv [➤22]. Der Relativsatz folgt dem Nomen, auf das er sich bezieht, gewöhnlich in sehr kurzem Abstand (normalerweise sofort). Das Nomen wird als *Bezugswort* bezeichnet. Ist **que** das Objekt des Relativsatzes, steht das Subjekt sehr häufig nach dem Verb.

La casa *que compró mi hermana* es muy cómoda.	Das Haus, *das meine Schwester kaufte,* ist sehr komfortabel.
La casa en la que *vivía antes* era más grande.	Das Haus, *in dem sie vorher wohnte,* war größer.

5c *Direkte und indirekte Rede*

Man kann das, was jemand gesagt (oder möglicherweise gedacht) hat, auf zwei Arten wiedergeben. In beiden Fällen wird die Rede von Verben wie **decir** »sagen«, **contestar** »antworten«, **pensar** »denken« oder **creer** »glauben« eingeleitet. Das Gesagte ist in der Tat das direkte Objekt dieses Verbs [➤8e] – es antwortet auf die Frage **¿Qué dijo X?** »Was hat X gesagt?«.

(i) *Direkte Rede*

Die erste Methode der Wiedergabe besteht einfach darin, wortwörtlich zu wiederholen, was gedacht oder gesagt wurde. Das bezeichnet man als *direkte Rede*. Im Spanischen verwendet man den Gedankenstrich (**raya**), doch im Deutschen wird die direkte Rede in Anführungszeichen gesetzt. Das Subjekt und das »direkt berichtende« Verb werden im Spanischen immer invertiert, wenn sie auf die gesprochenen Worte folgen.

– Voy a comprar una casa nueva – dijo mi hermana.	»Ich werde ein neues Haus kaufen«, sagte meine Schwester.
– ¿Dónde vas a conseguir el dinero? – me pregunté yo.	»Woher wirst du das Geld nehmen?« fragte ich mich.

(ii) *Indirekte Rede*

Die zweite Art der Wiedergabe bezeichnet man als *indirekte Rede*. Hier wird das Gesagte umformuliert, gewöhnlich in einem von **que** »daß« oder einem Fragewort [➤6d] eingeleiteten Satz. **Que** darf im Spanischen hier nicht weggelassen werden, obwohl dies im Deutschen möglich ist.

Me pregunté *dónde* iba a conseguir el dinero.	Ich fragte mich, *woher* sie das Geld nehmen werde.
Mi hermana dijo *que* iba a comprar una casa nueva.	Meine Schwester sagte, *daß* sie ein neues Haus kaufen werde/sie werde ein neues Haus kaufen.

(iii) Im Vergleich zur direkten Rede gibt es einige Veränderungen:

(A) Die Pronomen werden angeglichen, damit sie sich nach wie vor auf die richtige Person oder Sache beziehen. Ist das Subjekt ein Pronomen, wird das Hauptverb angeglichen, um ihm zu entsprechen.

(B) Auch das Tempus wird verändert, z.B. Perfekt wird zum Plusquamperfekt, Futur zum Konditional.

– *He comprado* una casa nueva – dijo mi hermana. Mi hermana dijo que *había comprado* una casa nueva.	»Ich *habe* ein neues Haus *gekauft*«, sagte meine Schwester. Meine Schwester sagte, sie *hätte* ein neues Haus *gekauft*.
– *Compraré* una casa en Guadalajara – dijo mi hermana. Mi hermana dijo que *compraría* una casa en Guadalajara.	»Ich *werde* in Guadalajara ein Haus *kaufen*«, sagte meine Schwester. Meine Schwester sagte, sie *würde* in Guadalajara ein Haus *kaufen*.

Wird in einem Temporalsatz der direkten Rede im Spanischen der Konjunktiv Präsens gebraucht, so muß in der indirekten Rede der Konjunktiv Imperfekt stehen. Schlagen Sie bitte zwecks genauerer Erklärung von Temporalsätzen in Abschnitt 16c(i) nach.

– En cuanto *empiece* mi nuevo trabajo compraré una casa – nos aseguró mi hermana.	»Sobald ich meine neue Stelle *antrete*, werde ich ein Haus kaufen«, versicherte uns meine Schwester.
Mi hermana nos aseguró que en cuanto *empezara/empezase* su nuevo trabajo, compraría una casa.	Meine Schwester versicherte uns, daß sie ein Haus kaufen werde (wird), sobald sie ihre neue Stelle *angetreten hätte*.

5d *Indirekte Fragen*

Indirekte Fragen sind eine Form der indirekten Rede [➤5c]. Sie unterliegen den gleichen Regeln und werden von der gleichen Art von Verb eingeleitet, gefolgt vom jeweiligen Fragewort [➤6d]. Indirekte Ja-/Nein-Fragen [➤6b] und Bestätigungsfragen [➤6c], die kein Fragewort besitzen, werden durch **si** »ob« eingeleitet. In diesem Fall kann auf **si** jedes sinnvolle Tempus folgen. Es unterliegt nicht länger den Regeln für »Wenn«-Sätze [➤16h]. In der indirekten Rede hat das Fragewort einen Akzent. Bei der direkten Frage ist dies ebenfalls der Fall [➤2c(i)].

Indirekte Fragen dienen unterschiedlichen Zwecken, wozu auch nachstehende gehören:

(i) *Wiedergabe einer direkten Frage*

Um auszudrücken, daß eine direkte Frage gestellt wurde oder gestellt werden wird:

La pregunté *si* ya tenía el nuevo puesto de trabajo.	Ich fragte sie, *ob* sie die neue Stelle bereits habe.

(ii) *Höfliche Anfrage*

Um höflicher anzufragen (weniger direkt ist im allgemeinen mit höflicher gleichzusetzen!):

¿Podrías decirme *cuándo* empiezas?	Könntest du mir sagen, *wann* du anfängst?

(iii) *Antwort auf eine Frage*

Um auszudrücken, ob wir die Antwort auf eine Frage wissen:

No sé *quién* es su jefe.	Ich weiß nicht, *wer* ihr Chef ist.

5e *Indirekte Bitten und Befehle*

Dies wird im Spanischen gewöhnlich durch eine Konstruktion mit dem Konjunktiv ausgedrückt [➤16b(i)], manchmal auch mit Hilfe des Infinitivs [➤8j(i), (ii)].

Le *dijimos que comprara/comprase* la casa y ella *nos mandó* ir a visitarla allí.	Wir sagten ihr, sie *solle* das Haus kaufen, und sie *befahl uns* (forderte uns auf), sie dort zu besuchen.

6 Wie man Informationen erhält: direkte Fragen

6a Was ist eine direkte Frage?

Eine direkte Frage ist eine Form der direkten Rede. Sie teilt uns wortwörtlich mit, was jemand sagte oder dachte. Die Fragen in den nachstehenden Beispielen sind direkte Fragen – das heißt, diese Worte werden in der Erwartung einer direkten Antwort tatsächlich gebraucht. Oft sprechen wir jedoch auch über Fragen, die uns gestellt wurden oder möglicherweise gestellt werden. Hierbei handelt es sich dann um indirekte Fragen; sie werden in Abschnitt [➤5d] besprochen.

6b Richtig oder falsch? Ja-/Nein-Fragen

Mit dieser Art von Frage wollen wir herausfinden, ob eine Annahme richtig oder falsch ist, deshalb können diese Fragen stets mit »ja« oder »nein« beantwortet werden.

Normalerweise werden Subjekt und Verb bei dieser Art von Frage invertiert. Der übrige Teil des Satzes bleibt unverändert. Bitte schlagen Sie zwecks weiterer Erklärungen hierzu in dem Abschnitt über die Wortstellung [➤4g(v)] nach.

***¿Ha hablado mi hermana* con el agente inmobiliario? – Sí.**	*Hat meine Schwester* mit dem Makler *gesprochen*? Ja.
¿*Es* simpático *este señor?* – ¡No!	*Ist dieser Mann* sympathisch? Nein!

6c Bestätigungsfragen

Oft wird eine Nachfrage oder eine Bitte um Bestätigung an das Ende einer Aussage angehängt. Im Deutschen sagen wir zum Beispiel »nicht wahr?« oder »stimmt's?« Im Spanischen ist das häufigste Allzweckwort hier meistens **¿verdad?** In der gesprochenen Sprache wird nach einer positiven Aussage auch oft **¿no?** verwendet.

La casa de mi hermana es preciosa, *¿verdad?*	Das Haus meiner Schwester ist sehr hübsch, *stimmt's?*
Tuvo suerte en comprarla por un precio tan bajo, *¿no?*	Sie hatte Glück, es zu einem so niedrigen Preis kaufen zu können, *nicht wahr?*
No hay muchas casas así, *¿verdad?*	Es gibt nicht viele solcher Häuser, *nicht wahr?*

6d Detailfragen: Fragen mit Fragewörtern

Mit diesen Fragen wollen wir genauere Informationen über etwas erhalten, das wir bereits wissen. Sie beginnen immer mit einem Fragewort, wie nachstehend aufgeführte Beispiele. Wie Sie sehen, haben Fragewörter im Spanischen alle einen Akzent auf dem betonten Vokal.

Viele der hier aufgeführten Fragewörter gleichen oder ähneln Relativpronomen oder Konjunktionen (die keinen Akzent besitzen) [➤23k]. Verwechseln Sie sie nicht!

Die Fragen in den Abschnitten 6d(i) bis 6d(iii) werden durch eine Nominalphrase beantwortet [➤20b].

(i) Menschen: *¿Quién? ¿De quién?* Wer/Wem? Wessen?

¿Quién **le vendió la casa? – El agente.**	*Wer* hat ihr das Haus verkauft (wer verkaufte ihr das Haus)? – Der Makler.
¿Con *quién* fue a verla? – Con su familia.	*Mit wem* ging sie es besichtigen? – Mit ihrer Familie.
¿De quién **era? – De un ingeniero.**	*Wem* gehörte es (wessen Haus war es)? – Einem Ingenieur.

Wie auch im Deutschen müssen **con** »mit« oder sonstige Präpositionen immer vor dem Fragewort stehen [➤25].

(ii) Dinge: *¿Qué?* »Was?«

¿Qué **tiene que hacer ahora? – Nada.**	*Was* muß sie jetzt tun? – Nichts.

(iii) *Auswahl:* ***¿Cuál? ¿Qué?*** *»Welch-?«*

¿Qué **habitación es la más grande? – La sala de estar.**	*Welches* Zimmer ist das größte? – Das Wohnzimmer.
Y ***¿cuál*** **es el dormitorio de su hermana? – El grande.**	Und *welches* ist das Schlafzimmer Ihrer Schwester? – Das große.

(iv) *Definition:* ***¿Qué? ¿Qué clase (tipo) de?*** *»Was?« »Was für ein...?«*

¿Qué **habitaciones tiene la casa? – Una sala de estar, una cocina y tres dormitorios.**	*Was für* (wieviele) Zimmer hat das Haus? – Ein Wohnzimmer, Küche und drei Schlafzimmer.
¿Qué clase de **suelo tiene? – Tiene baldosas.**	*Was für einen* Fußboden hat es? – Es hat Fliesen.

Die Fragen in 6d(v) werden durch eine adjektivische Phrase beantwortet [➤22].

(v) *Beschreibung:* ***¿Cómo?*** *»Wie?«*

¿Cómo **son las habitaciones? – Son pequeñas pero cómodas.**	*Wie* sind die Zimmer? – Sie sind klein, doch bequem.

Die Fragen in 6d(vi)–(x) werden durch adverbiale Ausdrücke beantwortet [➤26, 27].

(vi) *Zeit:* ***¿Cuándo?*** *»Wann?«*

¿Cuándo **va usted a ver la casa? – Mañana.**	*Wann* werden Sie das Haus sehen? – Morgen.

(vii) *Ort:* ***¿Dónde?*** *»Wo?«*

¿Dónde **vive usted? – En el centro de la ciudad.**	*Wo* wohnen Sie? – Im Stadtzentrum.

(viii) *Art und Weise:* ***¿Cómo?*** *»Wie?«*

¿*Cómo* va a ir? – En coche.	*Wie* werden Sie fahren? – Mit dem Auto.

(ix) *Menge und Maß:* ***¿Cuánto? Cuántos?*** *»Wieviel? Wie viele?«*

¿*Cuánto* tiempo tiene usted? – No mucho.	*Wieviel* Zeit haben Sie? – Nicht viel.

(x) *Gründe:* ***¿Por qué?*** *»Warum?«*

¿*Por qué* no puede esperar hasta la semana que viene? – ¡Porque mi hermana me matará si no voy mañana!	*Warum* können Sie nicht bis nächste Woche warten? – Weil meine Schwester mich umbringt (umbringen wird), wenn ich morgen nicht fahre!

C

HANDLUNGEN UND ZUSTÄNDE: VERBEN UND IHR GEBRAUCH

7 Was Verben tun

➤ [Für eine ausführliche Abhandlung über die Formen der spanischen Verben ➤*Spanisch: Verben* in dieser Reihe.]

7a *Vollverben*

Die meisten Verben sind Wörter, die Handlungen, Gefühle oder die (sich möglicherweise ändernde) Situation des Subjekts im Satz [➤4b] ausdrücken. Diese Verben bezeichnen wir als *Vollverben*.

Me *hospedo* a menudo en hoteles grandes , pero los *odio*. Me *ponen* nervioso.	Ich *steige* oft in großen Hotels *ab*, doch ich *hasse* sie. Sie *machen* mich nervös.

7b *Hilfsverben*

Eine sehr viel kleinere Gruppe von Verben wird fast ausschließlich gebraucht, um etwas zur Bedeutung des Vollverbs hinzuzufügen: zum Beispiel, um ein zusammengesetztes Tempus zu bilden oder einen Kommentar zu einer Handlung zu geben. Wir bezeichnen sie als *Hilfsverben* [➤9, 11c, 19c].

***He* encontrado un pequeño hotel al que *he* vuelto varias veces. *Suelo* ir allí cuando estoy de negocios.**	Ich *habe* ein kleines Hotel gefunden, zu dem ich schon mehrere Male zurückgekehrt *bin*. Ich *pflege* gewöhnlich dort abzusteigen, wenn ich geschäftlich unterwegs bin.

7c *Zweifach verwendbare Verben*

Einige Verben lassen sich entweder als Vollverb oder als Hilfsverb gebrauchen. Das wichtigste Hilfsverb für die zusammengesetzten Tempora **haber** wird in der 3. Person Singular (**hay**) mit der Bedeutung »es gibt« verwendet. Weiterhin gibt es eine Reihe von Verben, die als *modale Hilfsverben* oder *Modalverben* [➤9] verwendet werden. Wenn sie auf diese Weise gebraucht werden, haben sie eine modifizierte Bedeutung.

Wird **querer** »wollen« mit einem Infinitiv verwendet, drückt es die Bereitschaft aus, etwas tun zu wollen. **Acabar** bedeutet »beenden«; gebraucht man es aber mit **de** + Infinitiv so bedeutet es »gerade (getan) haben.«

¿*Quiere* darme la dirección, por favor? – Sí claro. *Acabo de* dársela a otros amigos. *Hay* mucho interés por este hotel.	*Würden* (wollen) Sie mir bitte die Adresse geben? Ja natürlich. Ich *habe* sie *gerade* anderen Freunden *gegeben. Es besteht (gibt)* viel Interesse an diesem Hotel.

8 Was Verben bestimmen

8a Was bestimmt ein Verb?

(i) Transitive und intransitive Verben

Alle Sätze bestehen aus einem Subjekt und einem Prädikat. Das Prädikat besteht zumindest aus einem Hauptverb, enthält jedoch auch meistens andere Informationen. Im nachstehenden Beispiel besteht das Prädikat lediglich aus dem Hauptverb:

Pedro *llega.*	Pedro kommt an.

Im folgenden Beispiel besteht das Prädikat aus Verb plus weiteren Informationen:

Pedro *ha comprado un billete.*	Pedro hat eine Fahrkarte gekauft.

Da Personalpronomen [➤23b(i)] im Spanischen oft nicht ausgedrückt werden, ist es möglich, daß Subjekt und Prädikat aus einem Wort bestehen. Also kann auch ein ganzer Satz aus einem Wort bestehen:

Llega.	*Er kommt an.*

Wenn das Verb in einem Satz steht, der keine weiteren Informationen erfordert, um sinnvoll zu sein (wie bei dem Beispiel **llega** oben), bezeichnen wir es als *intransitiv*. Braucht das Verb jedoch ein direktes Objekt [➤8e], damit sich ein vollständiger Sinn ergibt (wie in dem Beispielsatz mit **ha comprado** oben), so nennen wir es *transitiv*. **Ha comprado** alleine ergäbe keinen Sinn.

(ii) Einige Verben lassen sich sowohl transitiv als auch intransitiv gebrauchen.

Pedro *escribe.*	Pedro *schreibt.*
Pedro *escribe una carta.*	Pedro *schreibt einen Brief.*

(iii) Das Prädikat kann mehrere »wahlweise Extras« enthalten. Diese Informationen sind zwar nützlich, jedoch zur Erfüllung der grammatikalischen Funktion des Verbs nicht notwendig.

Pedro ha comprado un billete *para el vuelo de las cinco de la tarde.*	Pedro hat eine Fahrkarte *für den Flug um 5 Uhr heute nachmittag* gekauft.

Im vorstehenden Satz braucht das Verb **ha comprado** den Zusatz **un billete** als direktes Objekt, um den Sinn des Satzes zu vervollständigen. Die weiteren Informationen im Prädikat, die zwar nützlich oder sogar wichtig sein können, haben jedoch keinen weiteren Einfluß auf die grammatikalische Vollständigkeit des Satzes.

⚠ Spanische Verben können mit ihrem Objekt oder sonstigen Teilen des Prädikats durchaus anders verbunden sein als im Deutschen [➤8i]. Ein transitives Verb, das im Deutschen ein direktes Objekt hat, kann im Spanischen z.B. eine Präposition vor dem Objekt erfordern.

No *contestamos a* todas las preguntas.	Wir haben nicht alle Fragen *beantwortet.*

Andere spanische Verben wiederum haben ein direktes Objekt, wo wir im Deutschen eine Präposition brauchen.

Pediré la cuenta.	Ich werde *um* die Rechnung bitten.

Einige Verben gebrauchen in jeder Sprache eine andere Präposition.

Como diversión, no se puede *contar con* la televisión.	Als (eine Form der) Unterhaltung kann man sich nicht *auf* das Fernsehen *verlassen.*

➤ [Weiterer Einzelheiten über diese Unterschiede ➤8i.]

8b Verben, die keine weitere Ergänzung brauchen: intransitive Verben

(i) Was ist ein intransitives Verb?

Intransitive Verben erfordern keine weiteren Informationen, um einen Sinn zu ergeben. Der Satz kann jedoch bestimmte adverbiale Bestimmungen enthalten [➤26].

***Dormía* (profundamente) cuando mis padres *llegaron* (en taxi).**	Ich *schlief* (tief), als meine Eltern (per Taxi) *ankamen.*

(ii) Verben, die man im Spanischen reflexiv verwendet

Manche deutschen intransitiven Verben werden im Spanischen reflexiv gebraucht [➤8g]. Hierzu gehören viele Handlungen, die man selbst ausführt, die im Deutschen jedoch normalerweise nicht reflexiv ausgedrückt werden.

***Me levanto* cada mañana a las siete.**	Ich *stehe* jeden Morgen um sieben *auf.*

Nachstehend eine kleine Auswahl von Verben, die im Spanischen reflexiv gebraucht werden, deren Äquivalent im Deutschen jedoch ein intransitives Verb ist.

abrirse	aufgehen (i.S. von sich öffnen)	**despertarse**	aufwachen
		dormirse	einschlafen
acostarse	zu Bett gehen	**irse**	fortgehen
callarse	schweigen	**levantarse**	aufstehen
cansarse	müde werden	**marcharse**	fortgehen
cerrarse	zugehen (i.S. von sich schließen)	**pasearse**	spazierengehen
		zambullirse	tauchen

8c Verben, die Gleiches verbinden: die Ergänzung

Eine kleine Anzahl Verben üben lediglich die Funktion eines Bindeglieds zwischen dem Subjekt und einem anderen Wort oder Ausdruck aus, die man als *Ergänzung* des Verbs bezeichnet. Bei der Ergänzung handelt es sich normalerweise um eine Nominalphrase [➤20]. Sie bezieht sich dann auf die gleiche Person oder Sache wie das Subjekt.

Tanto mi madre como mi padre *son* músicos excelentes.	Sowohl meine Mutter als auch mein Vater *sind* ausgezeichnete Musiker.

Die wichtigsten Verben, die im Spanischen solche Verbindungen herstellen sind:

ser, **estar**	sein
ponerse, **hacerse**, **llegar a ser**	werden
parecer	scheinen, aussehen
sentirse	sich fühlen, befinden

8d Zwei Verben für »sein«: *ser* und *estar*

Ein besonders charakteristisches Merkmal der spanischen Sprache ist das Vorhandensein von zwei Verben, die beide »sein« bedeuten. Sie haben beide eine ganz bestimmte Verwendung und lassen sich normalerweise nicht austauschen.

(i) Ser

Ser wird in Nominalphrasen gebraucht, um Personen oder Sachen als Antwort auf die Fragen **¿quién?** »wer?« und **¿qué?** »was?« zu identifizieren.

Mi padre *es músico.*	Mein Vater *ist Musiker.*
Somos una familia musical.	Wir *sind eine musikalische Familie.*
Nuestro piano *es un Steinway.*	Unser Flügel *ist ein Steinway.*

Ser wird auch zusammen mit Adjektiven und Nominalphrasen gebraucht, um die natürlichen, grundlegenden Eigenschaften einer Person oder Sache zu beschreiben. Hier wird auf die Fragen **¿cómo es?** »wie ist er/sie/es?« oder **¿de qué es?** »aus was ist es?« geantwortet.

Nuestro piano *es muy grande y de alta calidad.*	Unser Klavier *ist sehr groß und von ausgezeichneter Qualität.*
Es de hierro y madera.	Es *ist aus Eisen und Holz.*

Ser wird auch zu folgendem gebraucht:

- Um auszudrücken, woher man stammt.

***Somos* de Barcelona.**	*Wir sind* aus Barcelona.

- Um die Uhrzeit [➤29a] anzugeben.

***Son* las doce.**	*Es ist* zwölf Uhr.

- Für das Datum [➤30c]

***Es* el dos de junio.**	*Es ist* der zweite Juni.

• Zur Bildung des »echten« Passivs [➤17b, c].

El piano *ha sido* vendido.	Das Klavier ist verkauft worden.

(ii) *Estar*

Das Verb **estar** stammt vom Lateinischen *stare* »stehen« und ist mit dem deutschen Fremdwort *Status* »Zustand, Bestand, Stand« verwandt. Daher wird es als Antwort auf die Frage **¿dónde?** »wo?« (Wo *befindet* es sich?) und **¿cómo?** »wie?« (Wie *befindet* es sich? In welchem Zustand?) gebraucht.

***Estoy en casa* hoy.**	*Ich bin* heute zu Hause.
Estoy de buen humor.	*Ich bin* guter Laune.
Yo *estoy muy contenta* hoy porque acabo de aprobar mi examen.	*Ich bin* heute sehr froh, denn ich habe gerade meine Prüfung bestanden.
Si hubiese suspendido mi padre *habría estado furioso* conmigo.	Wenn ich durchgefallen wäre, *wäre* mein Vater *wütend* auf mich *gewesen.*

Estar wird auch zu folgendem gebraucht:

• Um einen Zustand anzugeben, der sich aus der Handlung einiger reflexiver Verben ergibt [➤8g].

Mi padre *está muy cansado.* Se cansa mucho estos días.	Mein Vater *ist sehr müde.* Er wird heutzutage oft müde.

• Um das Datum auszudrücken [➤30c]

***Estamos* a dos de junio.**	*Es ist* der zweite Juni.

• Zur Bildung der progressiven Tempora [➤19c(i)].

***Estamos* aprendiendo.**	Wir *sind dabei* zu lernen.

• Zur Bildung des deskriptiven Passivs mit dem Partizip Perfekt [➤17c]

El piano *está* vendido.	Das Klavier *ist verkauft.*

• Für die Ausdrücke **estar para** »im Begriff sein, etwas zu tun« und **estar por** »für etwas sein« + Infinitiv [➤8k(iv), (vi)].

Cuando *estábamos para* vender el piano, mi padre lamentó que no *estaba por venderlo.*	Als wir *im Begriff waren*, das Klavier zu verkaufen, klagte mein Vater, daß er nicht *dafür sei, es zu verkaufen.*

• Um auf andere Weise auszudrücken, aus was etwas hergestellt ist:

El piano *estaba hecho* de madera y hierro.	Das Klavier *war* aus Holz und Eisen (gemacht).

(iii) *Ser/estar* + *Adjektiv*

Handelt es sich bei der Ergänzung um ein Adjektiv [➤22], ist darauf zu achten, das korrekte Verb »sein« zu verwenden. **Estar** wird gebraucht, wenn der Zustand vorübergehend ist oder durch bestimmte Umstände verursacht wurde, **ser** wenn es sich um eine feststehende, natürliche Eigenschaft handelt.

Estoy cansada* después de tanto trabajo, pero aprobé el examen porque *soy muy aplicada.	Nach so viel Arbeit *bin ich müde*, doch ich bestand meine Prüfung, weil *ich sehr fleißig bin.*

• **Ser** wird normalerweise mit **joven** »jung« und **viejo** »alt« gebraucht.
• **Estar** wird mit **muerto** »tot« gebraucht.

Mis hijos *son muy jóvenes.*	Meine Kinder *sind sehr jung.*
Mis abuelos *están muertos.*	Meine Großeltern *sind tot.*

• Ein Adjektiv, das ein Attribut bezeichnet, das man normalerweise mit **ser** verbindet, wird manchmal dadurch ausdrucksvoller gemacht, daß man es mit **estar** gebraucht. Dies geschieht besonders bei Ausrufen und ist dann oft gleichbedeutend mit »aussehen.«

¡Qué guapa *estás!*	Wie hübsch du *bist* (aussiehst)!

N.B. Es gibt Adjektive, die ihre Bedeutung verändern, je nachdem ob sie mit **ser** oder **estar** gebraucht werden.

ser aburrido	langweilig sein	**estar divertido**	amüsiert sein
estar aburrido	gelangweilt sein	**ser listo**	klug/schlau sein
ser bueno	gut sein	**estar listo**	bereit/fertig sein
estar bueno	gut schmecken	**ser malo**	schlecht/böse sein
ser cansado	lästig sein		
estar cansado	müde sein	**estar malo**	krank sein
ser divertido	amüsant sein		

8e Verben, die ein Objekt haben: das direkte Objekt der transitiven Verben

Eine sehr große Anzahl von Verben bestimmen eine Nominalphrase [➤20], die sich auf das bezieht, was in erster Linie von der Handlung des Verbs betroffen ist. Dieser Verben sind *transitiv* und die Nominalphrase ist das *direkte Objekt*.

***Sé leer* la música pero no toco ningún instrumento.** ¡Pero en cambio *tengo* un ordenador!	Ich kann Noten *lesen*, doch ich *spiele* kein Instrument. Dafür *habe* ich jedoch einen Computer!

⚠ Handelt es sich bei dem direkten Objekt um eine *bestimmte* Person oder Personen, wird die Präposition **a**, (auch als *persönliches* **a** bezeichnet) vor das direkte Objekt gestellt. Es hat als Wort keine Bedeutung, sondern wird lediglich als Hinweis gebraucht. In manchen Fällen wird es auch bei Tieren, Städten und Ländern gebraucht, um sie zu »personalisieren« [➤25e].

Todavía no conozco *al* nuevo novio de mi hija.	Ich kenne *den* neuen Freund meiner Tochter noch nicht.

➤ [Transitive Verben im Passiv (Viele Computer *werden* im Fernen Osten *hergestellt*) werden in Kapitel 17 beschrieben].

8f Verben, die zwei Objekte haben: ein direktes und ein indirektes

Manche transitive Verben beschreiben die Übergabe oder Übermittlung des direkten Objekts an eine andere Person (oder möglicherweise Sache). Diese Person ist dann das *indirekte Objekt* des Verbs. Die wichtigsten Verwendungsmöglichkeiten eines indirekten Objekts werden in nachstehenden Abschnitten beschrieben.

(i) Übergabe/Übermittlung einer Person oder Sache

Verben, die die Übergabe oder Übermittlung von Personen, Sachen oder Informationen beschreiben, müssen ein indirektes Objekt haben, um einen Sinn zu ergeben. Allerdings kann der Sinn manchmal angenommen werden. Zu den Verben dieser Gruppe gehören folgende:

dar	geben	**explicar**	erklären
decir	sagen	**mandar**	senden
describir	beschreiben	**mostrar**	zeigen
enseñar	lehren, zeigen	**regalar**	schenken
enviar	senden	**prestar**	leihen
escribir	schreiben	**traer**	bringen, holen

Mi hijito le *regaló* a mi marido un nuevo programa para la Navidad. Me *dijo* que era fácil, ¡pero tuvo que *enseñarle* cómo funcionaba!	Mein kleiner Sohn *schenkte* meinem Mann ein neues Programm zu Weihnachten. Er *sagte* mir, es sei leicht, doch er mußte *ihm zeigen*, wie es funktionierte!

N.B. Handelt es sich beim indirekten Objekt um ein Nomen, so wird es im Spanischen oft in der Form des indirekten Objektpronomens erneut aufgegriffen, d.h. dupliziert. Dies ist im ersten Beispielsatz vorstehend gut zu erkennen. Man bezeichnet es als »redundantes Objektpronomen«. Grammatikalisch gesehen ist es nicht unbedingt notwendig, wird jedoch häufig im gesprochenen Spanischen und manchmal auch in der Schriftsprache gebraucht [➤23b(v)].

Das indirekte Objekt kann im Spanischen nicht zum Subjekt eines passiven Verbs werden [➤17e(i)].

(ii) Etwas für jemanden tun

Wie im Deutschen drückt das indirekte Objekt häufig aus, daß man etwas *für* jemand anderen tut:

***Te* haré un pastel si *me* encuentras la receta.**	Ich backe *dir* einen Kuchen, wenn du das Rezept *für* mich findest.

Die Person oder Sache, *von* der etwas genommen wird, wird im Spanischen ebenfalls oft als indirektes Objekt ausgedrückt:

Mi hijo compró el programa *a* un vecino nuestro.	Mein Sohn kaufte das Programm *von* einem unserer Nachbarn.

Nachstehende Verben gebrauchen ebenfalls diese Konstruktion:

confiscar a	beschlagnahmen von
llevarse a	wegnehmen von
quitar a	wegnehmen von
robar a	stehlen von

Vamos a quitar el ordenador *a nuestro hijo* si pasa demasiado tiempo delante.	Wir werden *unserem Sohn* (von unserem Sohn) den Computer wegnehmen, wenn er zuviel Zeit davor verbringt.

(iii) *Handlungen an Körper oder Kleidung*

Wird am Körper oder der Kleidung einer Person eine bestimmte Handlung ausgeführt, so wird die Person im Spanischen zum indirekten Objekt, und man gebraucht kein Possessivpronomen [➤21c(v), 21g(vi)].

***Me* operaron el pie.**	Sie operierten meinen Fuß (man operierte *mir* den Fuß).
El aceite *le* manchó la camisa.	Das Öl befleckte sein Hemd (das Öl befleckte *ihm* das Hemd).

(iv) *Objektfolge*

Handelt es sich sowohl bei dem direkten als auch bei dem indirekten Objekt um ein Nomen, so steht – im Gegensatz zum Deutschen – das direkte normalerweise vor dem indirekten, wenn sie etwa gleich lang sind. Ist ein Objekt jedoch beträchtlich länger als das andere, steht das kürzere zuerst.

Mi hijo (le) regaló *un nuevo programa a su padre.*	Mein Sohn gab *seinem Vater ein neues Programm.*
Mi hijo (le) regaló *a su padre este magnífico nuevo programa de ordenador.*	Mein Sohn gab *seinem Vater dieses großartige neue Computerprogramm.*

Handelt es sich bei beiden Objekten um Pronomen, so steht das indirekte immer vor dem direkten.

Mi hijo *se lo* regaló	Mein Sohn gab *es ihm.*

Bitte schlagen Sie die Stellung der Objektpronomen in Bezug zum Verb in Abschnitt 23b(iv) nach.

8g Objekte, die sich auf das Subjekt beziehen: reflexive Verben

Ein reflexives Verb ist ein transitives Verb, dessen Handlung sich auf das Subjekt »zurückbezieht«. Diese Verben werden im Deutschen daher manchmal auch »rückbezügliche Verben« genannt. Das Objekt der Handlung ist daher mit dem Subjekt identisch.

(i) Eine ganze Reihe spanischer reflexiver Verben entsprechen deutschen intransitiven Verben [➤8b(ii)].

***Me levanto* cada mañana a las siete.**	Ich *stehe* jeden Morgen um sieben *auf.*
Se marchó.	Er *ging fort.*

(ii) Reflexivpronomen als indirektes Objekt

Das Reflexivpronomen kann auch indirektes Objekt sein [➤8f]. Dies kommt besonders dann vor, wenn das Subjekt eine Handlung an einem Körperteil oder der eigenen Kleidung durchführt [➤8f(iii)].

Mientras limpiaba el coche *se* manchó la camisa.	Während er das Auto wusch, machte er (*sich*) Flecken auf sein Hemd.

Das Reflexivpronomen kann auch in rückbezüglicher Form verwendet werden, um Handlungen auszudrücken, die als direktes oder indirektes Objekt *mit- bzw. füreinander* ausgeführt werden.

***Nos* visitamos cada año y *nos* escribimos cada mes.**	Wir besuchen *einander* jedes Jahr und schreiben *uns* jeden Monat.

(iii) Reflexive Verbformen mit idiomatischer Bedeutung

Eine ganze Reihe spanischer reflexiver Verben, die häufig vorkommen, haben eine eher idiomatische als wörtliche Bedeutung. Hierzu gehören viele, die »in einen Zustand geraten« zum Ausdruck bringen. Und andere wieder haben die Bedeutung »... werden«.

aburrirse	sich langweilen
acostumbrarse	sich gewöhnen
enojarse	böse werden
extrañarse	überrascht sein, sich wundern
fastidiarse	ärgerlich werden
preocuparse	sich Sorgen machen
hacerse	... werden
ponerse	... werden
sentarse	sich setzen

Mi mujer siempre *se preocupa* cuando llama la señora Pérez.	Meine Frau *macht sich* immer *Sorgen*, wenn Frau Pérez anruft.

Der darauffolgende »Zustand« wird durch **estar** + Partizip Perfekt [➤8d] zum Ausdruck gebracht.

Yo *estoy acostumbrado* a esto, pero mi mujer *está* bastante *preocupada.*	Ich *bin* daran *gewöhnt*, doch meine Frau *ist ziemlich besorgt.*

(iv) Einige Verben besitzen gar keine nicht-reflexive Form.

arrepentirse	bereuen	**jactarse**	sich brüsten
atreverse	wagen	**quejarse**	sich beklagen
dignarse	geruhen		

– ¿Viene a *quejarse?* – preguntė.	»Kommt sie, um *sich zu beklagen?*« fragte ich.

(v) Intensivierung

Manchmal wird die Bedeutung eines Verbs im Spanischen dadurch verstärkt, daß man es reflexiv benutzt.

beber	trinken	**comer**	essen
beberse	austrinken, leeren	**comerse**	aufessen, verzehren
caer	fallen	**ir**	gehen
caerse	hinfallen	**irse**	weggehen

Primero se *bebió* una copa que mi mujer le ofreció.	Als erstes *leerte sie* das Glas Wein, das meine Frau ihr anbot.

Im Spanischen wird das reflexive Verb oft gebraucht, um das Passiv zu vermeiden [➤17e(i)].

8h Unpersönliche Verben

Ein unpersönliches Verb gebraucht im Deutschen das Subjekt »es«. »Es« besitzt an sich keine eigentliche Bedeutung, sondern dient zur Einleitung von Ausdrücken des Wetters oder anderer Verben. Sätze wie »Es regnet« und »Es ist unmöglich, zu sagen« sind hier gute Beispiele. Im Spanischen ist »es« natürlich in der 3. Person Singular des Verbs bereits enthalten und wird nicht als getrenntes Wort ausgedrückt.

Es gibt verschiedene Arten unpersönlicher Verben.

(i) Man spricht über das Wetter

Eine Reihe von Ausdrücken gebrauchen **hacer**, einige **haber**. Dazu kommen Verben wie **llover** »regnen«, **nevar** »schneien«, **amanecer** »Tag werden« usw. Bei einigen Ausdrücken muß nach **hacer mucho** anstatt **muy** für »sehr« stehen, denn es handelt sich um Nomen, nicht Adjektive.

llover	regnen
nevar	schneien
helar	(ge)frieren
amanecer	Tag/hell werden
anochecer	Nacht/dunkel werden

hacer (muy) bueno/buen tiempo	(sehr) gutes Wetter sein
hacer (muy) malo/mal tiempo	(sehr) schlechtes Wetter sein
hacer (mucho) frío	(sehr) kalt sein
hacer (mucho) calor	(sehr) warm/heiß sein
hay (mucha) niebla	(sehr) neblig sein

Es invierno. *Anochece* temprano, *hace* frío, hay heladas y *va a nevar.* Ayer *hizo mucho frío, llovió e hizo muy mal tiempo.*	Es *ist* Winter. Es *wird* früh *dunkel.* Es *ist* kalt. Es *ist* frostig und *es wird schneien.* Gestern *war es sehr kalt.* Es *regnete* und das Wetter *war sehr schlecht* (es war sehr schlechtes Wetter).

(ii) *Vor (einiger Zeit) ...*

Hace wird auch im Sinne von »vor (einiger Zeit)« gebraucht und steht dann *vor* der zeitlichen Bestimmung.

***Hace* diez años, el invierno fue atroz.**	*Vor* zehn Jahren war der Winter furchtbar.

Hace oder **desde hace** werden gebraucht, um Handlungen auszudrücken, die eine Zeitlang dauern oder dauerten und wahrscheinlich auch weiterhin andauern werden [➤12a(iv), 13b(v)].

(iii) ***Haber*** *»es gibt«*

Haber wird in der 3. Person – immer im Singular – gebraucht und hat dann die Bedeutung von »es gibt«. Im Präsens wird die spezielle Form **hay** verwendet.

Ayer *había* agua en las carreteras. Hoy *hay* hielo. *Habrá* problemas para los automovilistas.	Gestern war Wasser auf den Straßen (*gab es* Wasser auf den Straßen). Heute sind sie vereist (*gibt es* Eis). *Es wird* für die Fahrer Probleme *geben.*

Hay que + Infinitiv bedeutet »es ist notwendig ... (man muß)« [➤9b(ii)].

(iv) *Parece* »es scheint«; *es imposible* »es ist unmöglich«

Verben wie **parece** »es scheint«, **es imposible** »es ist unmöglich« werden zwar gewöhnlich als *unpersönlich* bezeichnet, sind es aber im Spanischen im strengen Sinn eigentlich nicht. Denn der nachfolgende Infinitiv oder Teilsatz ist in Wirklichkeit das Subjekt des Verbs – wie Sie deutlich erkennen können, wenn Sie den Satz umdrehen (mit dem Subjekt in Kursivschrift).

Es imposible *pasar por esta carretera.*	Es ist unmöglich, *diese Straße entlangzufahren.*
***Pasar por esta carretera* es imposible.**	*Diese Straße entlangzufahren* ist unmöglich.
Parece increíble *que no hayan puesto sal.*	Es scheint unglaublich, *daß kein Salz gestreut wurde* (daß sie kein Salz gestreut haben).
***Que no hayan puesto sal* parece increíble.**	*Daß kein Salz gestreut wurde* erscheint unmöglich.

(v) *Gustar* »mögen, gefallen; gern etwas tun« und ähnliche Verben

Bei dieser Gruppe von Verben wird die Person der Handlung, das heißt das eigentliche Subjekt, im Spanischen zum Objekt. Das Verb steht gewöhnlich in der 3. Person. (Vergleichen Sie hierzu den deutschen Satz »Mir schmecken die Äpfel«, bei dem etwas ganz ähnliches geschieht).

Handelt es sich im Spanischen bei diesem Objekt (d.h. der Person) um ein Nomen, so steht es gewöhnlich am Satzanfang. Das persönliche **a** [➤8e] wird ihm vorangestellt und es wird vom *redundanten Objektpronomen* wieder aufgegriffen [➤23b(v)].

A mi hijo le gustan los ordenadores. También le gusta el fútbol.	Mein Sohn mag Computer (Meinem Sohn gefallen Computer). Er mag auch Fußball (Fußball gefällt ihm auch).

Das Wichtigste an dieser Satzkonstruktion ist daher:

- Das Subjekt folgt dem Verb. Steht das Subjekt im Plural, muß das Verb auch im Plural stehen: also statt »mir schmeckt der Apfel (<u>er</u> schmeck<u>t</u> mir)« muß es dann heißen: »mir schmecken die Äpfel (<u>sie</u> schmeck<u>en</u> mir).«

• Ein Objektpronomen wird oft durch **a** + disjunktives Pronomen verstärkt [➤23f], ganz besonders wenn etwas betont werden soll.

***A mí* no *me* gustan los ordenadores.**	Mir gefallen Computer nicht.

• Einige andere, häufig gebrauchte Verben verwenden ebenfalls diese Konstruktion:

me apetece(n)	Ich habe Appetit/Lust auf
me duele(n)	ich habe ...weh; mir tut ... weh
me emociona(n)	ich bin gerührt über, begeistert von...
me encanta(n)	ich habe sehr gern...
me entusiasma(n)	ich bin begeistert von...
me falta(n)	mir fehlt...; ich habe ...nicht
me gusta(n)	ich mag
me interesa(n)	ich bin interessiert an
me queda(n)	ich habe ... übrig; mir bleibt...
me sobra(n)	ich habe ... übrig, nicht mehr nötig

A mi hijo *le sobran* las buenas intenciones, pero *le falta* la aplicación. Sólo le *quedan* dos meses antes de sus exámenes.	Mein Sohn *hat* immer sehr viele guten Absichten, doch *ihm fehlt der Fleiß. Ihm bleiben* nur noch zwei Monate bis zu (vor) seinen Prüfungen.

• Wenn ausgedrückt werden soll, daß man *gern* etwas *tut*, steht im Spanischen das zweite Verb im Infinitiv [➤10a].

Me *duelen* los dientes pero no me *apetece ir* al dentista.	Ich habe Zahnschmerzen (*mir tun* die Zähne *weh*), doch ich *habe* keine *Lust*, zum Zahnarzt zu *gehen*.
***A mi hijo le gusta jugar* con su ordenador, pero no *le interesa lavar* los platos.**	Mein Sohn *spielt gern* mit seinem Computer, doch er *hat kein Interesse*, das Geschirr zu *spülen*.

• Hat das Verb Einfluß darauf, daß eine andere Person oder Sache etwas tut, so muß im Spanischen der Konjunktiv nach **que** stehen [➤16b(i)].

***No nos gusta que pase* tanto tiempo con su ordenador.**	Es *gefällt uns* nicht, daß er so viel Zeit mit seinem Computer verbringt.

8i Verb + Präposition + Nominalphrase: Präpositionalobjekt

Im Spanischen werden Verben oft durch eine Präposition mit ihrem Objekt verbunden. In diesem Fall besitzt die Präposition normalerweise nicht ihre volle Bedeutung. Sie führt jedoch oft zu einer Veränderung der Bedeutung des Verbs. In den meisten Fällen stehen diese Kombinationen aus Verb + Präposition fest, wie dies auch im Deutschen der Fall ist. Die Präposition kann nicht weggelassen oder gar eine andere verwendet werden, ohne daß zumindest der Sinn des Satzes verändert oder er sogar überhaupt sinn-los wird.

Die folgende Aufstellung enthält spanische Verben, die mit ihrem Objekt durch eine Präposition verbunden sind. Im Deutschen folgt ihnen oft auch eine Präposition, die jedoch der spanischen durchaus nicht unbedingt entspricht. In manchen Fällen ist bei diesen Verben im Deutschen keine Präposition notwendig.

No podemos *contar con* mi hijo. *Carece de* sentido común con los regalos, pero esta *vez ha dado con* un regalo interesante.	Wir können uns *auf* meinen Sohn nicht *verlassen*. Was Geschenke anbetrifft, so *fehlt ihm* der gesunde Menschenverstand. Dieses Mal jedoch *fand* er ein interessantes Geschenk.

(i) Verben + a

acercarse a	sich etwas nähern
asistir a	teilnehmen, anwesend sein
contestar a	antworten
jugar a	(ein Spiel) spielen
oler a	riechen nach
parecerse a	j-m ähnlich sehen/sein
responder a	antworten auf
saber a	schmecken nach
sobrevivir a	j-n überleben
traducir a	übersetzen in (andere Sprache)

(ii) *Verben +* ***con***

acertar con	finden
casarse con	heiraten
contar con	zählen auf, sich verlassen auf; verfügen über
cumplir con	erfüllen (eine Pflicht)
dar con	treffen, stoßen auf
encontrarse con	j-n treffen
llenar con	füllen mit
soñar con	träumen von

(iii) *Verben +* ***de***

aburrirse de	sich langweilen; überdrüssig werden
acabar de	gerade etwas getan haben
acordarse de	sich erinnern an
cambiar de	ändern, wechseln
carecer de	ermangeln
cuidar de	sorgen für, betreuen
depender de	abhängen von
desconfiar de	zweifeln an, mißtrauen
enamorarse de	sich verlieben in
enfadarse de	sich ärgern über
entender de	von e-r Sache etwas verstehen, sich verstehen auf
enterar de	Auskunft geben über
enterarse de	sich überzeugen von, etw erfahren
equivocarse de	sich täuschen in
felicitar de	gratulieren zu
gozar de	genießen
llenar de	füllen mit
olvidarse de	etw vergessen
persuadir de	überzeugen von, überreden
preocuparse de	sich Sorgen machen über
prescindir de	absehen von; unterlassen
reírse de	lachen über
servir de	dienen zu/als
tratar de	unterhandeln wegen; sprechen über
tratarse de	sich handeln um

N.B. Auf **persuadir** folgt **a**, wenn es mit einem weiteren Verb verbunden wird, doch man gebraucht **de**, wenn es von einem Nomen gefolgt wird.

Me *persuadieron a ir a* ver al médico.	Sie *überredeten* mich, zum Arzt zu *gehen.*
Me *persuadieron de la necesidad* de ir.	Sie *überzeugten* mich von der *Notwendigkeit*, zu gehen.

(iv) *Verben +* ***en***

fijarse en	merken, gewahr werden
insistir en	bestehen auf
quedar en	übereinkommen, verabreden
reparar en	aufmerksam betrachten, bemerken

(v) *Verben +* ***por***

entusiasmarse por	sich begeistern für
estar por	für etwas sein
felicitar por	gratulieren zu
inquietarse por	sich beunruhigen über
interesarse por	sich interessieren für
luchar por	kämpfen um
optar por	wählen

(vi) Nachstehende Verben jedoch sind im Spanischen direkt mit ihrem Objekt verbunden, während ihnen im Deutschen eine Präposition folgt:

aprovechar	Nutzen ziehen aus
buscar	suchen nach
pagar	zahlen für
pedir	bitten um
recordar	sich erinnern an
temer	sich fürchten vor

***Recuerdo* los tiempos cuando siempre miraba la televisión.**	Ich *erinnere mich an* die Zeiten, als er immer fernsah.

8j ***Verben + »reiner« Infinitiv***

(i) Im Deutschen werden Verben meist mit der Präposition »zu« mit einem Infinitiv verbunden. Nachstehende spanische Ver-

ben gehören zu einer Gruppe, denen nur ein Infinitiv ohne Präposition folgt.

aconsejar	raten	**acordar**	übereinkommen, vereinbaren
anhelar	ersehnen	**aparentar**	vorgeben, sich stellen als ob
buscar	suchen	**confesar**	bekennen
conseguir	erreichen	**consentir**	erlauben, genehmigen
deber	sollen, müssen	**decidir**	entscheiden
declarar	erklären, verkünden	**dejar**	lassen, erlauben
desear	wünschen, verlangen	**determinar**	bestimmen
dignarse	geruhen	**esperar**	hoffen, erwarten
evitar	vermeiden, verhindern	**fingirse**	sich stellen als ob
hacer	machen, tun	**imaginar**	sich vorstellen
impedir	verhindern, hindern an	**intentar**	beabsichtigen, versuchen
lograr	erreichen, erlangen	**mandar**	befehlen
merecer	verdienen (Lob/Tadel)	**necesitar**	benötigen
negar	verneinen, verweigern	**ofrecer**	anbieten
oír	hören	**olvidar**	vergessen
optar	wählen	**ordenar**	ordnen; befehlen
osar	wagen	**parecer**	scheinen
pensar	denken	**permitir**	erlauben
poder	können	**preferir**	vorziehen
presumir	vermuten, annehmen	**pretender**	beanspruchen, verlangen, streben nach
procurar	besorgen, verschaffen, trachten	**prohibir**	verbieten
prometer	versprechen	**proyectar**	planen
querer	wünschen; lieben	**recordar**	sich erinnern
rehusar	sich weigern	**resistir**	widerstehen
resolver	beschließen	**resultar**	sich ergeben, sich erweisen
saber	wissen, verstehen		
sentir	fühlen, bedauern	**soler**	etwas zu tun pflegen
temer	befürchten	**ver**	sehen

***Resultó ser* un programa muy complejo.**	*Es erwies sich* als sehr kompliziertes Programm.
A mi hijo le *aconsejé explicar* el programa a su padre, pero éste no le *permitió hacerlo.*	Ich *riet* meinem Sohn, seinem Vater das Programm zu *erklären*, doch der *erlaubte* es ihm nicht (es zu machen).

(ii) Die meisten Verben, die etwas veranlassen (wie etwa im zweiten und dritten Beispiel vorstehend), können im Spanischen auch mit einer Konjunktivkonstruktion gebraucht werden.

A mi hijo le *aconsejé que explicase* el programa a su padre, pero éste no le *permitió que lo hiciese.*	Ich *riet* meinem Sohn, er *solle* seinem Vater das Programm *erklären*, doch der *erlaubte* es ihm nicht (daß er es mache).

(iii) **Creer** »glauben« und **decir** »sagen« werden ebenfalls mit dem reinen Infinitiv gebraucht, wenn sich beide Verben auf das gleiche Subjekt beziehen.

***Cree entenderlo* ahora.**	Er *glaubt*, er *verstehe* es jetzt.

(iv) Auf Verben der Wahrnehmung folgt unmittelbar der Infinitiv, wenn die Handlung bereits abgeschlossen ist, anderenfalls folgt das Gerundium [➤10c(iv)].

Le *oí preguntar* si quería una explicación.	Ich *hörte* ihn *fragen*, ob er eine Erklärung wolle.

8k Verb + Präposition + Infinitiv

Sehr viele Verben werden durch eine Präposition mit dem nachfolgenden Infinitiv verbunden. Ähnlich wie bei Nomen [➤8i] handelt es sich auch hier um eine »feste Verbindung«, die man nicht abändern kann.

Die häufigsten, hierfür gebrauchten Präpositionen sind **a** und **de**. Es gibt jedoch auch einige andere.

(i) *Verb + **a** + Infinitiv*

Zu den Verben, die mit einem Infinitiv durch **a** verbunden werden, gehören viele, die nachstehendes ausdrücken:

(A) Beginn:

comenzar a	beginnen, anfangen zu
echar(se) a	anfangen zu
empezar a	anfangen zu
ponerse a	sich anschicken zu
romper a (llorar)	anfangen zu, ausbrechen in (weinen)

(B) Bewegung:

acercarse a	sich nähern, zugehen auf
acudir a	sich einstellen bei
apresurarse a	sich beeilen
bajar a	hinuntergehen
concurrir a	sich einfinden bei
correr a	laufen nach
entrar a	hineingehen
enviar a	senden an
ir a	gehen nach; hingehen, um...; etwas tun werden
levantarse a	aufstehen, um...
llevar a	führen zu
mandar a	senden an
parar a	anhalten, um...
precipitarse a	sich beeilen
salir a	hinausgehen/-laufen auf
sentarse a	sich setzen, um...
subir a	besteigen, hinaufsteigen
traer a	bringen auf
venir a	kommen auf/zu
volar a	fliegen nach
volver a	zurückkehren nach; erneut tun

(C) Ermunterung, Aufforderung, Verpflichtung:

animar a	anregen zu
convidar a	einladen zu
empujar a	antreiben zu
excitar a	anregen zu
exhortar a	aufmuntern, auffordern zu

forzar a	zwingen zu
impeler a	antreiben, anspornen
incitar a	aufhetzen, antreiben zu
invitar a	einladen zu
llamar a	anrufen, holen
llevar a	führen zu
mover a	bewegen zu
obligar a	verpflichten zu
persuadir a	überzeugen

(D) Nachstehende Verben verwenden ebenfalls die Präposition **a**:

acertar a	Erfolg haben (i.S. von gelingen)
acostumbrarse a	sich gewöhnen an
aprender a	lernen
arriesgarse a	sich wagen an
aspirar a	streben, trachten nach
atreverse a	wagen zu
autorizar a	bevollmächtigen, ermächtigen
ayudar a	helfen, beistehen
comprometerse a	sich verpflichten zu
decidirse a	sich entschließen zu
dedicar a	widmen
desafiar a	herausfordern zu; trotzen
determinarse a	e-n Entschluß fassen
disponerse a	sich anschicken zu
enseñar a	lehren
limitarse a	sich beschränken auf
ofrecerse a	sich anbieten
prepararse a	sich vorbereiten auf
quedarse a	bleiben
renunciar a	verzichten auf
resignarse a	sich fügen, sich abfinden mit
resistirse a	sich weigern
resolverse a	sich entschließen zu
tender a	abzielen auf; tendieren zu

Por fin *persuadí* a mi marido *a escuchar* a nuestro hijo. Se *sentaron a estudiar* el programa.	Schließlich *überzeugte* ich meinen Mann, *auf* unseren Sohn zu *hören*. Sie *setzten sich* hin, um das Programm zu *studieren*.

Mi marido *le invitó a explicárselo* página por página. *No se resignaba a no entenderlo.*	Mein Mann *forderte ihn auf*, es ihm Seite um Seite zu *erklären*. Er *fand sich nicht damit ab, es nicht zu verstehen.*

(ii) *Verb + **de** + Infinitiv*

Zu den Verben, die mit einem Infinitiv durch **de** verbunden werden, gehören nachstehende:

(A) Verben, die das Ende oder den Abbruch einer Handlung andeuten.

abstenerse de	absehen von (i.S. von »verzichten auf«)
acabar de	soeben etwas getan haben
cansarse de	e-r Sache überdrüssig werden
cesar de	aufhören zu
dejar de	aufhören zu; unterlassen
desistir de	abstehen von, Abstand nehmen von
disuadir de	abbringen von
fatigarse de	e-r Sache müde werden
hartarse de	genug haben von
librarse de	sich befreien von
saciarse de	genug haben von
parar de	aufhören zu
terminar de	aufhören zu

(B) Nachstehende Verben benutzen ebenfalls die Präposition **de** zur Verknüpfung:

acordarse de	sich erinnern an
acusar de	wegen e-r Sache anklagen
alegrarse de	sich freuen über
arrepentirse de	etwas bereuen
avergonzarse de	sich e-r Sache schämen
cuidar de	sich in acht nehmen
desdeñarse de	es für unter s-r Würde halten, etwas zu tun
desesperar de	verzweifeln an
encargarse de	etwas übernehmen, auf sich nehmen
gloriarse de	sich rühmen; stolz sein auf
guardarse de	sich hüten vor
jactarse de	sich brüsten mit

olvidarse de	zu tun vergessen
tratar de	zu tun versuchen
tratarse de	sich handeln um

Mi hijo *disuadió* a mi marido *de poner* la televisión y *se encargó de enseñarle* el progama.	Mein Sohn *brachte* meinen Mann davon *ab*, den Fernseher *einzuschalten*, und *übernahm* es, ihm das Programm *beizubringen* (*es ihn zu lehren*).
***Trató de explicárselo* con cuidado y *se guardó de usar* muchos términos técnicos.**	Er *versuchte*, es ihm sorgfältig *zu erklären* und *hütete sich* davor, viele technische Ausdrücke *zu verwenden.*

(iii) *Verb + **en** + Infinitiv*

Zu den Verben, die durch **en** mit einem Infinitiv verbunden werden, gehören folgende:

complacerse en	sich gefallen in
consentir en	einwilligen in
consistir en	bestehen aus
convenir en	übereinkommen, etwas zu tun
deleitarse en	sich vergnügen, sich ergötzen an
dudar en	sich nicht entschließen können, etwas zu tun
hacer bien en	gut daran tun, etwas zu tun; richtig handeln
hacer mal en	falsch/schlecht handeln
insistir en	bestehen auf
interesarse en	sich interessieren für
obstinarse en	hartnäckig bestehen auf
ocuparse en	sich beschäftigen mit
pensar en	denken an, vorhaben
perseverar en	beharren auf
persistir en	bestehen auf
porfiar en	hartnäckig bestehen auf
quedar en	übereinkommen; verabreden
tardar en	zögern mit, nicht gleich etwas tun
no tardar en	bald etwas tun
vacilar en	zögern, etwas zu tun

Mi hijo *hizo bien en perseverar* y mi marido *quedó en tomar* otra lección al día siguiente. Ahora *se interesa en comprar* más programas, pero *insiste en aprender* éste primero.	Mein Sohn *tat gut daran, beharrlich zu sein*, und mein Mann *kam* (mit ihm) *überein*, am nächsten Tag eine weitere Stunde *zu nehmen*. Jetzt ist er daran *interessiert*, weitere Programme zu kaufen, doch er *besteht darauf*, dieses zuerst zu lernen.

(iv) *Verb + **por** + Infinitiv*

Zu den Verben, die durch **por** mit einem Infinitiv verbunden werden, gehören folgende.

(A) Verben, die etwas beginnen oder beenden, bei denen man im Deutschen »mit« verwendet:

comenzar por	beginnen mit
empezar por	beginnen mit
acabar por	enden mit
terminar por	enden mit
concluir por	enden, abschließen mit

(B) Und die folgenden Verben:

esforzarse por	sich bemühen, sich anstrengen
estar por	geneigt sein, etwas zu tun; für j-n sein
estar por (hacer)	noch zu tun sein
luchar por	kämpfen für/um
rabiar por	begierig, erpicht sein auf
suspirar por	sich sehnen nach

Mi marido *se esfuerza por aprender* estas cosas, pero a veces cree que *terminará por volverse loco.*	Mein Mann *bemühte sich*, diese Dinge *zu lernen*, doch manchmal glaubt er, er *wird noch verrückt (werden).*

(v) *Verb + **con** + Infinitiv*

Zu den Verben, die durch **con** mit einem Infinitiv verbunden werden, gehören folgende:

amenazar con	drohen mit
contentarse con	sich zufrieden geben mit
soñar con	träumen von

Mi hijo *sueña con llenar* la casa de aparatos, pero yo *amenazo con echarle* fuera si lo hace.	Mein Sohn *träumt davon*, das Haus mit technischem Krimskrams *zu füllen*, doch ich *drohe* ihm (damit), daß ich ihn *hinauswerfen werde*, wenn er das tut.

(vi) Achten Sie auch auf Nachstehendes:

(A) Verben, die durch **para** verbunden werden:

estar para	im Begriff sein	**servir para**	dienen zu

***¿Para qué sirven* todos estos aparatos?**	*Wozu dient* all dieser Kram?

(B) Verben, die durch **que** mit einem Infinitiv verbunden werden, selbst wenn sie ein direktes Objekt besitzen:

tener que	müssen
hay que	es ist notwendig, ... zu ...

¡Hay que ver* a mi marido! *¡Tiene* todo este nuevo programa *que aprender!	*Sie sollten* meinen Mann *sehen! Er muß* dieses ganze neue Programm *lernen!*

(C) Die Verben **continuar** und **seguir**, mit denen etwas fortgesetzt oder weitergeführt wird, werden mit dem Gerundium [➤10c(ii)] und *nicht* mit dem Infinitiv verbunden [➤8l(iii)].

8l Verben + Partizip Präsens oder »Gerundium« [➤10b]

Die Gerundialkonstruktion ist im Deutschen heute nicht üblich – im Gegensatz etwa zum Englischen. Im Spanischen beschränkt sich der Gebrauch des Gerundiums in Verbindung mit anderen Verben auf folgendes:

(i) **Estar** + Gerundium

Das Gerundium wird mit **estar** verwendet, um die sogenannten *progressiven Tempora* oder *Verlaufsformen* [➤8d(ii), 19c(i)] auszudrücken. Man bringt einen Zustand der Gleichzeitigkeit zum Ausdruck, d.h. die Handlung findet oder fand zu dem Zeitpunkt (gerade) statt, an dem sie erwähnt wurde.

¿Qué *estás haciendo?*	Was *tust du* (gerade)?
***Estoy viendo* un partido de fútbol.**	Ich *sehe* ein Fußballspiel.
Cuando les vi, los niños *estaban viendo* la televisión.	Als ich sie sah, *waren* die Kinder *gerade beim Fernsehen.*

Doch das einfache Präsens wird gebraucht, wenn die Handlung zu dem Zeitpunkt, an dem sie erwähnt wird, nicht *tatsächlich auch ihren Verlauf* nimmt.

Mañana *no jugamos* al fútbol.	Morgen *spielen wir nicht* Fußball.

(ii) ***Ir/venir*** *+ Gerundium*

Manchmal werden **ir** und **venir** gebraucht, um die progressiven Tempora auszudrücken. Meistens soll hiermit ein allmählich fortschreitender Prozeß wiedergegeben werden.

***Vas aprendiendo* muy rápidamente**	*Du lernst* sehr schnell.
***Vienes haciendo* muchos progresos.**	*Du machst* gute Fortschritte.

(iii) ***Continuar/seguir*** *+ Gerundium*

Auf Verben, mit denen etwas fortgesetzt oder weitergeführt wird (**continuar** und **seguir**), folgt *immer* das Gerundium, *niemals der Infinitiv.*

***Siguieron viendo* la televisión.**	Sie *sahen weiter fern.*

➤ [Die Gerundialkonstruktion kann im Spanischen auch alleine stehen (Deutsch: Indem .../während .../da ...). Schlagen Sie bitte in Abschnitt 10c(i) nach. Sonstige Verwendungsmöglichkeiten finden Sie unter 10c(vi).]

8m Verben + Partizip Perfekt

Die wichtigsten Verben, die mit dem Partizip Perfekt verbunden werden, sind **haber**, das Hilfsverb zur Bildung der zusammengesetzten Formen der Vergangenheit [➤18c(viii)], sowie

ser und **estar** »sein« zur Bildung des *echten* und des *deskriptiven* Passivs [➤17b, c].

(i) ***Haber*** *+ Partizip Perfekt*

Im Spanischen wird im Gegensatz zum Deutschen (»haben« und »sein«) nur ein Hilfsverb zur Bildung der zusammengesetzten Tempora der Vergangenheit gebraucht. Dabei bleibt das Partizip Perfekt unverändert: es muß mit nichts *übereinstimmen*.

Han pasado **toda la tarde delante del televisor. Ya** ***habían pasado*** **la mañana jugando al fútbol.**	Sie *haben* den ganzen Nachmittag vor dem Fernseher *verbracht*. Sie *hatten* den Morgen bereits mit Fußballspielen *verbracht*.

(ii) ***Ser, estar*** *und andere Verben + Partizip Perfekt*

Wird das Partizip Perfekt mit **ser, estar** oder anderen Verben (außer **haber**) gebraucht, muß es mit Geschlecht und Zahl des Subjekts des Verbs übereinstimmen.

Los documentos ***fueron escritos*** **empleando la nueva máquina. Ya** ***están escritos*** **todos.**	Die Unterlagen *wurden* unter Verwendung der neuen Maschine *geschrieben*. Sie *sind* alle schon *geschrieben*.

(iii) ***Quedar/tener*** *+ Partizip Perfekt*

Das Partizip Perfekt kann auch mit **quedar** »bleiben; sein; werden« und **tener** »haben« gebraucht werden:

Quedamos asombrados **por la velocidad de la nueva máquina.**	*Wir waren erstaunt* über die Schnelligkeit der neuen Maschine.

(iv) Achten Sie auf den Unterschied in folgendem:

He escrito **los documentos.**	Ich *habe* diese Unterlagen *geschrieben* (Perfekt).

Tengo* los documentos *escritos.	Ich *habe* die *geschriebenen* Unterlagen (d.h. sie liegen hier vor mir).
***Hice escribir* los documentos.**	Ich *ließ* die Unterlagen *schreiben* (d.h. jemand anderes schrieb sie auf mein Ersuchen).

Im letzten Fall gebraucht man **hacer** + Infinitiv [➤9b(v)].

9 Einstellungen zur Handlung: Modalverben

9a *Die Funktion der Modalverben*

Ein Modalverb sagt etwas über die Beziehung zwischen Subjekt und Vollverb aus, das im Infinitiv steht [➤10a].

Durch Modalverben werden in erster Linie die folgenden Beziehungen ausgedrückt.

N.B. Im Spanischen können Objektpronomen dem Modalverb vorausgehen oder an das Ende des Infinitivs angehängt werden [➤23b(ii)].

***Lo* quiero hacer/Quiero hacer*lo*.**	Ich möchte *es* tun.
***Se los* queremos mandar/Queremos mandár*selos*.**	Wir möchten *sie ihm* schicken.

9b *Die spanischen Modalverben und ihre Bedeutung*

(i) *Poder* »können, in der Lage sein«

(A) Poder bezeichnet im Spanischen das physische Können oder die Fähigkeit, etwas zu tun.

No *podemos* ir al concierto el sábado que viene puesto que estaremos en Sevilla.	Wir *können* nächsten Samstag nicht ins Konzert gehen, denn wir werden in Sevilla sein.
¿*Puede* decirnos si va a haber otros conciertos?	*Können* Sie uns sagen, ob es noch weitere Konzerte geben wird?
Queríamos ir al concierto, pero no *podíamos (pudimos)*.	Wir wollten ins Konzert gehen, aber wir *konnten* nicht.

(B) Um auszudrücken, daß man etwas *hätte tun können*, gibt es im Spanischen zwei Möglichkeiten:

- Imperfekt oder Konditional von **poder** + **haber** + Partizip Perfekt

***Podíamos (Podríamos) haber ido* al concierto.**	Wir *hätten* ins Konzert *gehen können.*

Auf diese Weise ausgedrückt, wird zu verstehen gegeben, daß wir *in der Lage gewesen wären, zu gehen*, aber nicht gingen.

• Konditional II, d.h. Konditional Perfekt [➤14e] von **poder** + Infinitiv.

***Habríamos (hubiéramos) podido ir* al concierto.**	Wir *hätten* ins Konzert *gehen können*/Wir wären in der Lage gewesen, ins Konzert zu gehen.

Hier wird die Tatsache etwas weniger betont, daß wir aus irgendeinem Grund nicht gehen konnten.

N.B. Nachstehende Liste gibt die verschiedenen Tempora von **poder** an.

Podemos ir	*Indikativ Präsens*	Wir können gehen
Podíamos ir	*Indikativ Imperfekt*	Wir konnten gehen (die Umstände erlaubten es)
Pudimos ir	***Pretérito***	Wir konnten gehen (bei einer bestimmten Gelegenheit)
Hemos podido ir	*Perfekt*	Wir haben gehen können
Podremos ir	*Futur I*	Wir werden gehen können
Podríamos ir	*Konditional I*	Wir würden gehen können
Podíamos haber ido	*Imperfekt + Infinitiv Perfekt*	Wir hätten gehen können
Podríamos/pudieramos haber ido	*Konditional oder Konjunktiv Imperfekt auf* ***-ra*** *+ Infinitiv Perfekt*	Wir hätten gehen können
Habríamos/hubiéramos podido ir	*Konditional oder Konjunktiv Imperfekt auf* ***-ra*** *+Partizip Perfekt*	Wir hätten gehen können

(C) Um eine erworbene Fähigkeit oder »Knowhow« (geistiges Können) auszudrücken, wird im Spanischen **saber** »gelernt haben, wissen« gebraucht.

Me gusta escuchar la música pero *no sé* leerla.	Ich höre gerne Musik, aber ich *kann* keine Noten lesen (ich *habe es nicht gelernt*).

***No puedo* ir a los conciertos porque donde vivo no hay autobuses y *no sé* conducir.**	Ich *kann* nicht ins Konzert gehen (die Umstände gestatten es mir nicht), denn dort, wo ich wohne, gibt es keine Busse und ich *kann* nicht Auto fahren (ich *habe es nicht gelernt*).

(D) »Können« wird im Spanischen selten bei Verben der Wahrnehmung ausgedrückt.

¿*Ves* el anuncio del concierto? –No, *no lo encuentro* en ninguna parte.	*Siehst du* die Anzeige für das Konzert (*kannst du* sie *sehen)?* Nein, ich *finde* sie nirgends (*kann* sie nirgends *finden*).

(E) Um eine Erlaubnis oder Möglichkeit auszudrücken, wird im Deutschen oft auch »können« gebraucht, obwohl »dürfen« meistens korrekter wäre.

• Im Spanischen wird am häufigsten **poder** + Infinitiv gebraucht, wenn um Erlaubnis gebeten oder Erlaubnis erteilt wird.

¿*Puedo* acompañarte al concierto? –¡Claro que *puedes!*	*Darf ich* dich ins Konzert begleiten? Natürlich *darfst du*!

• Formeller ist die Verwendung von **permitir** mit dem Infinitiv [➤8j(i)].

***No se permite* fumar en los conciertos.**	In Konzerten *darfst du* nicht rauchen (Rauchen ist nicht *erlaubt*).

• Der unpersönliche Ausdruck [➤17e(i)] **¿se puede?** wird sehr häufig gebraucht, wenn um Erlaubnis gebeten wird. Dies ist besonders dann der Fall, wenn die Handlung (der Infinitiv) nicht genannt wird.

¿Se puede?	*Darf ich/dürfen wir?* (ist es erlaubt?)

¿*Se puede* pasar? –¡No, *no se puede!*	*Darf ich/dürfen wir* hereinkommen? Nein, *du darfst/Sie dürfen nicht!*

(F) Wenn eine Möglichkeit ausgedrückt werden soll, wird im Spanischen sehr häufig **puede que** oder **es posible que** + Konjunktiv [➤16b(v)] gebraucht.

Si no vamos a Sevilla, *puede que vayamos* al concierto.	Wenn wir nicht nach Sevilla fahren, *gehen wir möglicherweise* ins Konzert.
Si no hubiésemos ido a Sevilla, *es posible que hubiéramos ido* al concierto.	Wären wir nicht nach Sevilla gefahren, *wären wir eventuell* ins Konzert *gegangen.*

(ii) ***Tener que, deber, hay que, haber de*** *müssen*

Im Spanischen gibt es verschiedene Verben, die den Gedanken der Verpflichtung, des Zwangs, etwas tun zu müssen zum Ausdruck bringen. Ihre jeweiligen Nuancen überschneiden sich zum großen Teil, doch:

(A) Tener que + Infinitiv deutet auf eine Verpflichtung aufgrund der Umstände hin.

No fuimos al concierto porque *tuvimos que ir* a una reunión aquel día.	Wir gingen nicht ins Konzert, denn wir *mußten* an diesem Tag zu einer Besprechung (gehen).

(B) Hay que + Infinitiv ist ein unpersönliches Verb [➤8h(iii), 8k(vi)], das zum Ausdruck bringt, daß etwas *notwendig ist.* Dadurch wird die Betonung auf die Notwendigkeit der Handlung gelegt und nicht so sehr auf denjenigen, der sie ausführt. Im Gegensatz zum Französischen *il faut* zum Beispiel kann dieser Ausdruck im Spanischen nur mit dem Infinitiv verwendet werden, niemals mit dem Konjunktiv.

Para conocer bien la música clásica *hay que* comprar muchos discos compactos.	Um klassische Musik (wirklich) gut zu kennen, *muß man* viele CDs kaufen.

(C) Deber bedeutet als Nomen »Pflicht«. Das Verb drückt ebenfalls eine moralische Verpflichtung aus.

Debemos ir **a Sevilla a ver al tío enfermo.**	*Wir müssen* nach Sevilla fahren (es ist unsere Pflicht), um unseren kranken Onkel zu besuchen.

(D) Deber de + Infinitiv setzt eine Annahme voraus.

Debe de ser **un concierto muy interesante.**	Es *muß* ein sehr interessantes Konzert sein.
Deben de haber ido **al concierto sin nosotros.**	Sie *müssen* ohne uns ins Konzert gegangen sein.

(E) Haber de wird im Spanischen weniger häufig gebraucht, weist jedoch darauf hin, *was geschehen wird.*

El sábado que viene *hemos de ir* a Sevilla.	Nächsten Samstag *müssen* wir nach Sevilla fahren.

(F) Deber hat auch die Bedeutung »sollte«. »Sollen« drückt im Deutschen einen Auftrag, Wunsch oder Befehl aus, etwas zu tun. Im Spanischen wird jedoch mit **deber** eher eine moralische Verpflichtung ausgedrückt. Normalerweise gebraucht man das Konditional von **deber** + Infinitiv (obwohl manchmal auch das Präsens die Bedeutung von »sollte« haben kann [➤9b(ii)C]).

Deberíamos (debemos) **ir al concierto.**	Wir *sollten* (müssen eigentlich) ins Konzert gehen.

(G) Im Spanischen gibt es zwei Möglichkeiten, das auszudrükken, was *hätte geschehen sollen.*

• Das Imperfekt oder Konditional von **deber** + **haber** + Partizip Perfekt.

Debíamos (deberíamos) haber ido **al concierto.**	Wir *hätten* ins Konzert *gehen sollen.*

• Konditional Perfekt [➤14e] oder Konjunktiv Imperfekt auf **-ra** [➤18c(vii)] von **deber** + Infinitiv.

Habríamos (hubiéramos) **debido ir al concierto.**	Wir *hätten* ins Konzert *gehen sollen.*

N.B. Im Gebrauch von **deber** gibt es eine große Vielfalt von Nuancen, doch nachstehende Liste seiner Tempor sollte Ihnen helfen.

Debemos ir	*Indikativ Präsens*	Wir müssen/sollten gehen
Debíamos ir	*Indikativ Imperfekt*	Wir mußten gehen (Umstände)
Debimos ir	***pretérito***	Wir mußten gehen (in jenem Moment)
Hemos debido ir	*Perfekt*	Wir haben gehen müssen
Deberíamos ir	*Konditional I*	Wir sollten gehen
Debiéramos ir	*Konjunktiv Imperfekt auf* ***-ra***	Wir sollten gehen
Deberemos ir	*Futur I*	Wir werden gehen müssen
Debíamos haber ido	*Imperfekt + I Infinitiv Perfekt*	Wir hätten gehen sollen
Deberíamos haber ido	*Konditional + Infinitiv Perfekt*	Wir hätten gehen sollen
Habríamos/hubiéramos debido ir	*Konditional oder Konjunktiv Imperfekt + Partizip Perfekt*	Wir hätten gehen sollen

(iii) ***Querer, desear*** *mögen, wollen*

(A) Um auszudrücken, daß man etwas möchte, wird im Spanischen am häufigsten das Verb **querer** + Infinitiv gebraucht.

Queremos ir **al concierto pero no podemos.**	*Wir möchten* ins Konzert *gehen,* aber wir können nicht.

Um das Gleiche etwas formeller auszudrücken, gebraucht man **desear**:

Pues, ¿qué *desea hacer?*	Nun, was *möchten Sie tun?*

(B) Querer wird auch im Sinne von »wollen«, d.h. »gewillt sein«, gebraucht.

***¿Quiere decirme* a qué hora empieza el concierto?**	*Wollen Sie* (Würden Sie) mir *sagen,* um wieviel Uhr das Konzert beginnt?

(C) Um auszudrücken, daß Sie *gern* etwas *tun möchten*, ist es sehr üblich, den Konjunktiv Imperfekt auf **-ra** von **querer** zu gebrauchen, d.h. **quisiera** + Infinitiv.

***Quisiéramos ir* al concierto.**	*Wir möchten gern* ins Konzert *gehen.*

Man kann jedoch auch das Konditional [➤14d] von **gustar** gebrauchen.

***Nos gustaría ir* al concierto.**	*Wir möchten gern* ins Konzert *gehen* (es würde uns gefallen, zu gehen).

(D) Um auszudrücken, daß man gerne etwas getan hätte, gebraucht man das Konditional II [➤14e] eines der beiden Verben.

***Hubiéramos querido/nos hubiera gustado ir* al concierto.**	*Wir wären gern* ins Kino *gegangen* (es hätte uns gefallen).

Möchten Sie, daß jemand anderes etwas tut, müssen Sie **querer** oder **gustar** + **que** + Konjunktiv [➤16b(i)] gebrauchen.

***Quisiéramos que Vds fueran* al concierto en nuestro lugar.**	Wir *möchten* (hätten gerne), daß Sie an unserer Stelle ins Konzert *gehen.*

(iv) ***Ir a*** *im Begriff sein, etwas zu tun*

Um auszudrücken, was man gerade tun will (d.h. tun wird) oder wollte, gebraucht man **ir a** + Infinitiv.

➤ [Weitere Ausführungen zum Gebrauch der Zukunft finden Sie in den Abschnitten 14a–c.]

(v) ***Hacer*** *lassen, veranlassen*

Um auszudrücken, daß man etwas veranlaßt, gebraucht man **hacer**, *unmittelbar* gefolgt vom Infinitiv.

Cuando decidimos ir al concierto, *hicimos reservar* las entradas.	Als wir beschlossen, ins Konzert zu gehen, *ließen wir* Karten *reservieren.*

(vi) *Andere Modalverben*

Einige andere häufig vorkommende Verben können ebenfalls als Modalverben gebraucht werden:

acabar de	gerade etwas getan haben
soler	etwas zu tun pflegen
volver a	etwas von neuem/wieder tun

Acabo de cancelar* una cita. No *suelo hacer* tales cosas, y no *volveré a hacerlo.	Ich *habe gerade* einen Termin *abgesagt.* Normalerweise *pflege* ich so etwas nicht *zu machen,* und ich *werde* es auch nicht *wieder tun.*

10 Nicht zeitgebundene Verbformen: infinite Formen

10a *Der Infinitiv*

Der Infinitiv ist die Verbform, die Sie normalerweise in Wörterbüchern finden. Er ist die Grundform des Verbs und bezeichnet eine bestimmte Handlung oder einen Zustand, ohne auszudrücken, wann etwas geschieht.

(i) *Infinitivendungen*

Im Spanischen gibt es drei Infinitivendungen:
auf **-ar (hablar)**
auf **-er (beber)**
auf **-ir (subir)**

(ii) *Gebrauch des Infinitivs*

Die hauptsächliche Verwendung des Infinitivs wird in den folgenden Abschnitten beschrieben:

➤ [8j »Reiner« Infinitiv]
➤ [8k Verben + Präpositionen + Infinitiv]
➤ [9b Modalverben + Infinitiv]

(iii) *Der als Nomen gebrauchte Infinitiv*

Da er etwas bezeichnet, kann der Infinitiv wie ein Nomen gebraucht werden. Das Gleiche ist auch im Deutschen möglich. Im Spanischen wird er dann häufig mit dem maskulinen Artikel **el** gebraucht (im Deutschen verwendet man »das«).

***(El) fumar* 40 cigarrillos al día le va a causar daño.**	*Das Rauchen* von 40 Zigaretten pro Tag wird ihm schaden.

(iv) *Präpositionen + Infinitiv*

Der Infinitiv ist die einzige Verbform, die nach Präpositionen gebraucht werden kann [➤25d]. Zusätzlich zu den Präpositionen, die ein vorausgehendes Verb mit ihm verbinden, wird der Infinitiv oft auch mit nachstehenden Präpositionen gebraucht.

antes de	vor, ehe	**después de**	nach, nachdem
en lugar de	anstelle von, anstatt	**para**	um zu
sin	ohne	**en vez de**	anstatt

Mi hermano fuma *sin parar. En lugar de dejar* de fumar, busca razones *para defender* su hábito. Debería pensar *antes de seguir* fumando.	Mein Bruder raucht unaufhörlich (*ohne aufzuhören*). *Statt* das Rauchen *aufzugeben*, sucht er nach Gründen, *um* diese Gewohnheit *zu verteidigen*. Er sollte nachdenken, *ehe* er *weiterhin raucht*.

(v) Der Infinitiv wird im Spanischen häufig nach bestimmten Präpositionen gebraucht [➤25], wenn vermieden werden soll, daß ein Satz mit einer Konjunktion beginnt. Das Subjekt des Infinitivs kann sich von dem des Hauptverbs unterscheiden.

(A) Al + Infinitiv ersetzt einen Temporalsatz, der mit **cuando** »als« beginnt und Gleichzeitigkeit ausdrückt [➤5a(ii), 16c(i), 26d].

***Al hablarle* (cuando le habló) *el médico* sobre este asunto, mi hermano no estaba contento. *Al volver* (cuando volvió) del médico estaba inquieto.**	*Als* der Arzt mit ihm darüber *sprach*, war mein Bruder nicht sehr erfreut. *Als* er vom Arzt *zurückkam*, war er besorgt.

(B) A, oder häufiger noch **de** + Infinitiv wird oft anstelle eines Bedingungssatzes mit **si** »wenn« gebraucht.

***De/a ser verdad* (si es verdad) lo que dijo, va a tener problemas. *De/a haber sido verdad* (si hubiera sido verdad), hubiera tenido problemas.**	*Wenn* es *wahr ist*, was er sagte, wird er Probleme haben. *Wenn* es *wahr gewesen wäre*, hätte er Probleme gehabt.

(C) Con + Infinitiv entspricht einem Satz, der mit **aunque** »obwohl« [➤16c(iii)] oder **si** »wenn« [➤16h] beginnt.

***Con ser* (aunque era) muy grave el asunto, no se preocupaba demasiado.**	*Obwohl* die Sache sehr ernst *war*, war er doch nicht allzu sehr besorgt.
***Con fumar* (si fumara) un poco menos, solucionaría el problema.**	*Wenn* er etwas weniger *rauchte* (rauchen würde), würde er das Problem lösen.

(D) Por + Infinitiv kann anstelle eines Kausalsatzes stehen, der mit **porque** »da, weil« beginnt [➤5a(ii), 26d].

***Por ser* (porque era) tan grave el asunto, tuvimos que convencerle.**	*Da (weil)* die Sache so ernst *war*, mußten wir ihn überzeugen.

(vi) Der Infinitiv wird manchmal auch gebraucht, um den Imperativ auszudrücken [➤15c(i)].

10b Was ist das Partizip Präsens oder Gerundium?

Die meisten spanischen Grammatiken bezeichnen die Verbformen, die auf **-ando** oder **-iendo** enden, als **el gerundio** »das Gerundium«, da sich diese Form im Spanischen aus dem Gerundium des Lateinischen entwickelt hat. Es unterscheidet sich insofern vom Partizip Präsens des Deutschen, daß es nicht adjektivisch gebraucht werden kann. Im Deutschen (*fließendes Wasser*), Englischen (*running water*) oder Französischen (*eau courante*) jedoch ist dies möglich. Im Spanischen ist das Gerundium immer unveränderlich.

Um mit andern Lehrbüchern spanischer Grammatik übereinzustimmen, haben wir diese Wortart auch in diesem Buch durchweg als »Gerundium« bezeichnet.

10c Gebrauch des Gerundiums

(i) Indem, da, während, weil

Das Gerundium besitzt eine Verbalfunktion und bedeutet gewöhnlich »indem«, »da«, »während« oder »weil«. Dabei wird gewöhnlich ein Nebensatz verkürzt wiedergegeben.

Fumando **tantos cigarrillos al día se va a matar.**	*Weil* er so viele Zigaretten pro Tag *raucht*, wird er sich (noch) umbringen.
Viajando **por Sudamérica vimos cuánta gente fuma.**	*Während* wir durch Südamerika *reisten*, sahen wir, wie viele Menschen rauchen.
Le dije eso, *sabiendo* que le gustaría.	Ich sagte es ihm, *da* ich wußte, es würde ihm gefallen.
Siendo **terco, no ha podido dejar la costumbre.**	*Da* er so störrisch *ist*, ist es ihm nicht gelungen, diese Gewohnheit aufzugeben.

(ii) Progressive Tempora und fortlaufende Handlung

Das Gerundium wird im Spanischen auch nach **estar** und manchmal auch nach **ir** und **venir** gebraucht, um die progressiven Tempora [➤19c(i)] auszudrücken. Nach Verben, die eine fortlaufende Handlung beschreiben, steht es ebenfalls [➤8k(vi)].

Mis compañeros *están viajando* por Sudamérica.	Meine Freunde *reisen gerade* durch Südamerika.
Siguen haciendo **muchos amigos.**	Sie *erwerben sich weiterhin* viele Freunde.

(iii) ***Llevar*** *+ Gerundium*

Um auszudrücken *seit wann* eine Handlung vor sich geht oder ging [➤12a(iv), 13b(v)], kann das Gerundium auch mit **llevar** »tragen; mit sich bringen; führen« gebraucht werden.

Llevamos (llevábamos) **dos semanas *trabajando* sobre el asunto.**	Wir *arbeiten/arbeiteten* bereits seit zwei Wochen an der Sache.

(iv) Gerade stattfindende Handlung

Das Gerundium wird auch gebraucht, um bei Verben der Wahrnehmung, Darstellung, Feststellung, usw. eine Handlung eines Objekts auszudrücken, die gerade vor sich geht.

A los niños les pillé *fumando.*	Ich ertappte die Kinder *beim Rauchen.*
Te vi *hablando* con mi hermano.	Ich sah dich mit meinem Bruder *sprechen.*

N.B. Gebraucht man hier den Infinitiv, bringt man damit zum Ausdruck, daß die Handlung (d.h. die Unterhaltung) bereits abgeschlossen ist.

Te vi *hablar* con mi hermano.	Ich sah dich, *als* du mit meinem Bruder *sprachst* (d.h. und dann gingst du weg).

(v) *Adjektivische Formen*

Abgesehen von dem Ausdruck **agua hirviendo** »kochendes Wasser« wird diese Verbform im Spanischen *nie* adjektivisch gebraucht und ist immer unveränderlich. Möchten Sie zum Beispiel sagen »fließendes Wasser« oder »ein fahrender Zirkus«, dann können Sie *meistens* (doch nicht immer) eine von zwei möglichen Adjektivformen verwenden, die vom Infinitiv abgeleitet werden:

-ante von Verben auf **-ar** abgeleitet
-iente von Verben auf **-er** und **-ir** abgeleitet

volar	**volante**	fliegend
crecer	**creciente**	zunehmend, wachsend

-ador(a) von Verben auf **-ar** abgeleitet
-edor(a) von Verben auf **-er** und **-ir** abgeleitet

Es una ciudad *interesante y encantadora,* que tiene una población *creciente.*	Es ist eine *interessante* und *bezaubernde* Stadt, deren Bevölkerung ständig zunimmt (mit *zunehmender* Bevölkerung).

Welche dieser Formen ein Verb gebraucht oder ob ein Verb überhaupt eine solche Form besitzt, läßt sich nicht vorhersagen; Sie müssen im Wörterbuch nachschlagen. Gibt es diese Form nicht, verwenden Sie am besten einen Relativsatz [➤23k] oder ein eigenständiges Adjektiv.

Enséñeme un *modelo que funcione* de su *bicicleta plegable.*	Zeigen Sie mir ein *funktionierendes Modell* Ihres *zusammenklappbaren Fahrrads.*

10d Das Partizip Perfekt

Das Partizip Perfekt wird im Spanischen in erster Linie folgendermaßen gebraucht:

(i) *Zusammengesetzte Tempora der Vergangenheit*

Mit dem Hilfsverb **haber** [➤19f] zur Bildung der zusammengesetzten Tempora der Vergangenheit (Perfekt, Plusquamperfekt, Futur II, Konditional II, **pretérito anterior**).

Nos *han llamado* temprano.	Sie *haben* uns früh *gerufen.*
***Habrán terminado* el trabajo.**	Sie *werden* die Arbeit *beendet haben.*

N.B. Bei dieser Art des Gebrauchs wird das Partizip Perfekt nie verändert.

(ii) *Passiv mit* ***ser/estar***

Zur Bildung des Passivs [➤17b, c] mit **ser** oder **estar** wird im Spanischen ebenfalls das Partizip Perfekt gebraucht. In diesem Fall muß es in Geschlecht und Zahl mit dem Subjekt von **ser** oder **estar** übereinstimmen.

Los documentos *fueron mandados* al jefe.	Die Unterlagen *wurden* an den Chef *gesandt.*

(iii) *Adjektivischer Gebrauch*

Das Partizip Perfekt kann auch als Adjektiv mit den üblichen, Geschlecht und Zahl entsprechenden Adjektivendungen [➤22a(i)] gebraucht werden. Zum Ausdruck eines Zustands [➤17c] wird es oft mit **estar**, **parecer**, usw. verwendet.

estos documentos *escritos*	diese *geschriebenen* Unterlagen
Los documentos *están escritos* en español.	Diese Unterlagen *sind* Spanisch *geschrieben.*

El jefe *está (parece) muy cansado* hoy.	Der Chef *ist* (*scheint*) heute sehr *müde*.

• Manche dieser Partizipien sind zu eigenständigen Adjektiven geworden und können mit **ser** gebraucht werden, ohne daß dadurch das Passiv angedeutet werden soll.

***Somos aficionados* a la música.**	*Wir sind* Musikfans.

(iv) *Gebrauch als Nomen*

Der Gebrauch des Partizips Perfekt als Nomen ist ganz ähnlich wie im Deutschen.

***los desaparecidos* de la guerra sucia**	*die Verschwundenen* des schmutzigen Krieges
los desterrados	*die Verbannten* (im Exil lebenden)

(v) *Absolute Partizipialkonstruktion*

Bei dieser Konstruktion beginnt im Spanischen der Satz mit dem Partizip Perfekt, ohne daß eine Konjunktion hinzukommt. Im Deutschen gebrauchen wir in diesem Fall jedoch normalerweise einen Relativsatz o.ä.

Franco, *muerto* en 1975, fue dictador durante casi 40 años.	Franco, *der* 1975 *starb* (1975 *gestorben*), war fast 40 Jahre Diktator.

Sehr häufig wird im Spanischen das Partizip Perfekt in der formellen Schriftsprache in dieser absoluten Konstruktion gebraucht, wenn zum Ausdruck gebracht wird, daß *etwas getan worden ist/getan wurde*.

***Restaurada la línea telefónica* pudieron continuar las discusiones.**	*Als die Telefonleitung repariert war*, waren sie in der Lage, die Diskussion fortzusetzen.

11 Zeitverlauf und der Gebrauch der Tempora

11a *Was sagen uns die Tempora?*

Die *Tempora* oder *Zeiten* (lateinisch **tempus** = »Zeit«) im grammatikalischen Sinn sind nicht mit »Zeit« als solcher gleichzusetzen, obgleich man von beiden oft mit den gleichen Worten spricht. Die Zeit ist Teil unseres Lebens und teilt sich in drei Abschnitte auf, nämlich Vergangenheit, Gegenwart und Zukunft. Die Tempora sind hingegen grammatikalische Strukturen, die oft nicht nur den Zeitpunkt eines Geschehens aufzeichnen, sondern auch den Standpunkt des Sprechers darstellen. Die Anzahl der Tempora, ihre Bezeichnung und ihr Gebrauch sind von Sprache zu Sprache sehr unterschiedlich.

11b *Ein Wort oder zwei? Einfache und zusammengesetzte Tempora*

In der Grammatik spricht man von einem *einfachen* Tempus, wenn das Verb aus einem einzigen Wort besteht, während *zusammengesetzte* Tempora aus mindestens zwei Wörtern (einem Hilfsverb + Partizip Perfekt oder Gerundium, je nach Tempus) bestehen.

Bei spanischen Verben gibt es zwei Reihen von Tempora: die *einfachen* und die *progressiven* Formen (oder *Verlaufsformen*). Letztere bezeichnen wir als *progressive* Tempora. Theoretisch kann jedes Tempus eine progressive Form besitzen, doch am häufigsten kommen sie im Präsens und Imperfekt vor.

¿Qué *estabas haciendo* cuando te vimos? – *Estaba comprando* un disco compacto.	Was *machtest* du *gerade*, alswir dich sahen? Ich *kaufte gerade* eine CD.

11c *Hilfsverben in zusammengesetzten Tempora*

(A) Sämtliche zusammengesetzten Formen der Vergangenheit – Perfekt, Plusquamperfekt, Futur II, Konditional II und **pretérito anterior** – werden mit dem Hilfsverb **haber** + Partizip Perfekt gebildet. Bei diesen Tempora ist keine Übereinstimmung des Partizips Perfekt (nach Geschlecht und Zahl) erforderlich. Pronomen oder sonstige Wörter dürfen nicht zwischen das Hilfsverb und das Partizip Perfekt geschoben werden (die einzige Ausnahme ist, daß sie an das Ende des Infinitivs von **haber** angehängt werden dürfen).

¿*Lo ha terminado* Vd ya? ¡Qué bien *haberlo terminado!*	*Haben* Sie *es* bereits *beendet?* Wie schön, *damit fertig zu sein!*

(B) Die progressiven Tempora werden mit **estar** (und manchmal auch mit **ir** oder **venir**) + Gerundium [➤10b, c] gebildet. Am häufigsten wird die Progressivform im Präsens und Imperfekt gebraucht [➤19c(i)], obwohl es auch möglich ist, progressive Formen fast aller anderen Tempora zu bilden.

¿Qué *habrías estado haciendo* ahora?	Was *würdest* du denn jetzt *getan haben?*

Im Beispiel wird die Progressivform des Konditional II gebraucht.

(C) Das »echte« Passiv, d.h. die Form, welche eine Handlung beschreibt, die getan *wird/wurde/werden wird* usw., wird mit dem entsprechenden Tempus von **ser** gebildet [➤8d(i),17b].

El coche *fue aparcado* en la plaza por su dueño.	Das Auto *wurde* von seinem Besitzer auf dem Platz *geparkt.*

Estar wird ebenfalls mit dem Partizip Perfekt gebraucht [➤10d], um den Zustand zu beschreiben, der sich aus einer Handlung ergibt. Dies wird manchmal als »deskriptives« Passiv bezeichnet. Es handelt sich hier nicht eigentlich um ein zusammengesetztes Tempus. Achten Sie jedoch auf den unterschiedlichen Gebrauch von **ser** und **estar** + Partizip Perfekt [➤17b, c].

El coche *estaba aparcado* en la plaza cuando lo remolcó la grúa.	Das Auto *war* auf dem Platz *geparkt*, als es von dem Kran abgeschleppt wurde (als der Kran es abschleppte).

(d.h. es befand sich in dem *geparkten Zustand*, in dem sein Besitzer es verlassen hatte).

(D) Ir a »im Begriff sein, etwas zu tun« und **acabar de** »gerade etwas getan haben« sind Hilfsverben, die ebenfalls gebraucht werden, um einem Satz einen zeitlichen Zusammenhang zu geben [➤9b(iv), (vi)].

12 Das Präsens

N.B. Der Gebrauch der verschiedenen Tempora im *Indikativ* wird in Kapitel 12–14 erklärt [Konjunktiv ➤16]. Der *Indikativ* ist die normale Aussageform, die angibt, ob etwas wahr oder gewiß ist.

12a Das einfache Präsens [➤18c(i)]

Das Präsens besitzt eine Reihe von Funktionen und beschreibt im Spanischen folgendes:

(i) *Die gegenwärtige Situation*

¿Qué *haces* ahí? –Me *afeito*.	Was *machst* du da? Ich *rasiere* mich.

➤ [Siehe auch die Progressivform des Präsens ➤12b.]

(ii) *Was **manchmal** oder **gewöhnlich** geschieht*

Los domingos me *levanto* tarde.	Sonntags *stehe* ich spät *auf*.

N.B. Das Hilfsverb **soler** [➤9b(vi)] wird auch manchmal gebraucht, um auszudrücken was Sie *üblicherweise* oder *gewöhnlich* tun.

***Suelo afeitarme* por la mañana.**	Ich *pflege mich* morgens *zu rasieren*).

(iii) *Was **bald** geschehen wird*

¡*Nos vamos* en diez minutos! – Vale, ya voy!	*Wir gehen* in zehn Minuten! Gut, ich *komme!*

(iv) *Was **bisher** geschehen ist und noch fortdauern könnte*

Im Spanischen gibt es zwei Möglichkeiten, dies mit dem einfachen Präsens auszudrücken:

¡Hace horas que te *espero*!	Seit Stunden *erwarte* ich dich schon!
¡Te *espero* desde hace horas!	Ich *erwarte* dich schon seit Stunden!

N.B. Eine weitere, sehr häufige Konstruktion zum Ausdruck des *bisher* Geschehenen ist der Gebrauch von **llevar** »tragen; mit sich bringen; führen« + Gerundium [➤10c(iii)].

¡*Llevo* horas *esperándote*!	*Ich warte schon* seit Stunden auf dich!

(v) Das historische Präsens

Zur Beschreibung von Ereignissen, die (gewöhnlich) in der (jüngsten) Vergangenheit stattfanden und die der Sprecher aktueller und lebhafter beschreiben möchte. Man bezeichnet dies als das *historische* Präsens. Im Spanischen wird es ganz häufig gebraucht.

Te *llamo* – y ¿qué veo? – ¡todavía *estás* en la cama!	Ich *rufe* dich – und was *sehe* ich? – Du *bist* noch im Bett!

12b Die Progressivform Präsens

Das progressive Präsens wird mit dem Präsens von **estar** + Gerundium gebildet. In einigen Fällen kann man das progressive Präsens auch mit **ir** oder **venir** als Hilfsverb bilden.

Die Progressivform wird als Alternative zum einfachen Präsens gebraucht [➤12a(i)], die Handlung *muß* jedoch zum gegenwärtigen Zeitpunkt im Gange sein.

¿Qué *estás haciendo* ahí? – Me *estoy afeitando.*	Was *machst* du hier? – Ich *rasiere* mich (gerade).

⚠ Dieses Tempus können Sie jedoch nicht verwenden, um auszudrükken, was *in Kürze geschehen wird*, wie in 12a(iii).

13 Die Tempora der Vergangenheit

Im Spanischen gibt es folgende Tempora der Vergangenheit: das **pretérito,** das Imperfekt, das Perfekt, das Plusquamperfekt und das **pretérito anterior**.

13a *Die »einfache« Vergangenheit oder das pretérito [➤19b]*

(i) *Einfache, abgeschlossene Handlungen*

Das **pretérito** manchmal auch als die »einfache« oder »historische« Vergangenheit bezeichnet, wird gebraucht, wenn eine einmalige, bereits abgeschlossene Handlung beschrieben werden soll. Sie berichtet, was zu einer bestimmten, uns bekannten Zeit *geschah*.

El año pasado *pasé* mis vacaciones en Méjico. *Viajé* en avión. *Visité* varios monumentos aztecas.	Letztes Jahr *verbrachte* ich meine Ferien in Mexiko. Ich *reiste* per Flugzeug. Ich *besuchte* mehrere Azteken-Denkmäler.

(ii) *Abgeschlossene Zeitspanne*

Es berichtet eine Tatsache, die sich während einer bereits abgeschlossenen Zeitspanne zutrug. Sie kann Wochen oder sogar Jahrhunderte betragen haben.

***Fueron* unas vacaciones estupendas. A mi parecer la civilización azteca *fue* muy extraña.**	*Es war* ein wunderbarer Urlaub. Meiner Ansicht nach *war* die Zivilisation der Azteken sehr seltsam.

13b *Das Imperfekt [➤19b]*

Das Imperfekt bezeichnet die Dauer einer Handlung in der Vergangenheit. Ihr Beginn oder ihr Ende ist für den Zusammenhang unwichtig. In der Praxis gebraucht man es daher in den folgenden Situationen:

(i) *Um auszudrücken, was zur beschriebenen Zeit vor sich ging*

En la capital todavía reconstruían los barrios destruidos en el terremoto.	In der Hauptstadt *baute man* die Stadtteile wieder *auf*, die während des Erdbebens zerstört worden waren.

N.B. Im Spanischen gibt es auch eine progressive Form des Imperfekts, die unter diesen Umständen ebenfalls gebraucht werden kann [➤19c(i)].

En la capital todavía *estaban reconstruyendo* los barrios destruidos en el terremoto.	In der Hauptstadt *war man immer noch dabei*, die Stadtteile wieder *aufzubauen*, die während des Erdbebens zerstört worden waren.

(ii) *Um einen bestimmten Zustand in der Vergangenheit zu beschreiben*

Había mucha gente alrededor de la catedral, y aunque hacía calor y brillaba el sol, una nube de humo colgaba encima de la ciudad.	In der Gegend der Kathedrale *waren* viele Leute, und obwohl es sehr heiß *war* und die Sonne *schien*, *hing* eine Rauchwolke über der Stadt.

(iii) *Zur Beschreibung dessen, was zu geschehen* ***pflegte***

Das Imperfekt wird auch gebraucht, um eine wiederholte, gewohnheitsmäßige Handlung in der Vergangenheit zu beschreiben. Häufig wird dadurch der Gedanke ausgedrückt, daß man *etwas zu tun pflegte*. Bei dieser Gebrauchsweise wird das Imperfekt oft von Adverbien oder adverbialen Bestimmungen der Zeit begleitet, die diese Wiederholung deutlich machen. Hierzu gehört zum Beispiel **a menudo** »oft, häufig« oder **a veces** »manchmal« [➤27b].

Cuando *vivía* en el Reino Unido *iba* a menudo a España.	Als ich in Großbritannien *lebte* (zu leben pflegte), *fuhr* ich häufig nach Spanien (pflegte ich häufig zu fahren).

Im Deutschen unterscheiden wir in der »einfachen« Vergangenheit nicht zwischen *abgeschlossenen*, einmaligen Handlungen (oder einer Reihe abgeschlossener Handlungen) und einer *wiederholten* Handlung oder Beschreibung. Vergleichen Sie nachstehende Sätze.

***Viví* seis años en el Reino Unido antes de ir a los Estados Unidos.**	Ich *lebte* sechs Jahre in Großbritannien, ehe ich in die USA ging.

(Die Handlung (d.h. man lebte sechs Jahre dort) ist abgeschlossen. Daher steht das Verb **vivir** im **pretérito.**)

Mientras *vivía* en el Reino Unido *visité* España tres veces.	Während ich in Großbritannien *lebte*, *fuhr* ich dreimal nach Spanien.

(Die Handlung (leben) ist nicht abgeschlossen, sie beschreibt etwas; daher steht sie im Imperfekt. Die zweite Handlung (besuchen) – drei Besuche insgesamt, also eine abgeschlossene Handlung – steht aus diesem Grund im **pretérito.**)

Cuando *vivía* en el Reino Unido *iba* a España todos los años.	Als ich in Großbritannien *lebte*, *fuhr* ich jedes Jahr nach Spanien.

(Beide Handlungen werden wiederholt; Beginn oder Ende sind nicht angegeben und daher stehen beide Verben im Imperfekt.)

Das Modalverb **soler** »etwas zu tun pflegen« steht häufig im Imperfekt, um zu beschreiben, was man *zu tun pflegte.*

Cuando vivía en el Reino Unido *solía* ir a España todos los años.	Als ich in Großbritannien lebte, *pflegte ich* jedes Jahr nach Spanien zu fahren.

Achten Sie auch auf den Unterschied zwischen einer fortschreitenden, zur Beschreibung des Hintergrunds dienenden Handlung, für die das Imperfekt oder die progressive Form des Imperfekts gebraucht wird, und *einmaligen Ereignissen*, die im **pretérito** stehen.

¡Pensar que yo *me divertía (me estaba divirtiendo)* en Méjico cuando usted *tuvo* que volver al trabajo! ¡Y que *tomaba (estaba tomando)* una cerveza al lado de la piscina cuando me *llamó* por teléfono!	Wenn man *bedenkt*, daß ich mich in Mexiko *amüsierte*, während Sie zur Arbeit *zurück mußten!* Und daß ich neben dem Schwimmbad *gerade* ein Bier *trank*, als Sie mich *anriefen!*

(iv) *Imperfekt statt Konditional [➤14d(i), 16h(ii)]*

Manchmal wird in der gesprochenen Sprache im Spanischen auch das Imperfekt anstelle des Konditionals gebraucht.

Si tuviera la oportunidad de ir a Sudamérica, ¡claro que la *tomaba!*	Wenn ich eine Gelegenheit hätte, nach Südamerika zu fahren, *würde* ich sie selbstverständlich *ergreifen!*

(v) ***Desde hace, llevar***

Will man andeuten, daß etwas eine bestimmte Zeit *vor sich ging* und durchaus auch weiterhin hätte vor sich gehen können, gebraucht man **desde hace** »seit« [➤12a(iv)]. Sowohl das Verb als auch **hacía** stehen dann im Imperfekt. Häufig wird hierzu auch die Konstruktion mit **llevar** [➤10c(iii)] gebraucht.

***Hacía seis años que vivía* en el Reino Unido, cuando me fui a los Estados Unidos.** ***Vivía desde hacía seis años* en el Reino Unido, cuando me fui a los Estados Unidos.** ***Llevaba seis años viviendo* en el Reino Unido, cuando me fui a los Estados Unidos.**	Ich *hatte* (seit) sechs Jahre(n) in Großbritannien *gelebt*, als ich in die USA *ging*.

13c Das Perfekt [➤19c(ii)]

Das Perfekt wird im Deutschen manchmal auch als *vollendete Gegenwart* bezeichnet. Im Spanischen ist dieses zusammengesetzte Tempus weniger gebräuchlich. Es besteht aus dem Hilfsverb **haber** + Partizip Perfekt. Man gebraucht das Perfekt, um zu beschreiben, was in jüngster Vergangenheit *bisher (bis heute) geschehen ist.*

¿*Han visitado* ustedes Méjico? – No, *no hemos visitado* Méjico, pero *hemos estado* dos veces en Guatemala.	*Haben* Sie Mexiko *besucht?* – Nein, Mexiko *haben* wir nicht *besucht,* aber in Guatemala *sind* wir zweimal *gewesen.*

Das Perfekt kann auch anstelle des **pretérito** [➤13a] gebraucht werden, um ein einziges Ereignis zu beschreiben, das erst ganz kurze Zeit zurückliegt. Dieser Gebrauch des Perfekts ist jedoch im Spanischen bei weitem nicht so häufig, wie dies im gesprochenen Deutschen zum Beispiel der Fall ist, um ein »einmaliges« Ereignis in der Vergangenheit auszudrücken.

¿*Han visto* Vds la catedral? –Sí, la *hemos visto* esta mañana.	*Haben* Sie die Kathedrale *besucht*? – Ja, wir *haben* sie heute morgen *besucht.*

Es ist im Spanischen auch durchaus möglich, eine progressive Form des Perfekts [➤19c(i)] zu gebrauchen, wenn die Dauer der Handlung betont werden soll.

¿Qué *han estado haciendo* esta mañana? – *Hemos estado visitando* la catedral.	Was *haben* Sie heute morgen *gemacht*? – Wir *haben* die Kathedrale *besucht.*

Soll jedoch »seit« im Sinne von »bisher« ausgedrückt werden, muß im Spanischen nach **hace ... que**, **desde hace** oder **llevar** das *Präsens* gebraucht werden [➤12a(iv)].

13d Das Plusquamperfekt [19c(ii)]

Das Plusquamperfekt ist ebenfalls ein zusammengesetztes Tempus; man bildet es mit dem Imperfekt des Hilfsverbs **haber** + Partizip Perfekt. Ähnlich wie im Deutschen soll hiermit ausgedrückt werden, daß vor einem Ereignis in der Vergangenheit bereits etwas anderes *geschehen war*, das *noch weiter in der*

Vergangenheit zurücklag. Dieses Tempus wird im Deutschen daher manchmal auch als *Vorvergangenheit* oder *vollendete Vergangenheit* bezeichnet.

Antes de ir a Méjico, ya *habíamos visitado* Guatemala dos veces. – Ah, pero no me lo *había dicho.*	Ehe wir nach Mexiko fuhren, *hatten* wir bereits zweimal Guatemala *besucht*. – Ach so, aber Sie *hatten* mir das nicht *gesagt*.

Will man jedoch ausdrücken, daß sich ein Geschehen über einen bestimmten Zeitraum hin abspielte und wahrscheinlich auch weiterhin andauern wird, so gebraucht man im Spanischen das Imperfekt (nicht das Plusquamperfekt) mit **hacía ... que** oder **desde hacía** oder auch das Imperfekt von **llevar** + Gerundium [➤13b(v)].

13e Das Pretérito anterior

Dieses zusammengesetzte Tempus wird mit dem **pretérito** des Hilfsverbs **haber** + Partizip Perfekt gebildet. Es wird eigentlich *nur* noch in der Literatur verwendet und dann nach bestimmten Ausdrücken der Zeit, wie zum Beispiel »als«, »sobald«, usw. (ein Ereignis *geschehen war*).

Cuando los españoles *hubieron conquistado* Méjico, se pusieron a convertir a los indios al cristianismo.	Als die Spanier Mexiko *erobert hatten*, machten sie sich daran, die Indianer zum Christentum zu bekehren.

Das **pretérito anterior** steht nach folgenden temporalen Konjunktionen, wenn sie auf ein Ereignis hinweisen, das in der Vergangenheit *geschehen war*. Meistens wird es jedoch in der Umgangssprache – und auch häufig in der Schriftsprache – durch das **pretérito** oder auch das Plusquamperfekt ersetzt.

apenas	kaum	**luego que**	sowie, sobald
así que	sowie, sobald	**no bien**	kaum
cuando	als	**tan pronto como**	sobald
despues (de) que	nachdem		

Cuando los españoles *conquistaron/habían conquistado* Méjico ...	Als die Spanier Mexiko *erobert hatten ...*

14 Futur und Konditional

14a *Futur I [➤18c(iii),19b]*

Das einfache Futur oder Futur I drückt im Spanischen ebenso wie im Deutschen aus, daß zu einem bestimmten Zeitpunkt in der Zukunft etwas geschehen wird. Dies ist jedoch weder die einzige noch unbedingt die häufigste Art, den Gedanken der Zukünftigkeit auszudrücken. Das Futur I wird zu folgendem gebraucht:

(i) *Um ganz einfach auszudrücken was geschehen wird*

Le *escribiremos* al volver a casa.	Wir *werden* euch *schreiben*, wenn wir nach Hause kommen.

(ii) Um – oft in herablassendem Ton – einer Anweisung *Nachdruck* zu verleihen

¡*Esperarás* aquí!	Du *wirst* hier *warten!*

(iii) Zum Ausdruck einer *Annahme* oder *unsicheren Behauptung* Im Deutschen verbindet man dies dann meistens mit dem Wort »wohl«.

¿Qué hora *será*? *Serán* las cinco y pico.	Wieviel Uhr es *wohl ist* (sein wird)? Es *wird* kurz nach fünf *sein.*

Dieser Gebrauch des Futurs ist in Spanien häufiger als in den Spanisch sprechenden Ländern Südamerikas. Dort würde man eher **deber de** gebrauchen [➤8b(ii)].

14b *Futur II [➤19c]*

Das Futur II wird im Deutschen manchmal auch als *vollendete Zukunft* bezeichnet. Dieses zusammengesetzte Tempus wird aus dem Futur I des Hilfsverbs **haber** + Partizip Perfekt gebildet. Es berichtet von einem in der Zukunft abgeschlossenen Geschehen. Man gebraucht es:

(i) Um etwas auszudrücken, das – zu dem Zeitpunkt, an dem sich etwas anderes ereignet – *geschehen sein wird*

Cuando recibamos el recado ya *se habrán marchado.*	Wenn wir die Nachricht bekommen, *werden* sie bereits *gegangen (abgefahren) sein.*
Ya le *habrán enterado* del problema.	Man *wird* Sie (sie werden Sie) über das Problem bereits *informiert haben.*

(ii) Zum Ausdruck einer *Annahme* oder *Vermutung* (ähnlich wie in Abschnitt 14a(iii)). Im Deutschen würde man hier eher das Perfekt gebrauchen.

¿Dónde *habrán ido?* ¿Se *habrán perdido?* – Lo dudo, *habrán entrado* en algún bar.	Wohin sie wohl *gegangen sind* (gegangen sein werden)? Ob sie sich *verlaufen haben* (verlaufen haben werden)? Das bezweifle ich, sie *sind* wahrscheinlich in irgendeine Bar *gegangen* (werden wahrscheinlich in irgendeine Bar gegangen sein).

14c *Alternativen zum Futur*

Das einfache Futur ist im Spanischen nicht die am häufigsten gebrauchte Form, etwas Zukünftiges auszudrücken. Ganz besonders in der Umgangssprache wird oft auch nachstehendes verwendet:

(i) Präsens [➤12a]

Wie auch im Deutschen gebraucht man im Spanischen häufig das Präsens, wenn man sich auf die unmittelbare Zukunft bezieht. Dies ist besonders dann der Fall, wenn es sich um etwas zuvor Vereinbartes handelt.

¿Qué *hacemos* esta tarde? –Primero *vamos* a la plaza, donde nos *reunimos* con Alfonso y Rosa, y luego *tomamos* algo en la terraza de un café.	Was *machen* wir heute nachmittag? Zuerst *gehen* wir zum Platz, wo wir uns mit Alfonso und Rosa *verabredet haben,* und dann *trinken* wir etwas auf der Terrasse eines Cafés.

Im Spanischen wird hier immer das einfache Präsens, *niemals* die Progressivform gebraucht.

(ii) *Ir a*

Bezieht man sich auf zukünftige Absichten, so gebraucht man im Spanischen auch **ir a** [➤9b(iv)].

¿Qué *vamos a hacer* esta tarde? –Primero *vamos a ir* a la plaza, donde nos *vamos a reunir* con Alfonso y Rosa, y luego *vamos a tomar* algo en la terraza de un café.	Was *machen* wir heute nachmittag? Zuerste *gehen* wir zum Platz, wo wir uns mit Alfonso und Rosa verabredet haben, und dann *trinken* wir etwas auf der Terrasse eines Cafés.

(iii) *Haber de*

Das Modalverb **haber de** [➤9b(ii)] wird manchmal auch gebraucht, um etwas Zukünftiges zu beschreiben. Diese Gebrauchsweise ist besonders in den Spanisch sprechenden Ländern Südamerikas üblich. In Spanien wird hierdurch eher das Gefühl einer Verpflichtung ausgedrückt.

¿Qué *hemos de hacer?*	Was *sollen* wir *tun?*

14d *Konditional I [➤18c(iv), 19b]*

Das Konditional berichtet von etwas, das *geschehen würde* und wird im Spanischen hauptsächlich in den folgenden drei Fällen gebraucht:

(i) Um auszudrücken, was unter bestimmten Bedingungen *geschehen würde*. Hierzu wird häufig die Konjunktion **si** »wenn« [➤16h(ii), (iii)] gebraucht.

Si tuviéramos tiempo, *iríamos* a Acapulco.	Wenn wir Zeit hätten, *würden* wir nach Acapulco *fahren.*
¿Qué *harían* Vds en estas circunstancias?	Was *würden* Sie unter diesen Umständen *tun?*

(ii) In der *indirekten Rede*, um etwas Zukünftiges der direkten Rede in der Vergangenheit auszudrücken.

– Iré a verles lo más pronto posible – dijo.	»Ich werde sie so bald wie möglich besuchen«, sagte er. *(Direkte Rede)*
Dijo que *iría* a verles lo más pronto posible.	Er sagte, daß er sie so bald wie möglich *besuchen würde.* *(Indirekte Rede)*
Creí que *haría* eso.	Ich dachte (mir), daß er dies *tun würde.*

(iii) Zum Ausdruck einer *Annahme* oder *Vermutung* in der Vergangenheit.

Hier gebraucht man das Konditional ebenso zum Ausdruck einer Vermutung oder Annahme in der Vergangenheit, wie es mit dem Futur geschieht, um dies in der Gegenwart auszudrücken [➤14a(iii)].

¿Qué *estarían haciendo?*	Was sie wohl *machten*?
¿Qué hora *sería?*	Wieviel Uhr es wohl *war*?
***Serían* las cinco y pico**	Es *war* wohl kurz nach fünf.

14e *Konditional II [➤18c(viii),19c(ii)]*

Das Konditional II ist ebenfalls ein zusammengesetztes Tempus. Es wird mit dem Konditional I von **haber** + Partizip Perfekt gebildet und beschreibt, was *geschehen wäre.* Man gebraucht es in folgenden Situationen:

(i) Um auszudrücken, was unter bestimmten Bedingungen *geschehen wäre,* meist in Verbindung mit **si** »wenn«

¿*Qué habrían hecho* Vds en estas circunstancias?	Was *hätten* Sie unter diesen Umständen *getan?*
Si hubiéramos tenido tiempo, *habríamos* ido a Acapulco.	Wenn wir Zeit *gehabt hätten, wären* wir nach Acapulco *gefahren.*

➤ [Schlagen Sie bitte auch unter Abschnitt 16h(iii) über »Wenn«-Sätze und den Konjunktiv nach.]

(ii) Um eine *Annahme* oder *Vermutung* auszudrücken [➤14a(iii), 14d(iii)]

¿Dónde habrían ido? ¿Se habrían perdido?	Ich frage mich, wohin sie *gegangen sein könnten?* Ob sie sich wohl *verlaufen haben* (*könnten*)?

Einige weitere Anmerkungen zum Konditional I und II:

- Die Form des Konjunktivs Imperfekt auf **-ra**, **hubiera**, usw. wird häufig als Alternative zum Konditional **habría** gebraucht. Dies kommt besonders bei der Verwendung als Hilfsverb [➤14e(i),16h(iii)] vor. Die Form des Konjunktivs Imperfekt auf **-se** wird jedoch *nicht* so verwendet.

Si hubiéramos tenido tiempo, *hubiéramos visitado* Acapulco.	Wenn wir Zeit gehabt hätten, *hätten* wir Acapulco *besucht.*

- Das Gleiche geschieht auch mit **quisiera** anstatt **querría** »würde gerne«, **pudiera** anstatt **podría** »könnte« und **debiera** anstatt **debería** »sollte«. Bei anderen Verben kommt dieser Gebrauch nur in der Literatur vor [➤9b(iii)].

15 Bitten und Befehle: der Imperativ

15a *Was drückt der Imperativ aus?*

Der *Imperativ* (auch *Befehlsform* genannt) dient einer Vielzahl von Zwecken, einschließlich dem Erteilen von Aufforderungen, Befehlen, Warnungen, Anweisungen, Einladungen und Ratschlägen.

15b *Der Gebrauch des Verbs im Imperativ*

(i) Es gibt im Spanischen vier positive und negative Imperativformen: die du-Form, die ihr-Form und die Sie-Formen im Singular und im Plural [➤23b(i)]. Sie alle fordern dazu auf, etwas zu TUN oder NICHT ZU TUN.

⚠ Achten Sie darauf, daß **usted** und **ustedes** immer die Verb-Endungen der *3. Person* des *Konjunktivs Präsens* gebrauchen. Wird eine Imperativform *verneint*, so gebraucht man sowohl bei **tu/vosotros** als auch bei **usted/ustedes** den *Konjunktiv Präsens* [➤18c(ii)]. Dies bedeutet also, daß nur **tu** und **vosotros** einen »echten« (nicht-konjunktivischen) Imperativ besitzen, so lange er nicht verneint wird [➤18d(i),19b].

tu/vosotros	du/ihr
Siéntate. No te preocupes.	Setz dich! Mach dir keine Sorgen!
Tened cuidado. No os hagáis daño.	Paßt auf! Verletzt euch nicht!
usted/ustedes	**Sie (Sing.+Plur.)**
Tráigame un café. No me ponga Vd azúcar, gracias.	Bringen Sie mir einen Kaffee! Nein, geben Sie mir keinen Zucker, danke!
Quédense Vds ahí, por favor. No se levanten.	Bleiben Sie (Plur.) bitte hier. Stehen Sie (Plur.) nicht auf.

N.B. Die vorstehende **vosotros**-Form des Imperativs wird eigentlich nur in Spanien gebraucht. In den Spanisch sprechenden Ländern Südamerikas wird bei allen Imperativformen im Plural **Ustedes** verwendet.

(ii) Der Imperativ kann verschiedenes ausdrücken:

- Eine Bitte

***Escríbame* pronto si tiene tiempo.**	*Schreiben Sie* mir, sobald Sie Zeit haben.

- Ein Befehl oder eine Aufforderung

¡*Termine* esa carta ahora mismo!	*Beenden Sie* diesen Brief sofort!

- Eine Warnung

¡*No toque* esa máquina!	*Fassen Sie* diese Maschine nicht *an*!

- Eine Anweisung

***Pulse* el botón.**	*Drücken Sie* diesen Knopf.

- Eine Einladung

***Venid* a vernos.**	*Kommt* uns besuchen.

- Ein Ratschlag

No lo *compres*.	*Kauf* es nicht.

15c Andere Möglichkeiten, den Imperativ auszudrücken

(i) *Infinitiv*

Manchmal wird auf Hinweis- oder Warnschildern (»Maschine nicht anfassen!«), in Handbüchern oder Rezepten (»Zwiebeln schneiden«) ganz ähnlich wie im Deutschen auch im Spanischen der Infinitiv [➤10a] gebraucht, wenn Klarheit und Kürze wichtiger sind als Höflichkeit.

***Ver* página 23.**	Auf Seite 23 *nachschlagen.*
¡No tocar!	*Nicht anfassen!*
***Cortar* las patatas en trozos.**	Kartoffeln in Stücke *schneiden.*

(ii) *¡Que! + Konjunktiv Präsens*

Oft wird im Spanischen auch der Konjunktiv Präsens [➤18c(ii)] nach **que** gebraucht, wenn betont werden soll, daß man jemanden an etwas erinnern möchte; oder diese Konstruktion wird auf ähnliche Weise verwendet, wenn ein Wunsch ausgedrückt werden soll: zum Beispiel nach den Verben **desear** oder **querer** [➤16b(i)]. Sehen Sie bitte auch in Abschnitt 15d nachstehend nach.

¡*Que no olviden* traer el vino!	Daß Sie mir nicht *vergessen*, den Wein zu bringen!
¡*Que lo pasen* bien!	*Lassen Sie* es sich gutgehen!

(iii) *Indikativ Präsens*

In der Umgangssprache gebraucht man manchmal den Indikativ Präsens mit fragender Betonung, um einen Befehl wie eine Bitte klingen zu lassen. Im Deutschen gebraucht man hier oft das Konditional.

¿Me *trae* la cuenta, por favor?	*Würden Sie* mir bitte die Rechnung bringen?
¿Me *dice* la hora, por favor?	*Könnten Sie* mir bitte die Uhrzeit sagen?

Im gesprochenen Spanischen wird der Indikativ Präsens manchmal auch mit dem Personalpronomen [➤23b(i)] gebraucht.

***Ustedes me siguen,* por favor, y no se pierden.**	*Folgen Sie mir* bitte und Sie werden sich nicht verfahren/verlaufen.

(iv) *Futur*

Ganz ähnlich wie im Deutschen wird auch im Spanischen das

Futur gebraucht [➤14a(ii)], um einer Anweisung – oft in herablassendem Ton – Nachdruck zu verleihen.

¡*Esperarás* aquí!	*Du wirst* hier warten!

15d *Imperativformen der 1. und 3. Person*

(i) *Laßt uns/lassen Sie uns*

Im Spanischen gibt es zwei Möglichkeiten, um »laßt uns etwas tun« auszudrücken.

- Auf recht formelle Weise mit Hilfe der 1. Person Plural des Konjunktivs Präsens [➤18c(ii)].

Ahora *consideremos* este asunto.	*Lassen Sie* uns jetzt diese Sache *erwägen.*

- Sehr viel informeller ist der umgangssprachliche Gebrauch von **vamos a** + Infinitiv [➤9b(iv)]. Aus dem Zusammenhang und dem Ton der Stimme läßt sich heraushören, ob **vamos a** »wir werden jetzt ...!« (Befehl) oder **vamos a** »laßt uns ...« (freundliche Aufforderung) gemeint ist.

***Vamos a considerarlo* después de almorzar, ¿no?**	*Laßt* (es) *uns* nach dem Essen *überlegen*, einverstanden?

Achten Sie jedoch darauf, daß die Verneinung **no vamos a** normalerweise als »wir werden (etwas) nicht tun« ausgelegt wird. »Laßt uns (das) nicht tun« wird meistens mit dem Konjunktiv Präsens wiedergegeben, gleichgültig ob es sich um einen formellen oder informellen Kontext handelt.

***No lo consideremos* por ahora.**	*Lassen Sie/Laßt uns* dies im Augenblick *nicht in Betracht ziehen.*

➤ [Weitere Informationen über die Stellung der Objektpronomen im Imperativ ➤23b(iv)].

(ii) Die Imperativform der 1. Person Singular »laß mich/lassen Sie mich...!«

»Laß/lassen Sie mich etwas tun« wird oft mit Hilfe von **que** +

1. Person Singular des Konjunktiv Präsens ausgedrückt.

¡Que lo *haga* yo!	*Laß/lassen Sie* mich es tun!

(iii) Die Imperativform der 3. Person »laß/laßt/lassen Sie ihn/es/sie (fem. + Plur.) ... (nicht) tun!«

Ähnlich wie in Abschnitt (ii) gebraucht man **que** + 3. Person Konjunktiv Präsens, um *laß'/laßt/lassen Sie ihn/es/sie (fem. + Plur.) ... (nicht) tun* auszudrücken.

El Sr Ramírez está a la puerta. –Pues, *¡que pase!*	Herr Ramirez ist an der Tür. Nun, laß'/laßt/lassen Sie ihn hereinkommen!
Estoy en bata. *¡Que no me vea* asi!	Ich bin im Bademantel. – *Laß'/laßt/lassen Sie ihn mich* so nicht *sehen*!
¡Que le *digan* que espere!	Man soll ihm *sagen lassen*, er möge warten!

16 Ungewißheiten: der Konjunktiv

Beim Konjunktiv handelt es sich nicht um ein anderes Tempus, sondern um eine Abwandlung des Aussage-Modus: Der Konjunktiv spiegelt eine gewisse emotionale Betrachtungsweise des Geschehenen wider: Wunsch, Ungewißheit oder Zweifel; oder durch seinen Gebrauch wird der Versuch gemacht, etwas Vages, Negatives, Unwirkliches, usw. auszudrücken.

Die nachstehenden Abschnitte machen dies deutlich. Im Spanischen wird der Konjunktiv in erster Linie in Nebensätzen verwendet, die häufig mit **que** beginnen. Bei bestimmten Formen des Imperativs wird er jedoch auch im Hauptsatz [➤15,16a] gebraucht, und es gibt noch einige weitere Verwendungsweisen. In der spanischen Sprache ist er sehr wichtig. Ein gründliches Studium seines Gebrauchs lohnt sich also. Und wahrscheinlich werden Sie schon recht bald feststellen, daß Sie nach intensiverer Beschäftigung mit dieser Materie schon bald einen gewissen Instinkt für seinen Gebrauch entwickeln.

16a Der Konjunktiv als Imperativ

Bitte schlagen Sie den Gebrauch des Konjunktivs bei den verschiedenen Formen des Imperativs in Kapitel 15 vorstehend und in den Abschnitten 18c, 18d(i) nach. Sie werden feststellen, daß Sie bestimmten Konjunktivformen in häufig gebrauchten Wendungen wie zum Beispiel **diga** »sagen Sie...«, **oiga** »hören Sie...«, **traiga** »bringen Sie...« schon oft begegnet sind, lange bevor Sie sich mit der sonstigen, nachstehend erklärten Verwendungsweise des Konjunktivs befaßten.

16b Der Konjunktiv in Nominalphrasen

Diese Phrasen dienen als Objekt (manchmal auch als Subjekt) eines Verbs.

(i) *Der Konjunktiv nach Verben, die Wunsch oder Willensäußerung ausdrücken*

Der Konjunktiv wird nach Verben und Nominalphrasen gebraucht, bei denen das Subjekt des Hauptsatzes eine andere Person (oder Sache) dazu bringt, eine Handlung auszuführen. Verben des Wünschens, Mögens, Befehlens, Verbietens, Ratens, auf etwas Bestehens gehören zu dieser Kategorie.

Mi mujer *no quiere que viaje* a Sevilla en coche. *Preferiría que tomase* el avión. En todo caso *no le gusta que viaje* solo. Yo siempre le *digo que no se preocupe* y le *sugiero que invite* a su hermana a pasar unos días con ella. *Mi idea es que se ocupe* lo más posible.	Meine Frau *möchte nicht*, daß ich mit dem Auto nach Sevilla *fahre*. Sie *hätte* es *lieber*, wenn ich das Flugzeug *nähme*. Auf jeden Fall *mag* sie es *nicht*, daß ich alleine *fahre*. Ich *sage* ihr immer, sie *solle* sich nicht *sorgen* und *mache* ihr den *Vorschlag*, ihre Schwester *einzuladen*, ein paar Tage bei ihr zu verbringen. Mein *Gedanke ist*, daß sie sich so viel wie möglich *beschäftigen soll*.

Zu den häufigsten Verben dieser Art gehören nachstehende:

aconsejar que alguien + Konjunktiv	j-m raten, daß...
causar que	j-n veranlassen, daß...
decir que	j-m sagen, daß... (i.S. von nahelegen)
evitar que	vermeiden, daß...
gustar que (me gusta usw.)	mögen, daß...
hacer que	j-n veranlassen, daß...
impedir que	verhindern, daß...
insistir en que	darauf bestehen, daß...
lograr que	erreichen, daß...
mandar que	j-m befehlen, daß...
obligar que	j-n verpflichten, daß...
pedir que	j-n bitten, daß...
preferir que	vorziehen, daß
querer que	wollen/wünschen, daß...
sugerir que	vorschlagen, daß...

• Die Verben **aconsejar**, **causar**, **hacer**, **impedir**, **mandar**, **permitir** und **sugerir** in dieser Liste können auch mit dem Infinitiv gebraucht werden [➤8j,9b], selbst wenn Hauptverb und Infinitiv nicht das gleiche Subjekt haben.

Mi mujer *no permite que yo viaje* en coche.	Meine Frau *erlaubt nicht, daß ich* mit dem Auto *fahre*.
Mi mujer *no me permite viajar* en coche.	Meine Frau *erlaubt mir nicht*, mit dem Auto *zu fahren*.

Die Verben **pedir** »bitten, auffordern« und **decir** »j-n auffordern, etwas zu tun« müssen *immer* mit dem Konjunktiv gebraucht werden.

Siempre *me ha pedido que viaje* en coche.	Sie *hat mich* immer *gebeten*, ich *solle* mit dem Auto *fahren*.

N.B. **Decir que** + *Indikativ* wird im Spanischen in der indirekten Rede [➤5c(ii)] gebraucht, um auszudrücken, daß etwas geschieht, geschehen ist, usw.

Mi mujer *dice que tengo* que viajar en avión.	Meine Frau *sagt*, daß ich mit dem Flugzeug *reisen muß*.

Dies entspricht etwa der deutschen Umgangssprache, wo häufig der *Indikativ* gebraucht wird, obwohl im streng grammatikalischen Sinn eigentlich der *Konjunktiv* notwendig wäre.

Decir que + *Konjunktiv* bedeutet, daß man jemanden *auffordert, etwas zu tun*.

Mi mujer siempre me *dice* que *viaje* en avión.	Meine Frau *fordert* mich immer *auf*, ich *solle* mit dem Flugzeug *reisen*.

Achten Sie beim Gebrauch dieser Verben bitte auch auf die Unterschiede zwischen der spanischen und der deutschen Satzkonstruktion. Im Spanischen kann **que** nicht weggelassen werden, während der deutsche Satz durchaus ohne »daß« gebildet werden kann.

• Auf manche Nominalphrasen, die oft jedoch nicht unbedingt mit den vorstehend aufgeführten Verben zusammenhängen, kann ebenfalls der Konjunktiv folgen.

Nunca sigue mi *consejo de que invite* a su hermana, aunque *mi preferencia es que tenga* compañía cuando estoy ausente.	Sie folgt nie meinem Rat, ihre Schwester *einzuladen*, obwohl ich es *vorziehen würde*, daß sie Gesellschaft hat, während ich nicht da bin.

• In der ersten Satzhälfte dieses Beispiels ist die Nominalphrase durch die gleiche Präposition, mit der sie mit einem Infinitiv verbunden würde (= **de**) [➤25c], mit **que** verbunden, worauf dann der Konjunktiv folgt.

In der zweiten Satzhälfte entspricht die Nominalphrase **mi preferencia es que** »ich ziehe vor, daß« dem Verb **prefiero que** mit der gleichen Bedeutung.

(ii) *Konjunktiv nach Werturteilen, emotionalen Reaktionen*

Der Konjunktiv wird im Spanischen nach Verben und Nominalphrasen gebraucht, die eine Gemütsbewegung oder ein Werturteil ausdrücken.

***Qué pena que yo tenga* que viajar a Sevilla sin mi mujer.**	*Wie schade, daß ich* ohne meine Frau nach Sevilla *fahren muß.*
***Es natural que ella se preocupe* por mí.**	*Es ist ganz natürlich, daß sie sich* um mich *Sorgen macht.*
***Es una vergüenza que mi empresa no le permita* acompañarme.**	*Es ist schon schlimm, daß meine Firma* ihr *nicht gestattet,* mich zu begleiten.
Pero *me alegro de que considere* invitar a su hermana.	*Ich freue mich* jedoch, *daß sie in Betracht zieht,* ihre Schwester einzuladen.
Sin embargo, *¿no sería mejor que viajara* conmigo?	Dennoch: *Wäre es nicht besser für sie, mit mir zu fahren?*
***Me fastidia que la empresa sea* tan mezquina. En efecto *el que se comporte* así con sus empleados me parece mentira.**	*Es ärgert mich, daß die Firma* so geizig *ist.* In der Tat *scheint es mir unglaublich, daß sie sich* ihren Angestellten gegenüber so *benimmt.*

N.B. Achten Sie darauf, daß einfache Tatsachenaussagen, die keine emotionelle Reaktion oder Werturteil ausdrücken, wie zum Beispiel **es verdad que...** »es stimmt, daß...«, den Indikativ gebrauchen.

Es verdad que no puede acompañarme.	Es stimmt, daß sie mich nicht begleiten kann.

(iii) Der Konjunktiv wird gewöhnlich nach **el hecho de que**, **el que** »die Tatsache, daß...« und **que** »daß« gebraucht, wenn das Verb in dem durch diese Konjunktionen eingeleiteten Satz eine emotionale Reaktion oder ein Werturteil beschreibt.

El hecho de que no **venga conmigo me pone triste.**	*Die Tatsache, daß sie nicht mitkommt,* macht mich traurig.
Que no venga **conmigo me pone triste.**	*Daß sie nicht mit mir kommt,* macht mich traurig.

(iv) *Konjunktiv nach Ausdrücken des Zweifels, der Verneinung oder der Ungläubigkeit*

Natürlich könnte man hier anmerken, daß es sich dabei auch um emotionale Reaktionen oder Werturteile handelt. Die Aspekte dieses Abschnitts werden jedoch getrennt behandelt, denn es ist wichtig, Ausdrücken des Zweifels, der Verneinung oder Ungläubigkeit, die im Konjunktiv stehen, positiven Aussagen der Gewißheit gegenüberzustellen, für die der Indikativ gebraucht wird.

Dudo **que la empresa** ***cambie*** **su política.** ***(Konjunktiv)***	Ich *zweifle,* daß die Firma ihre Politik *ändern wird.*
En efecto ***estoy seguro*** **de que** ***no cambiará*** **de parecer.** *(Indikativ)*	In der Tat *bin* ich *sicher,* daß sie ihre Meinung *nicht ändern wird.*
No digo **que** ***no haya pensado*** **en sus razones, pero** ***no creo que sean*** **muy buenas.** *(Konjunktiv)*	Ich *sage* ja *nicht,* daß sie über ihre Gründe *nicht nachgedacht habe,* aber ich *glaube nicht,* daß es sich um sehr gute (Gründe) *handelt.*
No cabe duda **de que en otros aspectos** ***trata*** **bien a sus empleados.** *(Indikativ)*	*Es besteht kein Zweifel,* daß sie in anderer Hinsicht ihre Mitarbeiter gut *behandelt.* (Indikativ)
Por eso ***no creo*** **que** ***vaya a haber*** **huelgas por este asunto.** *(Konjunktiv)*	Daher *glaube ich nicht,* daß es hinsichtlich dieser Sache *zum Streik kommen wird.* (Konjunktiv)

Negativ gebrauchte Ausdrücke des Zweifels werden dadurch zum Ausdruck der Gewißheit, und man verwendet den Indikativ. Im umgekehrten Fall werden negativ gebrauchte Ausdrücke der Gewißheit zum Ausdruck des Zweifels und stehen daher im Konjunktiv..

No estoy seguro **de que la empresa** ***haga*** **bien en esto.**	*Ich bin nicht sicher,* daß die Firma gut daran *tut.*
Sin embargo, ***no dudo*** **que** ***tiene*** **sus razones.**	*Ich zweifle* jedoch *nicht,* daß *sie* ihre Gründe *hat.*

(v) *Konjunktiv nach Ausdrücken der Möglichkeit oder Wahrscheinlichkeit*

Nach folgenden Ausdrücken muß im Spanischen immer der Konjunktiv stehen:

es posible que	es ist möglich, daß...
puede (ser) que	es kann sein, daß...
es probable que	es ist wahrscheinlich, daß...
la posibilidad de que	die Möglichkeit, daß...
la probabilidad de que	die Wahrscheinlichkeit, daß..

***Hay cierta posibilidad* de que la empresa *cambie* su política.**	Es besteht eine gewisse *Möglichkeit*, daß die Firma ihre Politik *ändern könnte.*
Pero *es más probable* que no *cambie* nada.	Es ist jedoch viel *wahrscheinlicher*, daß sie nichts *ändern wird.*

16c Der Konjunktiv nach bestimmten Konjunktionen

Auf nachordnende Konjunktionen folgt der Konjunktiv, wenn die Handlung zum Zeitpunkt der Handlung des Hauptverbs *keine Realität war.* Nach einigen nachordnenden Konjunktionen [➤5a(ii)] ist immer Konjunktiv erforderlich, während er bei anderen nur manchmal – je nach der »Realität« der Handlung, auf die sie sich beziehen – gebraucht wird.

(i) *Zeitausdrückende Konjunktionen*

Der Gedanke der Realität oder Nicht-Realität ist wahrscheinlich am leichtesten bei Konjunktionen wie »wenn«, »als«, »sobald« zu verstehen, die einen Zeitpunkt ausdrücken. Vergleichen Sie nachstehende Beispiele:

Cuando *llegue* a Sevilla, *llamaré* a mi mujer.	*Wenn* ich in Sevilla *ankomme*, *werde* ich meine Frau *anrufen.*

Ich muß erst ankommen, dann kann ich telefonieren. Die Handlung ist also noch keine Realität – daher wird der Konjunktiv gebraucht.

Cuando *llegué* a Sevilla, *llamé* a mi mujer.	Als ich in Sevilla *ankam, rief* ich meine Frau an.

Beide Verben beschreiben eine Tatsache, beides *geschah* – also wird hier der Indikativ gebraucht.

Dije que cuando *llegara/llegase* a Sevilla, *llamaría* a mi mujer.	Ich *sagte,* daß ich meine Frau anrufen würde, *sobald* ich in Sevilla *ankam (ankäme).*

Im Spanischen ist in diesem Fall immer der Konjunktiv erforderlich, da die Ankunft noch nicht stattgefunden hat.

Auf nachstehende Konjunktionen folgt der Konjunktiv, wenn sie sich auf Ereignisse beziehen, die nicht stattgefunden haben oder hatten. Handelt es sich jedoch um Ereignisse, die bereits geschehen und daher Faktum sind, gebraucht man den Indikativ.

antes de que	bevor
así que	sowie, sobald als
cuando	als, sobald
después de que	nachdem
en cuanto	sobald als
hasta que	bis (daß)
luego que	sobald als
mientras (que)	während
no bien... cuando	kaum...als
tan pronto como	sobald
una vez que	sobald (i.S. von »wenn erst einmal...«)

Llamé a mi mujer *mientras ella se bañaba.*	Ich rief meine Frau an, *während sie badete.*
***En cuanto salió del baño* me volvió a llamar.**	*Sobald sie aus dem Bad war,* rief sie mich zurück.

(ii) Zweckausdrückende Konjunktionen

Die nachstehenden Konjunktionen drücken alle den Grundgedanken »damit etwas geschehen soll« aus. Da die Handlung offensichtlich noch nicht geschehen ist, muß nach ihnen der Konjunktiv stehen.

a que	damit
a fin de que	damit
para que	damit
con el objeto de que	mit der Absicht, daß

Escribí al jefe *para que estuviese concienciado* del problema.	Ich schrieb dem Chef, *damit er* über das Problem *Bescheid wußte (wissen solle).*
Le escribí *con el objeto de que supiera* mi parecer.	Ich schrieb ihm *mit der Absicht,* ihn meine Meinung *wissen zu lassen.*

Auf nachstehende Konjunktionen folgt der Konjunktiv, wenn sie wie die vorstehenden »damit, um zu« ausdrücken. Ist die Bedeutung jedoch »mit dem Ergebnis, daß...« (d.h. die Handlung hat offensichtlich stattgefunden), wird der Indikativ gebraucht.

de forma que	so daß	**de manera que**	so daß
de modo que	so daß		

Se lo dije *de forma que lo supiera.*	Ich sagte es ihm, *damit er es wußte.*
Se lo he dicho varias veces, *de forma que lo sabe* muy bien.	Ich sagte es ihm mehrmals, *so daß er es jetzt sehr wohl weiß.*

(iii) *Einräumende Konjunktionen*

Beziehen sie sich eher auf eine Annahme als auf eine Tatsache, so wird auch nach folgenden Konjunktionen der Konjunktiv gebraucht:

aunque	selbst wenn, obwohl, obgleich
a pesar de que	obgleich, obwohl

Voy a ver al jefe, *aunque no quiera* verme.	Ich werde den Chef sehen, *selbst wenn er* mich *nicht sehen möchte.* (Annahme)
Fui a ver al jefe, *aunque no quería* verme.	Ich ging den Chef sehen, *obwohl er* mich *nicht sehen wollte.* (Tatsache)

• Auf **suponiendo que** »in der Annahme, daß« folgt immer der Konjunktiv, denn diese Konjunktion leitet immer eine Annahme ein.

***Suponiendo que no quiera* verme...**	*Angenommen, daß er mich* nicht sehen *möchte...*

(iv) Bedingende Konjunktionen

Nach folgenden Konjunktionen steht immer der Konjunktiv:

a condición de que	unter der Bedingung, daß...
con tal que	vorausgesetzt daß
a menos que	sofern/falls (nicht), es sei denn daß...
a no ser que	sofern (nicht)

***A menos que me escuche* el jefe, pienso dimitir.**	*Falls* der Chef *mich nicht anhört,* habe ich die Absicht, meine Stelle aufzugeben.
No dimitiré *a condición de que/con tal que me escuche.*	Ich werde meine Stelle nicht aufgeben, *vorausgesetzt, er hört mich an.*

(v) Sonstige Konjunktionen, nach denen ebenfalls der Konjunktiv steht

sin que	ohne daß (auch nur)
en el caso de que	falls

Escribí al jefe *sin que lo supiese* mi mujer.	Ich schrieb an meinen Chef, *ohne daß* meine Frau *es wußte.*
***En el caso de que respondiera* el jefe, se lo diría.**	*Falls* der Chef *antworten sollte,* werde ich es ihr sagen.

(vi) Aber: Gebrauch des Infinitivs, wenn es sich um das gleiche Subjekt handelt

Ist das Subjekt des Haupt- und des Nebensatzes das gleiche, werden nachstehende präpositionale Ausdrücke mit dem Infinitiv [➤10a(iv)] gebraucht.

al	als	**para**	um...zu
antes de	vor, ehe	**a fin de**	um...zu
a pesar de	trotz allem	**con el objeto de**	mit der Absicht...
después de	nachdem		
en el caso de	falls, im Falle	**sin**	ohne...zu
hasta	bis		

No consulté a mi mujer *antes de escribirle* al jefe.	Ich zog meine Frau nicht zu Rat, *ehe ich* an den Chef *schrieb.*

»Ich« ist das Subjekt von *schreiben* und *zu Rat ziehen.*

Escribí la carta *con el objeto de darle* un susto, lo hice *sin pensar.*	Ich schrieb den Brief *mit der Absicht, ihn zu erschrecken.* Ich tat es, *ohne nachzudenken.*

Hier ist »ich« das Subjekt aller vier Verben: *schreiben*, *erschrecken*, *tun* und *denken*.

Handelt es sich um verschiedene Subjekte, kann man auch **al** + Infinitiv gebrauchen [➤10a(v)].

(vii) *Die Übersetzung von Konjunktionen in Verbindung mit* ***immer***

Erwartungsgemäß wird der Konjunktiv gebraucht, wenn die Aussage (noch) keine Realität ist. In manchen Fällen wird der Nebensatz durch eine Konjunktion eingeleitet [➤5a(ii)], in anderen kann man im Spanischen auch das Verb *wiederholen* (dies wird als **forma reduplicativa** bezeichnet).

(A) Cuando, siempre que *wann immer*

Iré a ver al jefe *cuando él quiera.*	Ich werde den Chef aufsuchen, *wann immer er möchte.* (Noch keine Realität)
***Siempre que hablo* con el jefe, nos disputamos.**	*Wann immer* ich mit dem Chef *spreche*, streiten wir uns. (Eine Tatsache)

(B) Dondequiera que, adondequiera que oder **forma reduplicativa** »*wo immer*«

***Adondequiera que viaje* prefiero que me acompañe mi mujer.** ***Viaje adonde viaje,* prefiero que me acompañe mi mujer**	*Wo immer* ich auch unterwegs bin *(reise)*, ziehe ich es vor,daß meine Frau mich begleitet.

(C) Cualquiera que »*wer* (auch) *immer*« (jeder)

***Cualquiera que crea* que nuestro jefe es un hombre simpático no le/lo conoce como yo.**	*Wer (auch) immer* (jeder, der) *glaubt*, unser Chef sei ein netter Mann, kennt ihn nicht so wie Ich.

Auf ähnliche Weise kann man auch **quienquiera** oder die

forma reduplicativa verwenden, um »wer immer es (auch) ist« auszudrücken.

Yo quisiera tener un nuevo jefe, *quienquiera que fuera.* Yo quisiera tener un nuevo jefe, *fuera quien fuera.*	Ich hätte gerne einen neuen Chef, *wer immer es auch sei.*

(D) Forma reduplicativa gebraucht man für »was immer«

***Sea cual sea el resultado,* voy a citarme con él.**	*Was immer (auch) das Ergebnis ist (sein möge)*, ich werde einen Termin mit ihm ausmachen.
***Hiciera como hiciera,* no sería a mi gusto.**	*Was immer er (auch) tut (tun würde)*, es würde mir nicht gefallen.

(E) Es gibt zwei Möglichkeiten, um »wie immer« auszudrükken: **por mucho que/por más que** + Verb oder **por muy** + Adjektiv + Verb

***Por mucho que trate* de comprenderle, me sigue pareciendo un hombre desagradable.**	*Wie (sehr auch) immer ich* ihn zu verstehen *versuche*, er scheint mir nach wie vor ein unangenehmer Mensch zu sein.
***Por muy desagradable que parezca,* ¡es mi jefe!**	*Wie unangenehm er auch sein mag*, er ist mein Chef!

(viii) *Ob...(oder nicht)*

Die **forma reduplicativa** des Konjunktivs wird auch bei nachstehendem gebraucht:

Tengo que trabajar con este hombre, *quiera o no quiera.*	Ich muß mit diesem Mann arbeiten, *ob es mir nun paßt oder nicht.*

16d Der Konjunktiv in adjektivischen Ausdrücken oder Relativsätzen [➤23k]

(i) *Der Konjunktiv nach unbestimmtem Bezugswort*

Wenn das Bezugswort [➤23k(i)] nicht genau definiert wurde,

gebraucht man den Konjunktiv. Vergleichen Sie nachstehende Beispiele:

Yo quisiera tener *un jefe que mostrara* más simpatía con su personal.	Ich hätte gerne *einen Chef, der* seinem Personal gegenüber mehr Verständnis *zeigt.*

Das heißt: jeder Chef, der dieser Vorstellung entspricht. Daher steht das nachgeordnete Verb im Konjunktiv.

Mi hermano tiene *un jefe que muestra* toda la simpatía posible hacia su personal.	Mein Bruder hat *einen Chef, der* seinem Personal gegenüber sehr viel (jedes mögliche) Verständnis *zeigt.*

Der Chef ist ein ganz bestimmter Chef, daher steht das Verb im Indikativ.

Si voy a Sevilla en viaje de negocios, quisiera tomar *un avión que llegase* antes de las diez.	Wenn ich auf Geschäftsreise nach Sevilla fahre, nehme ich gerne *ein Flugzeug, das* vor zehn Uhr *ankommt.*

Das heißt: jedes Flugzeug, das vor zehn ankommt: Konjunktiv.

Quisiera tomar *el avión que llega* antes de las diez.	Ich möchte *das Flugzeug* nehmen, *das* vor zehn *ankommt.*

Das heißt: das (bekannte) Flugzeug, das vor zehn ankommt: Indikativ.

Búsqueme *un hotel que se encuentre* algo apartado del centro y donde pueda descansar.	Besorgen Sie mir *ein Hotel, das* etwas außerhalb des Zentrums *liegt* und *wo ich ausspannen kann.*

Das heißt: kein bestimmtes Hotel: Konjunktiv.

Este es *un hotel que se encuentra* algo apartado del centro y donde Vd puede descansar.	Dieses ist *ein Hotel, das* etwas außerhalb des Zentrums *liegt* und *wo Sie ausspannen können.*

Das heißt: ein ganz bestimmtes Hotel: Indikativ.

• Manchmal, besonders wenn sie in Verbindung mit **buscar**, **querer** und ähnlichen Verben gebraucht wird, vermittelt diese Konstruktion auch einen Zweckgedanken [➤16c(ii)], d.h. *jemand soll etwas tun.*

Busco *alguien que me encuentre* un buen hotel.	Ich suche *jemand, der mir* ein gutes Hotel *finden soll.*

N.B. Handelt es sich bei dem bestimmten direkten Objekt um eine Person, wird das persönliche **a** [➤8e] gebraucht und das Verb steht im Indikativ. Bei einem unbestimmten direkten Objekt (auch einer Person), bei dem das Verb im Konjunktiv steht, ist dies jedoch nicht der Fall.

Necesito *un agente que me consiga* un hotel. **Necesito *a aquel agente que me consiguió* el hotel en Granada.**	Ich brauche *einen Reisevertreter, der mir* ein Hotel *besorgt.* Ich brauche *den Reisevertreter, der mir* das Hotel in Granada *besorgt hat.*

(ii) *Der Konjunktiv nach verneintem Bezugswort*

Wird das Vorhandensein eines Bezugsworts verneint, steht das Verb des Relativsatzes im Konjunktiv.

Parece que *no hay avión que llegue* antes de las diez. **No encontraba *quien me ayudase* conseguir un buen hotel.**	Es scheint, daß *es kein Flugzeug gibt, das* vor zehn *ankommt.* Ich fand *niemanden, der mir helfen konnte,* ein gutes Hotel zu finden.

16e *Der Konjunktiv in Hauptsätzen*

Abgesehen von seinem Gebrauch im Imperativ [➤15c(ii)] wird der Konjunktiv in Hauptsätzen zu folgendem gebraucht:

(i) *Nach* ***¡Ojalá!***

Dieser Ausdruck geht auf das Arabische *inschallah!* »wenn Allah will!« zurück. Hiermit wird dem starken Wunsch Ausdruck verliehen, daß etwas geschehen oder nicht geschehen solle. Darauf folgt dann das Präsens oder der Konjunktiv Imperfekt, wobei die Verwendung des letzteren möglicherweise andeutet, daß die Wahrscheinlichkeit, daß der Wunsch gewährt wird, doch wohl sehr gering ist.

¡Ojalá se jubile el jefe!	Wenn der Chef nur in Pension ginge!
¡Ojalá me tocara la lotería!	Wenn ich nur in der Lotterie gewinnen würde!

N.B. **Ojalá** kann auch alleine stehen, um eine vorhergegangene Aussage zu bekräftigen.

Quizás el jefe se jubile dentro de poco. ***¡¡Ojalá!!***	Vielleicht wird der Chef schon bald in Pension gehen. *Wenn er es nur täte!*

(ii) *Zum Ausdruck der Wunschvorstellung »vielleicht«:* ***tal vez, quizá(s)***

Quizás se jubile el año que viene.	Vielleicht *wird er* nächstes Jahr *in Pension gehen.*
Tal vez entonces me *hagan* jefe.	Vielleicht *werden sie* mich dann zum Chef *machen.*

16f *Der Konjunktiv in einigen häufig gebrauchten Ausdrücken*

In nachstehenden festen Ausdrücken steht das Verb im Konjunktiv:

que yo sepa	soweit ich weiß
que se sepa	soweit man weiß
que sepamos	soweit wir wissen
o sea	das heißt; mit anderen Worten
sea como sea	wie dem auch sei

16g Die Tempusfolge beim Konjunktiv

Die häufigsten Tempuskombinationen sind nachstehende:

(i) *Hauptsatz* im Präsens, Imperativ, Futur oder Perfekt. *Nebensatz* im Konjunktiv Präsens oder Konjunktiv Perfekt [➤18c].

Siento que el jefe no quiera/no haya querido hablarme.	*Es tut mir leid,* daß der Chef *nicht mit mir sprechen wollte.*
Pida Vd* al jefe que me *escuche.	*Bitten Sie* den Chef, er *solle* mich *anhören.*
Bueno, le *pediré* que te *entreviste.*	Gut, ich werde ihn *bitten,* er solle dich *interviewen.*
Le *he pedido* que te *vea* mañana.	Ich habe ihn *gebeten,* er *solle* dich morgen *sehen.*

Der Konjunktiv Imperfekt kann jedoch auch mit dem Präsens gebraucht werden, wenn dies sinngemäß notwendig ist.

***Siento mucho* que *no quisiera/quisiese* hablarme.**	*Es tut mir sehr leid,* daß er nicht mit mir *sprechen wollte.*

(ii) *Hauptsatz* im Imperfekt, **pretérito**, Konditional I, Konditional II, Plusquamperfekt, *Nebensatz* im Konjunktiv Perfekt oder Konjunktiv Plusquamperfekt [➤18c].

***Sentía/sentí* que no *quisiera/quisiese* escucharme.**	*Es tat mir leid,* daß er mich nicht anhören *wollte.*
***Sentí* que no *hubiera/hubiese querido* escucharme.**	*Es tat mir leid,* daß er mich nicht *hatte* anhören *wollen.*
Sentiría* que *no me oyera.	*Es würde mir leid tun,* wenn er *mich nicht anhörte.*
***Le habría/hubiera dicho que dejase* acompañarme a mi mujer.**	*Ich hätte ihm gesagt,* daß er meine Frau mich begleiten *lassen sollte.*

16h »Wenn«-Sätze

➤ [Schlagen Sie bitte auch in Abschnitt 14d Konditional I und 14e Konditional II nach.]

Ob in einem »wenn«-Satz nach **si** der Konjunktiv gebraucht wird oder nicht, hängt von der Art der Bedingung ab: Handelt es sich um eine offene, fernliegende, erfüllte oder unerfüllte Bedingung? Nachstehende Strukturen kommen am häufigsten vor:

(i) *Eine offene Bedingung*

Die Bedingung wird völlig offengelassen. Sie kann erfüllt werden oder auch nicht. Auf **si** folgt der *Indikativ* Präsens [➤18c] (*nie* der Konjunktiv Präsens). Das Hauptverb steht dann – ebenso wie auch im Deutschen – gewöhnlich im Präsens, Imperativ oder Futur [➤18c].

Si el jefe *está* en su despacho, *dígale* que quisiera verle.	Wenn der Chef in seinem Büro *ist*, *sagen Sie* ihm, daß ich ihn sehen möchte.
Si el jefe me *escucha*, le *diré* lo que pienso.	Wenn der Chef mich *anhört*, *werde ich* ihm *sagen*, was ich denke.

(ii) *Eine fernliegende Bedingung*

Die Bedingung ist sehr fernliegend oder entspricht nicht den Tatsachen. Auf **si** folgt dann eine der beiden Formen des Konjunktivs Imperfekt [➤18c(vii)], der Hauptsatz steht im Konditional [➤18c(iv)].

Si el jefe *estuviera/estuviese* le *recibiría*.	Wenn der Chef da *wäre*, *würde er Sie sehen*. (Das heißt: es ist nicht wahrscheinlich, daß er da ist).
Si él me *escuchara/escuchase* le *explicaría* mi problema.	Wenn er mir *zuhörte* (*zuhören würde*), *würde ich* ihm mein Problem *erklären*. (Das heißt: er wird wahrscheinlich nicht zuhören).

Im gesprochenen Spanischen und manchmal auch in der Schriftsprache kann im Hauptsatz das Imperfekt anstelle des Konditionals gebraucht werden [➤13b(iv)].

Si el jefe estuviera/estuviese *me escuchaba*.	Wenn der Chef da wäre, *würde er* mich *anhören*.

(iii) *Unerfüllte Bedingung*

Die Bedingung ist unerfüllt, entspricht nicht den Tatsachen. Auf

si folgt der Konjunktiv Plusquamperfekt [➤18c(viii),19c(ii)] (eine der beiden Formen), der Hauptsatz steht im Konditional I [➤19c(ii)]. Hierbei wird häufig der Konjunktiv Imperfekt auf **-ra** des Hilfsverbs gebraucht (**hubiera**). Das einfache Konditional ist auch manchmal möglich.

Si *hubiera/hubiese hablado* con el jefe, le *habría/hubiera dicho* lo que pensaba.	Wenn ich mit dem Chef *gesprochen hätte, hätte ich* ihm *gesagt*, was ich dachte. (Aber ich sprach nicht mit ihm, also konnte ich ihm nichts sagen – *Bedingung unerfüllt*).
Si no le *hubiese/hubiera molestado* tanto, no me *habría despedido.*	Wenn ich ihn nicht so sehr *gequält hätte, hätte er* mich nicht *entlassen.* (Aber ich quälte ihn, also entließ er mich).
Si no le *hubiese/hubiera molestado* tanto, todavía *tendría trabajo.*	Wenn ich ihn nicht so sehr *gequält hätte, hätte ich* noch einen Job.

Dieser Gebrauch des Konjunktivs Imperfekt auf **-ra** (nicht auf **-se**) statt des Konditionals ist das einzige Mal, wo die beiden Formen nicht austauschbar sind.

(iv) *Erfüllte Bedingung*

Die Bedingung ist erfüllt. In diesem Fall kann »wenn« manchmal auch die Bedeutung von »weil« haben, und nach **si** steht das Tempus des Indikativs, das am geeignetsten ist.

Si yo *quería* hablar con el jefe, siempre él *decía* a su secretaria que no estaba.	Wenn *ich* mit ihm *sprechen wollte, sagte er* seiner Sekretärin immer, er sei nicht da.
Si *he perdido* mi empleo, es porque mi mujer siempre quiere viajar conmigo.	Ich *habe* meinen Job verloren, *weil* meine Frau immer mit mir reisen möchte.

(v) *Was wäre, wenn...?*

Dies wird durch **si** + Indikativ Präsens, Konjunktiv Imperfekt oder Konjunktiv Plusquamperfekt ausgedrückt. Das nachstehende Beispiel macht dies deutlich:

***¿Si no consigo* otro empleo?**	*Was wäre, wenn* ich keinen neuen Job bekomme?
***¿Si no consiguiera (consiguiese)* otro empleo?**	*Was wäre, wenn* ich keinen neuen Job bekäme?
***¿Si no hubiera (hubiese) conseguido* otro empleo?**	*Was wäre gewesen, wenn* ich keinen neuen Job bekommen hätte?

(vi) *Als ob...*

Dies wird durch **como si** ausgedrückt, und meist steht danach der Konjunktiv Imperfekt oder Konjunktiv Plusquamperfekt.

Es *como si* lo *soñara/soñase.*	Es ist, *als ob* ich es *träumte.*
Es *como si* lo *hubiera/hubiese soñado.*	Es ist, *als ob* ich es *geträumt hätte.*

(vii) ***De/a*** + *Infinitiv*

Statt **si** + Nebensatz kann auch **de** oder (weniger häufig) auch **a** + Infinitiv [➤10a(v)] gebraucht werden, wenn die Bedingung offen oder hypothetisch ist und Haupt- und Nebensatz sich auf das gleiche Subjekt beziehen.

***De haber sabido* que iba a despedirme, no le *hubiera molestado* tanto.**	*Wenn ich gewußt hätte*, daß er mich entlassen würde, *hätte* ich ihn nicht so viel *gequält.*
***De encontrar* un nuevo puesto de trabajo, *trataré* al jefe con más respeto.**	*Wenn ich* eine andere Stelle *finde, werde ich* den Chef respektvoller *behandeln.*

17 Dinge, die einem geschehen: das Passiv

17a *Was drückt das Passiv aus?*

Beim Passiv handelt das Subjekt des Satzes nicht selbst, sondern die Handlung des Verbs bezieht sich auf die Person oder Sache des Subjekts, das dadurch zum Objekt der Handlung wird. Genau dies tut auch das direkte Objekt eines transitiven Verbs, daher können nur transitive Verben im Passiv gebraucht werden [➤8a(i), 8e)]. Dennoch ist das Passiv nicht einfach nur eine andere Möglichkeit, das anders zu sagen, was man auch durch das Aktiv ausdrücken kann. Die Betonung ist anders, denn die Handlung »vollzieht« sich am Subjekt. Wer sie ausführt ist oft weniger wichtig und wird manchmal nicht einmal angegeben.

La nueva guía *será publicada* en marzo.	Der neue Führer *wird* im März *veröffentlicht.*
Ha sido escrita por dos expertos regionales.	Er *wurde* von zwei Fachleuten der Region *geschrieben.*
Una nueva guía *es publicada* cada cinco años.	Ein neuer Führer *wird* alle fünf Jahre *veröffentlicht.*

17b *Die Bildung des Passivs*

Das Passiv wird mit dem entsprechenden Tempus von **ser** + Partizip Perfekt gebildet. Achten Sie darauf, daß das Partizip Perfekt an das Subjekt angeglichen werden muß [➤8d(i)].

La última guía *fue publicada* hace cinco años.	Der letzte Führer *wurde* vor fünf Jahren *veröffentlicht.*
Todas nuestras guías *son traducidas* a varios idiomas por nuestros expertos.	Alle unsere Führer *werden* von unseren Fachleuten in mehrere Sprachen *übersetzt.*

17c *Das »echte« im Gegensatz zum «deskriptiven« Passiv*

Alle Beispiele unter 17a und b sind Beispiele für das *echte* Passiv. Hierdurch wird angegeben, daß die Handlung an einer

Person oder Sache vollzogen wird: Der letzte Führer *wurde* vor fünf Jahren *veröffentlicht*, d.h. die Veröffentlichung *geschah*. Im Spanischen können Sie auch **estar** [➤8d(ii),10d(ii)] mit dem Partizip Perfekt gebrauchen, um den Zustand anzugeben, in dem sich eine Person oder Sache befindet, nachdem die Handlung vollzogen wurde.

Todas nuestras guías *están escritas* en varios idiomas.	Alle unsere Führer *sind* in mehreren Sprachen *geschrieben*.
La nueva guía *no está publicada* todavía.	Der neue Führer *ist* noch nicht *veröffentlicht*. (Das heißt: Die Handlung der Veröffentlichung hat noch nicht stattgefunden, er ist daher noch nicht in einem »veröffentlichten Zustand«).

Das Partizip Perfekt zur Beschreibung eines Zustands kommt auch nach einigen anderen Verben vor, z.B. **quedar** »bleiben; werden«, **parecer** »scheinen« [➤10d(ii)].

17d Wer vollzieht die Handlung?

Die Person oder Sache, *durch* die die Handlung geschieht, wäre im Fall eines transitiven Verbs das Subjekt. Im Spanischen wird der Handelnde durch **por** eingeführt. Im Deutschen gebraucht man »von«.

La nueva guía ha sido encargada *por el director de turismo*.	Der neue Führer wurde *vom Direktor für Turismus* in Auftrag gegeben.
Será impresa *por una imprenta* de la región.	Er wird *von einer Druckerei* dieser Gegend gedruckt werden.

• Es kann auch vorkommen, daß auf ein Partizip Perfekt im Spanischen **de** folgt. Dies ist meist der Fall, wenn es mit **estar** gebraucht wird.

acompañado de	begleitet von
seguido de	gefolgt von

La nueva guía *está acompañada de* una traducción.	Der neue Führer *wird von* einer Übersetzung *begleitet*.

17e Alternativen zum Passiv

Das Passiv mit **ser** ist bisher im Spanischen nicht sehr populär gewesen. In den letzten Jahren wird es zwar nicht so sehr in Spanien, aber in der hispano-amerikanischen Presse wesentlich häufiger gebraucht als früher. Dies ist angeblich auf übereilte Übersetzungen der Nachrichten aus dem amerikanischen Englisch zurückzuführen!

Es gibt jedoch eine Reihe von Alternativen, die meist vorgezogen werden.

(i) *Reflexive Konstruktion*

Am häufigsten ist der reflexive Gebrauch eines Verbs durch Hinzufügen von **se.**

(A) Die buchstäbliche Bedeutung wäre normalerweise unsinnig: *Der Führer wird sich selbst veröffentlichen.* Daher kann es, was die Bedeutung eines solchen Satzes anbetrifft, eigentlich keine Unklarheiten geben.

N.B. Steht das Subjekt im Plural, muß das Verb ebenfalls Plural sein.
• **Por** kann hier zur Einführung des Handelnden *nicht* gebraucht werden. Sie können also nicht ausdrücken, von wem oder was die Handlung ausgeführt wurde.

La nueva guía *se publicará* dentro de poco.	Der neue Führer *wird* in Kürze *veröffentlicht werden.*
***Se imprimen* diez mil ejemplares.**	Zehntausend Exemplare *werden gedruckt.*

(B) Manchmal verhält sich **se** fast wie ein Personalpronomen [➤23b(i)], d.h. ähnlich wie das unpersönliche »man« im Deutschen.

***Se prevé* que estas nuevas guías serán muy populares.**	*Man* (es *wird*) *erwartet,* daß diese neuen Führer sehr populär sein werden.
En la oficina de turismo *se habla inglés.*	Im Fremdenverkehrsbüro *spricht man Englisch* (*wird Englisch gesprochen*).

(C) **Se** wird in der Tat in einer Reihe unpersönlicher Ausdrücke zusammen mit einem Verb im Singular gebraucht [➤23d(i)].

se cree	man glaubt
se espera	man erwartet, es wird erwartet
se dice	man sagt
se permite	es ist erlaubt, Sie dürfen
se plantea	es wird vorgeschlagen
se prevé	es wird erwartet
se prohibe	es ist verboten
se propone	man schlägt vor
se puede	man kann/darf
se ruega	es wird gebeten, man bittet Sie

(D) Diese Konstruktionsweise wird noch etwas weitergeführt, wenn es sich beim Subjekt des Verbs um eine oder mehrere Personen handelt und der reflexive Gebrauch des Verbs zu Unklarheiten führen könnte.

El año pasado *se nombró al* nuevo director de turismo.	Letztes Jahr *wurde* der neue Direktor für Tourismus *ernannt.*

Denn sagte man **El año pasado se nombró el nuevo director de turismo**, so würde man damit ausdrücken »er ernannte sich selbst«. Daher wird **el director** zum direkten Objekt des Verbs gemacht – wobei man dann auch das persönliche **a** gebraucht [➤8e] – und die Situation ist ganz klar: *man ernannte ihn.*

(E) Es ist auch möglich, bei dieser Passivkonstruktion eine dem Deutschen ähnliche Wortfolge zu gebrauchen, um auf die gleiche Weise ein bestimmtes Satzelement zu betonen [➤4g]

***Al nuevo director se le nombró* el año pasado.**	*Den neuen Direktor* ernannte man letztes Jahr.
***A los empleados de la oficina se les informó* en seguida del nombramiento.**	*Dem Büropersonal* teilte man diese Ernennung sofort mit.

(ii) *Aktive Konstruktion*

Man gebraucht das betreffende Verb aktiv. Der Satz kann dann in der gleichen Wortfolge wie ein deutscher Satz ausgedrückt werden: Subjekt + Verb + Objekt. Die Aussage wird dadurch jedoch vollkommen neutral.

La oficina de turismo publica la guía.	Das Fremdenverkehrsbüro veröffentlicht den Führer.

Die spanische Wortfolge ist jedoch flexibel genug, um einem Satz dennoch die gewünschte Betonung geben zu können. Denken Sie nur an das Wiederaufgreifen des Objekts durch ein redundantes Objektpronomen [➤23b(v)], wenn das Objekt dem Verb voran- und das Subjekt ihm nachgestellt wird.

La guía *la publica la oficina de turismo.*	Der Führer *wird* vom Fremdenverkehrsbüro veröffentlicht.

Umgangssprachlich könnte man jedoch diesen Beispielsatz auch anders ins Deutsche übersetzen und käme der spanischen Konstruktion ganz nahe: Den Führer, *den veröffentlicht das Fremdenverkehrsbüro.*

(iii) *Unpersönliche Konstruktion: 3. Person Plural*

Wird kein Handelnder genannt, gebraucht man die 3. Person Plural des Verbs, »sie«, unpersönlich.

***Nombraron* al nuevo director el año pasado.**	Der neue Direktor *wurde* letztes Jahr *ernannt*/*Sie ernannten* den neuen Direktor letztes Jahr.

18 Die spanischen Verbgruppen

18a *Vorhersagbarkeit: Konjugation des Verbs*

Die Gesamtheit der Stämme und Endungen eines Verbs bezeichnet man als seine *Konjugation*. Die verschiedenen Bestandteile dieser Gesamtheit lassen sich auf verschiedenen Ebenen ableiten, d.h. vorhersagen.

(i) *Regelmäßige Verben*

Bei den meisten Verben können Sie allein vom Infinitiv alle Tempora ableiten [➤10a]. Dazu hilft es natürlich, die Regeln zu kennen! Diese Verben bezeichnet man als die *regelmäßigen* Verben. Der Infinitiv spanischer Verben endet entweder auf **-ar**, **-er** oder **-ir**. Verben, deren Formen nicht auf diese Weise abgeleitet werden können, bezeichnen wir als *unregelmäßig*. Einige der im Spanischen am häufigsten verwendeten Verben sind unregelmäßig. Wird ein Verb neu in die Sprache aufgenommen, konjugiert man es immer regelmäßig, gewöhnlich wie ein Verb auf **-ar**.

Zu den jüngsten Importen aus anderen Sprachen gehören im Spanischen zum Beispiel folgende regelmäßige Verben auf **-ar** [➤19a]:

dopar	betäuben	**esnifar**	schnüffeln/sniffen
faxear	faxen	**fotocopiar**	fotokopieren

(ii) *Unregelmäßige Verben*

Manche der unregelmäßigen Verben bilden Gruppen. Wenn Sie also eines von ihnen kennen, können Sie auch die Formen der anderen ableiten. Eine solche Gruppe bilden zum Beispiel *Verben, die den Stammvokal ändern* (**pienso**, **vuelvo**, **pido**, usw.) [➤19d]; eine weitere Gruppe gebraucht in der 1. Person Singular des Indikativs Präsens ein **-g-**, das dann auch in allen Formen des Konjunktiv Präsens vorkommt (**pongo**) [➤18b(v)]; eine weitere, ganz ähnliche Gruppe gebraucht **-zc-** auf die gleiche Weise (**conozco**) [➤18b(vi)]; dann wiederum gibt es eine Gruppe mit unregelmäßigem **pretérito grave** [➤18b(viii)].

(iii) *Zusammengesetzte Verben*

Verben, bei denen dem *Grundverb* ein Präfix, d.h. eine Vorsilbe, vorangestellt wird, bezeichnen wir als zusammengesetzte Verben. Sie [➤18e] werden mit nur ganz wenigen Ausnahmen ebenso konjugiert wie ihr Grundverb.

poner	legen, stellen setzen	**suponer**	annehmen
pongo	ich lege	**supongo**	ich nehme an

18b *Hauptverbgruppen: Wie werden sie konjugiert?*

(i) *Die drei Hauptkonjugationen*

Im Spanischen gibt es drei *Konjugationsarten* der regelmäßigen Verben, die man jeweils an ihren Infinitivendungen erkennt. Der Infinitiv endet entweder auf **-ar**, **-er** oder auf **-ir**. Ein Blick auf die Verbtabellen [➤19b] wird Ihnen zeigen, daß es bei der Bildung aller Tempora lediglich drei Endungen gibt, bei denen sich Verben auf **-er** und **-ir** unterscheiden.

Infinitiv	*Indikativ Präsens*	*Imperativ Plural »ihr«*
com*er*	**com*emos*, com*éis***	**com*ed***
viv*ir*	**viv*imos*, viv*ís***	**viv*id***

Bei *allen* anderen *Tempora* und *Personen* sind die Endungen dieser beiden Konjugationsarten identisch.

(ii) *Verben, die den Stammvokal ändern [➤19d]*

Die größte Gruppe spanischer Verben, die nicht ganz regelmäßig sind, doch vorhersagbare Unregelmäßigkeiten aufweisen, bezeichnet man als *Verben, die den Stammvokal ändern*. Wir nennen den Teil des Verbs, an den die Endungen angehängt werden, seinen *Stamm*. Ändert sich bei der Konjugation dessen Vokal, so zählen wir es zu der Gruppe der *Verben, die den Stammvokal ändern*.

Wahrscheinlich ist Ihnen bereits aufgefallen, daß es im Spanischen viele Wörter mit dem Doppellaut (Diphthong) **-ue-** oder **-ie-** gibt [➤2c(iii)], wo ein gleiches oder verwandtes Wort in einer anderen romanischen Sprache (oder gar im Deutschen) einfach **-o-** oder **-e-**hat.

Spanisch	*Französisch*	*Deutsch*
puerto	**port**	**Pforte**
muerto	**mort**	**Mord**

Spanisch	*Französisch*	*Deutsch*
siete	**sept**	**Septett**
viento	**vent**	**Ventilation**

Diese Veränderung des Stammvokals kommt im Spanischen häufig vor, wenn der ursprüngliche Vokal (**-o-** oder **-e-**) betont wird [➤2c(i)]. Bei der Konjugation des Verbs verändert sich die Betonung je nach Person und Tempus vom Stamm zur Endung und bei einigen Verben verändert sich der Stamm, wenn er betont wird.

Es gibt drei Hauptverbgruppen, die den Stammvokal ändern.

*1. Gruppe: Verben auf **-ar** und **-er***

Stammvokaländerung: **-e- ➜ -ie-**, **-o- ➜ -ue-** und **-u- ➜ -ue-** (nur bei **jugar** »spielen«). Diese Änderungen treten nur in den Formen des Indikativ und Konjunktiv Präsens auf, die den Stamm betonen, d.h. in allen drei Formen des Singulars und der 3. Person Plural.

pensar denken
pienso, piensas, piensa...piensan — piense, pienses, piense...piensen

volver zurückkehren
vuelvo, vuelves, vuelve...vuelven — vuelva, vuelvas, vuelva...vuelvan

jugar spielen
juego, juegas, juega...juegan — juegue, juegues, juegue...jueguen

*2. Gruppe: Verben auf **-ir***

Verben dieser Gruppe (z.B. **mentir** »lügen«; **dormir** »schlafen«) haben an der *gleichen Stelle* die *gleichen Änderungen* wie die Verben der 1. Gruppe, doch *zusätzlich* ändert sich der Stammvokal auch bei Nachstehendem von **-e- ➜ -i-** und **-o- ➜-u-**:

• Gerundium (**mintiendo**, **durmiendo**) [➤18d(ii)];
• 1. und 2. Person Plural des Konjunktiv Präsens [➤18c(ii)] (**mintamos**, **mintáis**; **durmamos**, **durmáis**);
• 3. Person Singular und Plural des **pretérito** [➤13a] (**mintió**, **mintieron**; **durmió**, **durmieron**);
• und daher auch bei allen Formen der beiden Möglichkeiten für den Konjunktiv Imperfekt [➤18c(vii)] (**mintiera/mintiese**; **durmiera/durmiese**).

*3. Gruppe: Verben auf **-ir***

Bei dieser Gruppe tritt die Änderung des Stammvokals an der gleichen Stelle auf wie bei der 2. Gruppe, doch sie ist *immer* von **-e- ➜ -i-**.

pedir bitten, verlangen

Indikativ Präsens	pido, pides, pide...piden
Konjunktiv Präsens	pida, pidas, pida, pidamos, pidáis, pidan
Gerundium	pidiendo
pretérito und Konjunktiv Imperfekt	pidió, pidieron; pidiera/pidiese

(iii) *Verben mit orthographischen Veränderungen*

Bei diesen Verben muß die Schreibweise angeglichen werden, um den korrekten Klang des Konsonanten beizubehalten, wenn sich die Endung ändert. Diese Regel trifft daher nur auf die Schriftsprache zu. Die Änderungen kommen nur bei dem/den letzten Konsonanten des Stamms vor und lassen sich wie folgt gliedern [➤2c(v)]:

Verben auf **-ar**
Vor **-e-** sind bei allen Formen des Konjunktiv Präsens und nur in der 1. Person Singular des **pretérito** nachstehende Veränderungen notwendig:
• Der Stamm endet auf **-c-** ➔ **-qu-**: **sacar** »herausnehmen«: **sa*que***, **sa*ques***, usw; **sa*qué***
• Der Stamm endet auf **-z-** ➔ **-c-**: **empezar** »anfangen«: **empie*ce***, **empie*ces***, usw.; **empe*cé***
• Der Stamm endet auf **-g-** ➔ **-gu-**: **averiguar** »untersuchen, feststellen«: **averi*güe***, **averi*gües***, usw.; **averi*güé***

Verben auf ***-er*** *und* ***-ir***
Vor **-a-** bei allen Formen des Konjunktiv Präsens und vor **-o-** in der 1. Person Singular des Indikativs Präsens sind nachstehende Veränderungen notwendig:
• Der Stamm endet auf **-gu-** ➔ **-g-**: **seguir** »folgen«: **si*ga***, **si*gas***, usw.; **si*go***
• Der Stamm endet auf **-g-** ➔ **-j-**: **escoger** »(aus)wählen«: **esco*ja***, **esco*jas***, usw; **esco*jo***

Verben auf ***-uir***
Bei Verben auf **-uir** verändert sich der Stamm in folgenden Fällen zu **-y-**:
• im Singular und in der 3. Person Plural des Indikativs Präsens;
• in allen Formen des Konjunktiv Präsens und II;
• in der 3. Person des **pretérito**

concluir vollenden, abschließen

Indikativ Präsens
concluyo concluyes concluye concluimos concluís concluyen

Konjunktiv Präsens
concluya concluyas concluya concluyamos concluyáis concluyan

pretérito
concluí concluiste concluyó concluimos concluisteis concluyeron

Konjunktiv Imperfekt
concluyera/concluyese

Das gleiche geschieht auch bei allen anderen Verben auf **-ducir**, sowie bei **huir** »fliehen«, **construir** »bauen«, bei Verben, die auf **-struir** enden, bei **fluir** »fließen« und bei Verben auf **-fluir**.

(iv) Verben, die einen Akzent hinzufügen

Eine kleine Anzahl spanischer Verben, deren Stamm auf **-i-** oder **-u-** endet, braucht in der Schriftsprache einen Akzent, um diesen Vokal im Singular und in der 3. Person Plural des Präsens zu betonen.

enviar senden, schicken

Indikativ Präsens
envío envías envía enviamos enviáis envían

Konjunktiv Präsens
envíe envíes envíe enviemos enviéis envíen

actuar handeln

Indikativ Präsens
actúo actúas actúa actuamos actuáis actúan

Konjunktiv Präsens
actúe actúes actúe actuemos actuéis actúen

Den gleichen Regeln folgen auch **desviar** »ablenken« und **continuar** »fortsetzen«.

(v) -g- Verben

Weiterhin gibt es im Spanischen eine Gruppe von Verben, bei denen der Stamm im Indikativ Präsens lediglich in der 1. Person Singular den Buchstaben **-g-** enthält. Das **-g-** bleibt daher auch in allen Formen des Konjunktiv Präsens [➤18c(ii)] erhalten. Bei einigen dieser Verben ist der Indikativ Präsens mit Ausnahme der 1. Person vollkommen regelmäßig.

hacer tun, machen
hago haces hace hacemos hacéis hacen

caer fallen
caigo caes, usw.

poner legen, stellen, setzen
pongo pones, usw.

salir ausgehen
salgo sales, usw.

traer bringen
traigo traes, usw.

valer wert sein
valgo vales, usw.

Bei anderen verändert sich der Stamm.

decir sagen
digo dices dice decimos decís dicen

tener haben
tengo tienes tiene tenemos tenéis tienen

venir kommen
vengo vienes viene venimos venís vienen

oír hören
oigo oyes oye oímos oís oyen

Beide Gruppen behalten jedoch den **-g-** Stamm unverändert in allen Formen des Konjunktiv Präsens bei.

(iv) *-zc- Verben*

Eine weitere, recht große Gruppe mit unregelmäßiger 1. Person Singular im Indikativ Präsens besteht aus Verben, deren Infinitiv auf **-ecer**, **-ocer** und **-ucir** endet. Bei ihnen endet der Stamm der 1. Person des Indikativ Präsens und daher auch alle Formen des Konjunktiv Präsens auf **-zc-**.

parecer scheinen

Indikativ Präsens
parezco pareces parece parecemos parecéis parecen

Konjunktiv Präsens
parezca parezcas parezca parezcamos parezcáis parezcan

Häufig vorkommende Verben auf **-er**, die zu dieser Gruppe gehören, sind:

aparecer	erscheinen	**conocer**	kennen
desaparecer	verschwinden	**merecer**	verdienen (Lob/Tadel)
ofrecer	anbieten		
parecer	scheinen	**reconocer**	erkennen

Und viele weitere, die auf **-ecer** enden.

Häufig vorkommende Verben auf **-ir**, die ebenfalls diese Veränderung aufweisen, sind:

conducir	fahren, steuern	**lucir**	leuchten, glänzen
producir	erzeugen, herstellen	**reproducir**	wiedergeben; erzeugen
traducir	übersetzen		

sowie alle weiteren Verben auf **-ducir**.

(vii) ***-oy*** *Verben*

Bei nachstehenden Verben endet die 1. Person Singular des Indikativ Präsens auf **-oy**. Der Konjunktiv Präsens wird davon jedoch nicht berührt.

dar geben
doy das da damos dais dan

estar sein
estoy estás está estamos estáis están

(N.B. – Achten Sie auf die Akzente)

Ir »gehen« ist ein unregelmäßiges Verb, doch sobald man das Präsens gelernt hat, sind seine Formen vorhersagbar.

voy vas va vamos vais van

(viii) ***Pretérito grave***

Eine signifikante Gruppe von Verben besitzt eine Tempusform, die man im Spanischen als **pretérito grave** bezeichnet. Die Endungen der 1. und 3. Person Singular [➤18c(vi)] werden nicht betont und tragen keinen Akzent. Zu diesen Verben gehören einige der besonders häufig gebrauchten, deren Stamm sich im **pretérito** gewöhnlich nicht vorhersagen läßt. Alle anderen Endungen entsprechen denen der Verben auf **-er/-ir**, auch wenn **andar** und **estar** ebenfalls zu dieser Gruppe gehören.

tener haben
tuve tuviste tuvo tuvimos tuvisteis tuvieron

Andere Verben, die ebenfalls ein **pretérito grave** besitzen, sind:

andar	**anduve**	gehen
caber	**cupe**	fassen
estar	**estuve**	sein
haber	**hube**	haben
hacer	**hice**	tun, machen
(**hizo** in der 3. Person Singular)		
poder	**pude**	können
poner	**puse**	stellen, legen, setzen
querer	**quise**	mögen; lieben
saber	**supe**	wissen
venir	**vine**	kommen

und natürlich auch die auf sie zurückzuführenden zusammengesetzten Verben [➤18a(iii)].

Endet der Stamm des **pretérito grave** auf **-j-**, ist die Endung der 3. Person Plural **-eron**.

decir	**dije...dijeron**	sagen
traer	**traje...trajeron**	bringen
(und Zusammensetzungen)		
conducir	**conduje...condujeron**	fahren, lenken
*(sowie sämtliche Verben auf **-ducir**)*		

18c Die Bildung der Tempora

Bei allen Verben gibt es einige Tempora, bei denen Stamm und Endungen vorhersagbar sind (d.h. abgeleitet werden können), wenn Sie eine der anderen Verbformen kennen. Verbformen, die man nicht auf diese Weise ableiten kann, muß man lernen, doch sobald die wichtigsten bekannt sind, ist es gewöhnlich dann auch möglich, die übrigen abzuleiten.

Man sollte wissen, wie man den Stamm bekommt, an den dann die Endungen für die verschiedenen Tempora angehängt werden. Außerdem sollte man auch mit den notwendigen orthographischen Veränderungen vertraut sein. Der nachstehende Abschnitt vermittelt eine Übersicht über Stamm und Endungen der einzelnen Tempora und weist gleichzeitig auf mögliche »Fallen« hin.

Der Begriff *Indikativ* wird gebraucht, um die »gewöhnlichen« Tempora zu beschreiben, im Gegensatz zu denen des Konjunktivs [➤16].

In Kapitel 18 und 19 gebrauchen wir die regelmäßigen Modellverben **comprar** »kaufen«, **comer** »essen« und **vivir** »leben«.

(i) *Indikativ Präsens [➤12a]*

- Stamm: Infinitivendung abtrennen
- Endungen anhängen

***Verben auf* -ar**
-o -as -a -amos -áis -an

***Verben auf* -er**
-o -es -e -emos -éis -en

***Verben auf* -ir**
-o -es -e -imos -ís -en

➤
- Verben, die den Stammvokal ändern, alle Gruppen [➤18b(ii)]
- Orthographische Veränderung des letzten Stammkonsonanten [➤18b(iii)]
- Nur die 1. Person Singular endet auf **-g-** (**poner**, usw.) [➤18b(v)]
- Nur die 1. Person Singular endet auf **-zc-** (Verben auf **-ocer**, **-ecer**, **-ucir**) [➤18b(vi)]
- Verben auf **-uir** (**concluir**, usw.) [➤18b(iii)]
- Die 1. Person Singular von vier Verben endet auf **-oy** (**dar**, **estar**, **ir**, **ser**)
- **Ver: veo**, **ves**, usw.
- Andere unregelmäßige Verben [➤19f].

(ii) *Konjunktiv Präsens [➤16]*

- Stamm: Endung von der 1. Person Singular des Indikativ Präsens abtrennen.

- Endungen: die den Indikativendungen »entgegengesetzten« anhängen, d.h. bei Verben auf **-ar** ist ihr Vokal **-e-** und bei Verben auf **-er** und **-ir** **-a-**. Achten Sie darauf, daß die 1. Person Singular auf **-e** (**-ar**) oder **-a** (**-er/-ir**) endet.

***Verben auf* -ar**
-e -es -e -emos -éis -en

***Verben auf* -er/-ir**
-a -as -a -amos -áis -an

➤ • Verben, die den Stamm verändern: alle Gruppen [➤18b(ii)]. Achten Sie ganz besonders auf die zusätzliche Veränderung **e ➜ i** und **o ➜ u** in der 2. und 3. Person Plural der 2. und 3. Gruppe.

• Orthographische Veränderung des letzten Stammkonsonanten [➤18b(iii)]

• Der Stamm endet auf **-g-** (**poner**, usw.) [➤18b(v)]

• Der Stamm endet auf **-zc-** (Verben auf **-ocer**, **-ecer**, **-ucir**) [➤18b(vi)]

• Verben auf **-uir** (**concluir**, usw.) [➤18b(iii)]

• Unregelmäßiger Konjunktiv Präsens: **caber ➜ quepa**, **haber ➜ haya**, **ir ➜ vaya**, **saber ➜ sepa**, **ser ➜sea** [➤19f].

(iii) Futur [14a]

• Stamm: Endungen an den Infinitiv anhängen. Bitte sehen sie nachstehendes bezüglich Stammunregelmäßigkeiten beim Futur. Die Endungen sind für alle Verben gleich.

• Endungen: Achten Sie auf den Betonungsakzent bei allen Formen außer **-emos**.

-é -ás -á -emos -éis -án

Nachstehende Verben haben im Futur einen unregelmäßigen Stamm, sie alle enden jedoch ebenfalls auf **-r-**.

caber	**cabré**	passen
decir	**diré**	sagen
haber	**habré**	haben
hacer	**haré**	tun, machen
poder	**podré**	können
poner	**pondré**	legen, stellen, setzen
querer	**querré**	mögen, lieben
saber	**sabré**	wissen
tener	**tendré**	haben
valer	**valdré**	wert sein
venir	**vendré**	kommen

Alle Zusammensetzungen mit diesen Verben besitzen ebenfalls diese Unregelmäßigkeit des Futur-Stamms [➤18e,19f].

(iv) Konditional [➤14d]

• Stamm: wie beim Futur [➤18c(iii)]

• Endungen: die gleichen Endungen wie beim Imperfekt der Verben auf **-er/-ir** [➤18c(v], doch an den Stamm des Futurs angehängt.

-ía -ías -ía -íamos -íais -ían

N.B. Die unregelmäßigen Stammformen des Futurs [➤18c(iii)] werden auch beim Konditional gebraucht.

(v) Indikativ Imperfekt [➤13b]

- Stamm: Infinitivendung abtrennen.
- Endungen:

Verben auf ***-ar***
-aba -abas -aba -ábamos -abais -aban

Verben auf ***-er/-ir***
-ía -ías -ía -íamos -íais -íais

Ser und **ir** haben im Imperfekt unregelmäßige Indikativformen. **Ver** »sehen« behält das **-e-** bei: **veía**, usw.

ser sein
era eras era éramos erais eran

ir gehen
iba ibas iba íbamos ibais iban

(vi) ***Pretérito*** *[➤13a]*

- Stamm: Infinitivendungen abtrennen
- Endungen: Achten Sie auf die betonten Endungen in der 1. und 3. Person Singular.

Verben auf ***-ar***
-é -aste -ó -amos -asteis -aron

Verben auf ***-er/-ir***
-í -iste -ió -imos -isteis -ieron

Pretérito grave [➤18b(viii)]: Die Endungen der 1. und 3. Person Singular werden nicht betont, der Stamm kann sehr unregelmäßig sein

tener haben

- Stamm: **tuv-**
- Endungen: -e -iste -o -imos -isteis -ieron

decir sagen

- Stamm: **dij-**. Achten Sie darauf, daß in der 3. Person Plural aller Verben dieser Gruppe, bei denen der Stamm auf **-j-** endet, kein **-i-**vorkommt.

- Endungen:-e -iste -o -imos -isteis -eron

Bei nachstehenden Gruppen von Verben kommen weitere Unregelmäßigkeiten vor. Sehen Sie bitte in den entsprechenden Abschnitten nach:

- Verben, die den Stammvokal ändern [➤18b(ii), 19d(ii), (iii)], 2. und 3. Gruppe
- Wenn die Endung **-ieron** auf einen Vokal, **-ll-** oder **-ñ-** folgt [➤19e(vi)].
- **Dar**, **ir**, **ser** [➤19f].

(vii) Konjunktiv Imperfekt [➤16]

- Stamm: Endung von der 3. Person Plural des **pretérito** abtrennen.

- Endungen: Dieses Tempus besitzt zwei Formen, die vollkommen austauschbar sind. Die einzige Ausnahme von dieser Regel wird in Abschnitt 14d beschrieben.

Verben auf ***-ar***
-ara -aras -ara -áramos -arais -aran
-ase -ases -ase -ásemos -aseis -asen

Verben auf ***-er/-ir***
-iera -ieras -iera -iéramos -ierais -ieran
-iese -ieses -iese -iésemos -ieseis -iesen

⚠ Alle Stammunregelmäßigkeiten, die in Abschnitt 18c(vi) in Bezug auf das **pretérito** genannt werden, bestehen auch in beiden Formen des Konjunktiv Imperfekt weiter.

mentir	**mintieron**	➜	**mintiera** oder **mintiese**	lügen
dormir	**durmieron**	➜	**durmiera** oder **durmiese**	schlafen
leer	**leyeron**	➜	**leyera** oder **leyese**	lesen
decir	**dijeron**	➜	**dijera** oder **dijese**	sagen
ir/ser	**fueron**	➜	**fuera** oder **fuese**	gehen; sein

(viii) Zusammengesetzte Tempora mit ***haber*** *[➤19c]*

Nachstehende zusammengesetzte Tempora der Vergangenheit werden mit dem Hilfsverb **haber** »haben« + Partizip Perfekt [➤10d(i)] gebildet:

Indikativ:

- Perfekt [➤13c]

- Plusquamperfekt [➤13d]
- **Pretérito anterior** [➤13e]
- Futur II [➤14b]
- Konditional II [➤14e];

Konjunktiv:
- Perfekt und Plusquamperfekt [➤16].

18d Die Bildung der nicht-zeitgebundenen Formen

(i) Der Imperativ [➤15]

(A) *Der positive Imperativ für* ***tú*** *»du« [➤23b(i)]*
Den Stamm erhalten Sie durch Abtrennen des **-s** der 2. Person Singular des Indikativs Präsens.

compras	➜	**compra**
comes	➜	**come**
vives	➜	**vive**

⚠ Achten Sie auf die folgenden Verben [➤19f]

decir	➜	**di**
hacer	➜	**haz**
ir	➜	**ve**
poner	➜	**pon**
salir	➜	**sal**
ser	➜	**sé**
tener	➜	**ten**
venir	➜	**ven**

(B) *Der positive Imperativ für* ***vosotros*** *»ihr« [➤23b(i)]*
Den Stamm erhalten Sie durch Abtrennen des **-r** vom Infinitiv und Anhängen von **-d**. Es gibt keine Ausnahmen, außer daß das **-d** fallengelassen wird, wenn das Reflexivpronomen **-os** angehängt werden soll [➤23c(i)]. Dies ist einer von nur drei Anlässen, wo Verben auf **-er** und **-ir** verschiedene Endungen haben.

comprar	➜	**comprad**	kaufen
comer	➜	**comed**	essen
vivir	➜	**vivid**	leben
lavarse	➜	**lavaos**	sich waschen
ponerse	➜	**poneos**	werden
divertirse	➜	**divertíos**	sich amüsieren

N.B. Achten Sie auf den Akzent auf **-í-**

Doch:

irse →	**idos**	weggehen

N.B. In der gesprochenen Sprache wird im Spanischen oft der Infinitiv gebraucht: **lavaros**, **poneros**, **divertiros**, **iros**. Das geschieht besonders bei Verben auf **-ir**.

(C) *Der verneinte Imperativ für »du/ihr« und sämtliche Imperativformen für* ***usted/ustedes*** *»Sie«* Stamm und Endungen: Gebrauchen Sie den Konjunktiv Präsens. Für »du/ihr« gebraucht man die 2. Person Singular oder Plural, für »Sie« die Endungen der 3. Person.

N.B. Bei positiven Imperativformen werden Objektpronomen angehängt; wird der Imperativ verneint, müssen sie jedoch dem Verb vorangestellt werden [➤23b(iv)].

Enséñamelo, pero no me la des. (tú)	Zeig es mir, aber gib es mir nicht.
Enseñádmelo, pero no me lo deis. (vosotros)	Zeigt es mir, aber gebt es mir nicht.
Enséñemelo, pero no me lo dé. (Vd)	Zeigen Sie es mir, aber geben Sie es mir nicht.
Enséñenmelo, pero no me lo den. (Vds)	Zeigen Sie es mir, aber geben Sie es mir nicht.

- Zusammenfassung des Imperativs

Positiv »du«		
compra	come	vive
Positiv »ihr«		
comprad	comed	vivid
Verneint »du/ihr«		
no compres	no comas	no vivas
no compréis	no comáis	no viváis
Positiv »Sie« (Sing. + Plur.)		
compre Vd	coma Vd	viva Vd
compren Vds	coman Vds	vivan Vds
Verneint »Sie« (Sing.+ Plur.)		
no compre Vd	no coma Vd	no viva Vd
no compren Vds	no coman Vds	no vivan Vds

Etwaige Unregelmäßigkeiten des Konjunktiv Präsens zeigen sich natürlich auch im Imperativ, wenn man zu seiner Bildung eine Konjunktivform braucht.

(ii) Gerundium [➤10b, c]

• Stamm: Infinitivendung abtrennen.

• Endungen: **-ando** (Verben auf **-ar**), **-iendo** (Verben auf **-er/-ir**).

comprando	**comiendo**	**viviendo**

• Steht das **-i-** der Endung zwischen zwei Vokalen, wird es zum **-y-**: **leer**, **leyendo** »lesen«; **oír**, **oyendo** »hören« und andere [➤19e(iii), (iv)].
• Nach **-ll-** und **-ñ-** läßt man das **-i-** fallen: **zambullirse**, **zambulléndose** »tauchen«; **gruñir**, **gruñendo** »grunzen«.

(iii) Partizip Perfekt [➤10d]

• Stamm: Infinitivendung abtrennen.

• Endungen: **-ado** (Verben auf **-ar**), **-ido** (Verben auf **-er/-ir**).

comprado	**comido**	**vivido**

Achten Sie auf folgende unregelmäßige Partizipien Perfekt.

abrir	**abierto**	öffnen
cubrir	**cubierto**	(be-, zu-)decken
descubrir	**descubierto**	entdecken, aufdecken
decir	**dicho**	sagen
disolver	**disuelto**	auflösen
escribir	**escrito**	schreiben
freír	**frito**	braten
hacer	**hecho**	machen, tun
imprimir	**impreso**	drucken
poner	**puesto**	stellen, legen, setzen
resolver	**resuelto**	entscheiden, beschließen; auflösen
romper	**roto**	(zer-)brechen
ver	**visto**	sehen
volver	**vuelto**	zurückkehren

und zusammengesetzte Formen dieser Verben.

18e Zusammengesetzte Verben

(i) *Vorsilben:* ***des-, re-, mal-***

So lange sich ein Sinn ergibt, können an jedes Grundverb Vorsilben angehängt werden.

Des- entspricht im Deutschen oft der Vorsilbe »auf-« oder »ent-«.

atar	binden	**desatar**	aufbinden
congelar	einfrieren	**descongelar**	auftauen; entfrosten
cubrir	(be-, zu-)decken	**descubrir**	aufdecken; entdecken
hacer	tun, machen	**deshacer**	aufmachen, aufbinden

Re- wird im Spanischen ähnlich wie im Französischen oder auch Englischen gebraucht, um Wiederholung anzuzeigen. Achten Sie jedoch darauf, daß damit auch Verstärkung oder Intensivierung der Handlung und nicht unbedingt Wiederholung ausgedrückt werden kann.

vender	verkaufen	**revender**	wieder-, weiterverkaufen
llenar	füllen	**rellenar**	nach-, auffüllen
mojar	naß machen	**remojar**	einweichen
quemar	(ver)brennen	**requemar**	versengen, anbrennen lassen

Mal- drückt immer »schlimm«, »schlecht« oder »böse« aus.

gastar	ausgeben	**malgastar**	verschwenden
decir	sagen	**maldecir**	verfluchen, verwünschen
		(N.B. Partizip Perfekt **maldito**)	
lograr	erlangen, erreichen	**malograrse**	mißlingen, fehlschlagen

(ii) -poner, -tener, -venir

Einige, häufig gebrauchte Grundverben besitzen eine ganze Reihe von Vorsilben.

Poner stellen, legen, setzen

componer	anordnen, herrichten
descomponer	zerlegen, auseinandernehmen
deponer	niederlegen, absetzen; aussagen
imponer	auferlegen, zumuten

interponer	dazwischenstellen, -legen, -setzen
oponer	einwenden; Widerstand leisten
posponer	verschieben
presuponer	voraussetzen, halten für
proponer	vorschlagen
reponer	wieder hinstellen, -legen, -setzen; ersetzen
suponer	annehmen

Tener haben

contener	enthalten
detener	verhaften; anhalten
entretener	unterhalten; ablenken
mantener	stützen; instand halten
retener	zurückhalten; aufbewahren
sostener	unterstützen; erhalten

Venir kommen

convenir	vereinbaren; passen
intervenir	nachprüfen; staatlich beaufsichtigen
provenir	herkommen, herrühren von
sobrevenir	hinzukommen, plötzlich auftreten

Satisfacer »genügen; zufriedenstellen« ist eine Zusammensetzung mit **hacer** und wird auf gleiche Weise konjugiert.

(iii) -ducir

Es kann vorkommen, daß es gar kein Grundverb gibt: Eine ganze Reihe von Verben enden auf **-ducir**, doch ein Grundverb **ducir** gibt es nicht.

conducir	führen, lenken, fahren
deducir	ableiten
inducir	anstiften; veranlassen
introducir	vorstellen; einführen
producir	erzeugen, herstellen
reducir	verringern, verkleinern
reproducir	wiedergeben; erzeugen
seducir	verführen
traducir	übersetzen

19 Verbtabellen

19a Regelmäßige Verben

Im Spanischen gibt es drei Konjugations- oder Verbgruppen, die regelmäßig sind. Ihr Infinitiv endet auf **-ar**, **-er** oder **-ir**. Wir verwenden die folgenden Modellverben für jede Gruppe:

comprar kaufen **comer** essen **vivir** leben

N.B. Obwohl **vivir** vollständig angeführt wird, unterscheiden sich Verben auf **-ir** von Verben auf **-er** nur bei drei Endungen: 1. und 3. Person Plural im Präsens und der Imperativ für **vosotros**.

Falls nicht anders angeführt, ist der *Stamm*, an den die Endungen angehängt werden, der Teil des Verbs, der übrig bleibt, wenn Sie die Infinitivendungen **-ar**, **-er** und **-ir** abtrennen.

19b Regelmäßige Verben: einfache Tempora (ein Wort)

Indikativ Präsens

compro	como	vivo
compras	comes	vives
compra	come	vive
compramos	comemos	vivimos
compráis	coméis	vivís
compran	comen	viven

Konjunktiv Präsens

compre	coma	viva
compres	comas	vivas
compre	coma	viva
compremos	comamos	vivamos
compréis	comáis	viváis
compren	coman	vivan

Gerundium

comprando	comiendo	viviendo

Progressivform: Präsens und Imperfekt

Bitte schlagen Sie unter *Zusammengesetzte Tempora* [➤19c(i)] nach.

Imperativ (Befehlsform)

2. Person Singular »du« (**tú**), nur wenn positiv:

compra	come	vive

2. Person Plural »ihr« (**vosotros**), nur wenn positiv:

comprad	comed	vivid

Die Formen für »Sie« (**usted/ustedes**) sowie alle verneinten Imperativformen gebrauchen den Konjunktiv.

2. Person Singular »du« (**tú**), verneint:

no compres	no comas	no vivas

2. Person Plural »ihr« (**vosotros**), verneint

no compréis	no comáis	no viváis

Die Formen für »Sie«, gleichgültig ob verneint oder positiv, gebrauchen die Endungen der 3. Person Singular oder Plural:

(no) compre Vd	(no) coma Vd	(no) viva Vd
(no) compren Vds	(no) coman Vds	(no) vivan Vds

Pretérito

compré	comí	viví
compraste	comiste	viviste
compró	comió	vivió
compramos	comimos	vivimos
comprasteis	comisteis	vivisteis
compraron	comieron	vivieron

Indikativ Imperfekt

compraba	comía	vivía
comprabas	comías	vivías
compraba	comía	vivía
comprábamos	comíamos	vivíamos
comprabais	comíais	vivíais
compraban	comían	vivían

Konjunktiv Imperfekt

Man gebraucht für den Konjunktiv Imperfekt den gleichen Stamm wie für die 3. Person Plural des **pretérito**: **compr-aron**, **com-ieron**, **viv-ieron**. Bei vielen unregelmäßigen Verben in Abschnitt 18b(ii) ist es sehr wichtig, hierauf zu achten.

Der Konjunktiv Imperfekt besitzt zwei Formen, die – abgesehen von der in 16h(iii) genannten Ausnahme – beliebig ausgetauscht werden können.

comprase	comprara	comiese	comiera	viviese	viviera
comprases	compraras	comieses	comieras	vivieses	vivieras
comprase	comprara	comiese	comiera	viviese	viviera
comprásemos	compráramos	comiésemos	comiéramos	viviésemos	viviéramos
compraseis	comprarais	comieseis	comierais	vivieseis	vivierais
comprasen	compraran	comiesen	comieran	viviesen	vivieran

Partizip Perfekt

comprado	comido	vivido

Das Partizip Perfekt wird zur Bildung der zusammengesetzten Tempora mit **haber** [➤19c(ii)] gebraucht.

Futur I

Zur Bildung des Futurs I wird der Infinitiv als ganzes als Stamm verwendet. Ausnahmen sind in Abschnitt 18c(iii) angegeben. Die letzte Silbe wird betont, und daher haben alle Formen außer der 1. Person Plural (**-emos**) einen Akzent.

compraré	comeré	viviré
comprarás	comerás	vivirás
comprará	comerá	vivirá
compraremos	comeremos	viviremos
compraréis	comeréis	viviréis
comprarán	comerán	vivirán

Konditional I

Für das Konditional I wird der gleiche Infinitivstamm verwendet wie für Futur I. Die Endungen sind die gleichen wie für die **-ía**-Form des Indikativs Imperfekt.

compraría	comería	viviría
comprarías	comerías	vivirías
compraría	comería	viviría
compraríamos	comeríamos	viviríamos
compraríais	comeríais	viviríais
comprarían	comerían	vivirían

19c Regelmäßige Verben: zusammengesetzte Tempora (zwei Wörter)

(i) Progressive Tempora

Progressive Tempora werden mit **estar** [➤8d(ii)] (oder gelegentlich auch **ir** oder **venir**) + Gerundium [➤10c(ii)] gebildet. Präsens und Imperfekt (im Indikativ und Konjunktiv) sind die am häufigsten gebrauchten Formen. Andere Tempora sind jedoch durchaus ebenfalls möglich.

Progressivform Präsens: Indikativ/Konjunktiv

estoy/esté comprando	estoy/esté comiendo	estoy/esté viviendo
estás/estés comprando	estás/estés comiendo	estás/estés viviendo
está/esté comprando	está/esté comiendo	está/esté viviendo
estamos/estemos comprando	estamos/estemos comiendo	estamos/estemos viviendo
estáis/estéis comprando	estáis/estéis comiendo	estáis/estéis viviendo
están/estén comprando	están/estén comiendo	están/estén viviendo

Progressivform Imperfekt: Indikativ

estaba comprando	estaba comiendo	estaba viviendo
estabas comprando	estabas comiendo	estabas viviendo
estaba comprando	estaba comiendo	estaba viviendo
estábamos comprando	estábamos comiendo	estábamos viviendo
estabais comprando	estabais comiendo	estabais viviendo
estaban comprando	estaban comiendo	estaban viviendo

Progressivform Imperfekt: Konjunktiv

Sie wird mit **estuviera** oder **estuviese**, usw. + Gerundium gebildet.

Progressivform Futur

Estaré, usw. + Gerundium

*(ii) Zusammengesetzte Tempora mit **haber***

Indikativ Perfekt

Man bildet das Perfekt mit dem Präsens des Hilfsverbs **haber** + Partizip Perfekt. Das Partizip Perfekt bleibt immer unverändert.

he comprado	he comido	he vivido
has comprado	has comido	has vivido
ha comprado	ha comido	ha vivido
hemos comprado	hemos comido	hemos vivido
habéis comprado	habéis comido	habéis vivido
han comprado	han comido	han vivido

Konjunktiv Perfekt

Konjunktiv Präsens von **haber** + Partizip Perfekt.

haya comprado	haya comido	haya vivido
hayas comprado	hayas comido	hayas vivido
haya comprado	haya comido	haya vivido
hayamos comprado	hayamos comido	hayamos vivido
hayáis comprado	hayáis comido	hayáis vivido
hayan comprado	hayan comido	hayan vivido

Indikativ Plusquamperfekt

Indikativ Imperfekt von **haber** + Partizip Perfekt.

había comprado	había comido	había vivido
habías comprado	habías comido	habías vivido
había comprado	había comido	había vivido
habíamos comprado	habíamos comido	habíamos vivido
habíais comprado	habíais comido	habíais vivido
habían comprado	habían comido	habían vivido

Konjunktiv Plusquamperfekt

Konjunktiv Imperfekt von **haber** + Partizip Perfekt.
Entweder mit **hubiera**, usw.:

hubiera comprado	hubiera comido	hubiera vivido
hubieras comprado	hubieras comido	hubieras vivido
hubiera comprado	hubiera comido	hubiera vivido
hubiéramos comprado	hubiéramos comido	hubiéramos vivido
hubierais comprado	hubierais comido	hubierais vivido

oder mit **hubiese**, **hubieses**, **hubiese**, **hubiésemos**, **hubieseis**, **hubiesen**.

Futur II

Futur I von **haber** + Partizip Perfekt.

habré comprado	habré comido	habré vivido
habrás comprado	habrás comido	habrás vivido
habrá comprado	habrá comido	habrá vivido
habremos comprado	habremos comido	habremos vivido
habréis comprado	habréis comido	habréis vivido
habrán comprado	habrán comido	habrán vivido

Konditional II

Konditional I von **haber** + Partizip Perfekt.

habría comprado	habría comido	habría vivido
habrías comprado	habrías comido	habrías vivido
habría comprado	habría comido	habría vivido
habríamos comprado	habríamos comido	habríamos vivido
habríais comprado	habríais comido	habríais vivido
habrían comprado	habrían comido	habrían vivido

19d Verben, die den Stammvokal ändern

Diese Verbgruppe wird in Abschnitt 18b(ii) erklärt. Nachstehend werden die Tempora vollständig aufgeführt, bei denen diese Änderungen vorkommen. Wird ein Tempus nicht angeführt, bedeutet dies, daß das Verb sich in diesem Tempus regelmäßig verhält.

(i) 1. Gruppe

In erster Linie Verben auf **-ar** oder **-er**, einige wenige auf **-ir**. Der Stammvokal verändert sich von **e** ➜ **ie** oder von **o** ➜ **ue**. (Nur bei **jugar** von **u** ➜ **ue**).

pensar denken	**volver** zurückkehren	**jugar** spielen
Indikativ Präsens		
pienso	vuelvo	juego
piensas	vuelves	juegas
piensa	vuelve	juega
pensamos	volvemos	jugamos
pensáis	volvéis	jugáis
piensan	vuelven	juegan
Konjunktiv Präsens		
piense	vuelva	juegue
pienses	vuelvas	juegues
piense	vuelva	juegue
pensemos	volvamos	juguemos
penséis	volváis	juguéis
piensen	vuelvan	jueguen
Imperativ (tú), positiv		
piensa	vuelve	juega

- Einige sehr häufig gebrauchte Verben dieser 1. Gruppe sind folgende:

acertar	treffen, erraten, finden
acordarse	sich erinnern
acostarse	sich hinlegen, zu Bett gehen
adquirir	erwerben
almorzar	frühstücken; zu Mittag essen
atender	beachten; betreuen
atravesar	überqueren
calentar	erwärmen, erhitzen
cerrar	schließen
comenzar	beginnen
comprobar	beglaubigen, bestätigen
concernir	betreffen
consolar	trösten
contar	zählen, rechnen; erzählen
defender	verteidigen
demostrar	zeigen, beweisen
descender	herab-/herunternehmen, -bringen, -steigen; aussteigen
discernir	unterscheiden, erkennen; deutlich sehen
doler	schmerzen
empezar	beginnen
encender	anzünden
entender	verstehen

encontrar	begegnen; treffen; stoßen auf	**recordar**	erinnern
enterrar	beerdigen; begraben	**rogar**	bitten
gobernar	regieren	**sembrar**	säen
helar	gefrieren	**sentarse**	sich setzen
inquirir	anfragen	**sonar**	tönen
llover	regnen	**soñar**	träumen
morder	beißen	**temblar**	zittern, beben
mostrar	zeigen	**tender**	ausziehen, ausbreiten; spannen
mover	bewegen	**tentar**	befühlen; untersuchen; erproben; versuchen
negar	verneinen, leugnen	**tronar**	donnern
nevar	schneien	**volar**	fliegen
oler (N.B.) **huelo**	riechen		
probar	versuchen, probieren, prüfen		

(ii) 2. Gruppe

Diese Gruppe besteht lediglich aus Verben auf **-ir**. Zwei Veränderungen des Stammvokals kommen vor: **e ➔ ie** und **i**, **o ➔ ue** und **➔ u**.

mentir	lügen	**dormir**	schlafen

Indikativ Präsens

miento	duermo
mientes	duermes
miente	duerme
mentimos	dormimos
mentís	dormís
mienten	duermen

Konjunktiv Präsens

mienta	duerma
mientas	duermas
mienta	duerma
mintamos	durmamos
mintáis	durmáis
mientan	duerman

Imperativ (tú), positiv

miente	duerme

Gerundium

mintiendo	durmiendo

Pretérito

mentí	dormí
mentiste	dormiste
mintió	durmió
mentimos	dormimos
mentisteis	dormisteis
mintieron	durmieron

Konjunktiv Imperfekt

mintiera/mintiese	durmiera/durmiese
mintieras/mintieses	durmieras/durmieses
mintiera/mintiese	durmiera/durmiese
mintiéramos/mintiésemos	durmiéramos/durmiésemos
mintierais/mintieseis	durmierais/durmieseis
mintieran/mintiesen	durmieran/durmiesen

- Einige sehr häufig gebrauchte Verben dieser 2. Gruppe sind folgende:

advertir	benachrichtigen, warnen	**herir**	verwunden, verletzen
arrepentirse	bereuen	**hervir**	kochen
convertir	umwandeln, bekehren	**morir**	sterben
		preferir	vorziehen
diferir	hinausschieben; verschieden sein	**referir**	berichten, erwähnen
divertirse	sich unterhalten, amüsieren	**sentir**	fühlen; leid tun
		sugerir	anraten, vorschlagen

(iii) 3. Gruppe

Diese Gruppe besteht ebenfalls nur aus Verben auf **-ir**. Der Stammvokal verändert sich immer von **e → i.**

pedir	auffordern, bitten

Indikativ Präsens

pido	pedimos
pides	pedís
pide	piden

Konjunktiv Präsens

pida	pidamos

pidas	pidáis
pida	pidan

Imperativ (tú), positiv
pide

Gerundium
pidiendo

Pretérito

pedí	pedimos
pediste	pedisteis
pidió	pidieron

Konjunktiv Imperfekt

pidiera/pidiese	pidiéramos/pidiésemos
pidieras/pidieses	pidierais/pidieseis
pidiera/pidiese	pidieran/pidiesen

- Einige sehr häufig gebrauchte Verben dieser 3. Gruppe sind folgende:

conseguir	erreichen, zuwege bringen	**reírse**	lachen
corregir	verbessern; bestrafen	**reñir**	sich zanken, streiten
despedir	verabschieden; entlassen	**repetir**	wiederholen
elegir	(aus)wählen	**seguir**	folgen
gemir	seufzen, ächzen, stöhnen; wimmern	**servir**	dienen; anrichten
regir	regieren	**sonreír**	lächeln
		teñir	färben
		vestirse	sich anziehen

19e Verben mit orthographischen Veränderungen [➤18b(iii)]

N.B. Viele Verben, bei denen orthographische Veränderungen vorkommen, verändern auch den Stammvokal [➤19d].

*(i) Verben auf **-ar***

- **c ➜ qu**: **sacar** herausnehmen

Der Stamm endet auf **-c-**, jedoch mit den folgenden Ausnahmen:

Konjunktiv Präsens
saque saques saque saquemos saquéis saquen

Pretérito
saqué sacaste sacó sacamos sacasteis sacaron

Das gleiche geschieht auch bei folgenden Verben:

aplicar	auflegen; anwenden
atacar	angreifen
atracar	anlegen, festmachen (Schiff)
buscar	suchen; holen (lassen)
confiscar	konfiszieren, beschlagnahmen
educar	erziehen, unterrichten
identificar	identifizieren
indicar	anzeigen, angeben; bezeichnen
practicar	ausüben; praktizieren; tun
tocar	berühren; betasten; spielen (Instrument)
trocar	tauschen; wechseln
volcar	umwerfen, -stürzen; hinabschleudern

Viele andere Verben nehmen ebenfalls diese Veränderungen vor.

- **z → c**: **cazar** jagen, fangen

Der Stamm endet auf **-z-**, jedoch mit den folgenden Ausnahmen:

Konjunktiv Präsens
cace caces cace cacemos cacéis cacen

Pretérito
cacé cazaste cazó cazamos cazasteis cazaron

Das gleiche geschieht auch bei folgenden Verben:

alcanzar	einholen, erreichen; erhalten
almorzar	frühstücken; zu Mittag essen
avergonzarse	sich schämen
comenzar	beginnen
empezar	beginnen
esforzarse	sich bemühen, anstrengen
forzar	zwingen; ein-, aufbrechen; vorantreiben
lanzar	werfen, schleudern; einführen
reforzar	verstärken
rezar	beten
tropezar	stolpern; anstoßen

Andere Verben nehmen ebenfalls diese Veränderungen vor.

- **g ➔ gu**: **pagar** zahlen

Der Stamm endet auf **-g-**, jedoch mit den folgenden Ausnahmen:

Konjunktiv Präsens
pague pagues pague paguemos paguéis paguen

Pretérito
pagué pagaste pagó pagamos pagasteis pagaron

Das gleiche geschieht auch bei folgenden Verben:

cegar	blind machen	**llegar**	ankommen
colgar	aufhängen	**negar**	verneinen; leugnen
descolgar	abhängen; den Hörer abnehmen	**plegar**	falten
desplegar	entfalten	**regar**	bewässern, begießen
fregar	waschen, spülen, scheuern; abwaschen	**rogar**	bitten
		sosegar	beruhigen

- **gu ➔ gü:** averiguar untersuchen, feststellen

Der Stamm endet auf **-gu-**, jedoch mit den folgenden Ausnahmen:

Konjunktiv Präsens
averigüe averigües averigüe averigüemos averigüéis averigüen

Pretérito
averigüé averiguaste averiguó averiguamos averiguasteis averiguaron

Das gleiche geschieht auch bei:

amortiguar	abtöten; dämpfen
apaciguar	besänftigen, versöhnen

*(ii) Verben auf **-er** und **-ir***

- **c ➔ z**: **torcer** verdrehen; winden; verbiegen

Der Stamm endet auf **-c-**, mit den folgenden Ausnahmen:

Indikativ Präsens
tuerzo tuerces tuerce torcemos torcéis tuercen

Konjunktiv Präsens
tuerza tuerzas tuerza torzamos torzáis tuerzan

Das gleiche geschieht auch bei:

convencer	überzeugen	**retorcer**	winden; verbiegen; zusammendrehen
esparcir	auflockern; verbreiten	**vencer**	besiegen

- **gu ➜ g**: **distinguir** unterscheiden

Der Stamm endet auf **-gu-**, jedoch mit den folgenden Ausnahmen:

Indikativ Präsens
distingo distingues distingue distinguimos distinguís distinguen

Konjunktiv Präsens
distinga distingas distinga distingamos distingáis distingan

Das gleiche geschieht auch bei:

conseguir	erreichen, zuwege bringen	**proseguir**	fortsetzen
perseguir	verfolgen	**seguir**	folgen

- **g ➜ j**: **escoger** (aus)wählen

Der Stamm endet auf **-g-**, jedoch mit den folgenden Ausnahmen:

Indikativ Präsens
escojo escoges escoge escogemos escogéis escogen

Konjunktiv Präsens
escoja escojas escoja escojamos escojáis escojan

Das gleiche geschieht auch bei:

coger	ergreifen	**fingir**	vorgeben
colegir	zusammenbringen; folgern	**proteger**	schützen
corregir	korrigieren	**regir**	regieren
elegir	(aus)wählen	**restringir**	einschränken

*(iii) Verben, bei denen **-y-** zwischen zwei Vokalen steht*

- **huir** fliehen: Der Stamm endet auf **-u-**, jedoch mit den folgenden Ausnahmen:

Indikativ Präsens
huyo huyes huye huimos huís huyen

Konjunktiv Präsens
huya huyas huya huyamos huyáis huyan

Imperativ (tú), positiv

huye

Gerundium
huyendo

Pretérito
huí huiste huyó huimos huisteis huyeron

Konjunktiv Imperfekt
huyera/huyese

Das gleiche geschieht auch bei folgenden Verben:

construir	bauen	**excluir**	ausschließen
concluir	schließen, folgern	**incluir**	einschließen
destruir	zerstören		

(iv) *Verben, bei denen **-y-** zwischen zwei Vokalen steht und der schwache Vokal der Endung betont wird*

• **leer** lesen: Diese Verben verhalten sich mit folgenden Ausnahmen regelmäßig:

Gerundium
leyendo

Pretérito
leí leíste leyó leímos leísteis leyeron

Partizip Perfekt
leído

Konjunktiv Imperfekt
leyera/leyese

Das gleiche geschieht bei:

creer	glauben	**caer**	fallen
oír	hören		

Diese Verben haben jedoch auch andere Unregelmäßigkeiten [➤19f].

(v) *Verben mit betontem schwachen Vokal (**í** oder **ú**)*

• **enviar** senden: Das **-i-** bleibt unbetont, doch es gibt folgende Ausnahmen:

Indikativ Präsens
envío envías envía enviamos enviáis envían

Konjunktiv Präsens
envíe envíes envíe enviemos enviéis envíen

Imperativ (tú), positiv
envía

Das gleiche geschieht bei nachstehenden Verben:

confiar	anvertrauen; übergeben
criar	schaffen; erzeugen; aufziehen; züchten
desviar	umleiten
desafiar	herausfordern; Trotz bieten
fiar	trauen
guiar	zeigen, führen
liar	zusammenbinden; einwickeln
vaciar	leeren

- **actuar** handeln: Das **-u-** bleibt unbetont, es gibt jedoch folgende Ausnahmen:

Indikativ Präsens
actúo actúas actúa actuamos actuáis actúan

Konjunktiv Präsens
actúe actúes actúe actuemos actuéis actúen

Imperativ (tú), positiv
actúa

Das gleiche geschieht bei nachstehenden Verben:

continuar	fortsetzen
insinuar	andeuten, zu verstehen geben
perpetuar	verewigen; aufrechterhalten

(vi) *Verben, deren Stamm auf **-ll-** oder **-ñ-** endet*

Das **-i-** der Endung geht verloren.

- **zambullirse** tauchen

Gerundium
zambulléndose

Pretérito
me zambullí te zambulliste se zambulló
nos zambullimos os zambullisteis se zambulleron

Das gleiche geschieht bei:

engullir	verschlingen; fressen
escabullirse	entschlüpfen, entweichen

• **gruñir** grunzen

Gerundium
gruñendo

Pretérito
gruñí gruñiste gruñó gruñimos gruñisteis gruñeron

Konjunktiv Imperfekt
gruñera/gruñese

Das gleiche geschieht bei:

reñir	zanken, streiten	**tañer**	spielen (Instrument)
teñir	färben		

N.B. **Reñir** und **teñir** gehören auch zu der 3. Gruppe der Verben, die den Stammvokal ändern.

19f Unregelmäßige Verben

Nachstehende unregelmäßige Verben werden im Spanischen am häufigsten gebraucht. Nur Tempora mit Unregelmäßigkeiten werden aufgeführt. Bei Futur und Konditional kann nur der Stamm unregelmäßig sein – die Endungen sind immer die gleichen. Unregelmäßigkeiten im Futur sind daher im Konditional die gleichen und werden nicht gesondert aufgeführt.

Verben, die auch ein **pretérito grave** [➤18b(viii)] besitzen, werden mit *(pg)* gekennzeichnet. Verben, deren Indikativ und Konjunktiv Präsens den Stammvokal verändern [19d], werden mit *(sä)* gekennzeichnet.

---

abrir öffnen

Partizip Perfekt
abierto

---

andar gehen

Pretérito (pg)
anduve anduviste anduvo anduvimos anduvisteis anduvieron

Konjunktiv Imperfekt
anduviera/anduviese

---

caber fassen

Indikativ Präsens
quepo cabes cabe cabemos cabéis caben

Konjunktiv Präsens
quepa quepas quepa quepamos quepáis quepan

Futur I
cabré

Pretérito (pg)
cupe cupiste cupo cupimos cupisteis cupieron

Konjunktiv Imperfekt
cupiera/cupiese

---

caer fallen

Indikativ Präsens
caigo caes cae caemos cais caen

Konjunktiv Präsens
caiga caigas caiga caigamos caigáis caigan

Gerundium
cayendo

Partizip Perfekt
caído

Pretérito
caí caíste cayó caímos caísteis cayeron

Konjunktiv Imperfekt
cayese/cayera

---

conducir fahren, lenken

Indikativ Präsens
conduzco conduces conduce conducimos conducís conducen

Konjunktiv Präsens
conduzca conduzcas conduzca conduzcamos conduzcáis conduzcan

Pretérito (pg)
conduje condujiste condujo condujimos condujisteis condujeron

Konjunktiv Imperfekt
condujera/condujese

Das gleiche geschieht bei allen Verben auf **-ducir**.

---

cubrir be-, zudecken

Partizip Perfekt
cubierto

Das gleiche bei **descubrir** aufdecken; entdecken

---

dar geben

Indikativ Präsens
doy das da damos dais dan

Konjunktiv Präsens
dé des dé demos deis den

Pretérito
di diste dio dimos disteis dieron

Konjunktiv Imperfekt
diera/diese

---

decir sagen

Indikativ Präsens
digo dices dice decimos decís dicen

Konjunktiv Präsens
diga digas diga digamos digáis digan

Imperativ (tú), positiv
di

Gerundium
diciendo

Futur I
diré

Partizip Perfekt
dicho

Pretérito (pg)
dije dijiste dijo dijimos dijisteis dijeron

Konjunktiv Imperfekt
dijese/dijera

---

escribir schreiben

Partizip Perfekt
escrito

---

estar sein

Indikativ Präsens
estoy estás está estamos estáis están

Konjunktiv Präsens
esté estés esté estemos estéis estén

Pretérito (pg)
estuve estuviste estuvo estuvimos estuvisteis estuvieron

Konjunktiv Imperfekt
estuviera/estuviese

---

freír braten

Partizip Perfekt
frito

Ansonsten gehört es zu den Verben der 3. Gruppe, die den Stammvokal ändern [➤18b(ii),19d].

---

haber haben (als Hilfsverb)

Indikativ Präsens
he has ha hemos habéis han

Konjunktiv Präsens
haya hayas haya hayamos hayáis hayan

Futur I
habré

Pretérito (pg)
hube hubiste hubo hubimos hubisteis hubieron

Konjunktiv Imperfekt
hubiera/hubiese

⚠ Hat es die Bedeutung »es gibt/sind«, gebraucht man in der 3. Person Singular des Indikativs Präsens **hay**. In anderen Tempora verwendet man die normale 3. Person Singular.

---

hacer tun, machen

Indikativ Präsens
hago haces hace hacemos hacéis hacen

Konjunktiv Präsens
haga hagas haga hagamos hagáis hagan

Imperativ (tú), positiv
haz

Futur I
haré

Partizip Perfekt
hecho

Pretérito (pg)
hice hiciste hizo hicimos hicisteis hicieron

Konjunktiv Imperfekt
hiciera/hiciese

---

imprimir »drucken«

Partizip Perfekt
impreso

---

ir gehen

Indikativ Präsens
voy vas va vamos vais van

Konjunktiv Präsens
vaya vayas vaya vayamos vayáis vayan

Imperativ (tú), positiv
ve

Gerundium
yendo

Pretérito
fui fuiste fue fuimos fuisteis fueron

Konjunktiv Imperfekt
fuera/fuese

---

oír hören

Indikativ Präsens
oigo oyes oye oímos oís oyen

Konjunktiv Präsens
oiga oigas oiga oigamos oigáis oigan

Gerundium
oyendo

Pretérito
oí oíste oyó oímos oísteis oyeron

Konjunktiv Imperfekt
oyera/oyese

---

poder können

Indikativ Präsens (sä)
puedo puedes puede podemos podéis pueden

Konjunktiv Präsens (sä)
pueda puedas pueda podamos podáis puedan

Gerundium
pudiendo

Futur I
podré

Pretérito (pg)
pude pudiste pudo pudimos pudisteis pudieron

Konjunktiv Imperfekt
pudiera/pudiese

---

poner stellen, legen, setzen

Indikativ Präsens
pongo pones pone ponemos ponéis ponen

Konjunktiv Präsens
ponga pongas ponga pongamos pongáis pongan

Imperativ (tú), positiv
pon

Futur I
pondré

Partizip Perfekt
puesto

Pretérito (pg)
puse pusiste puso pusimos pusisteis pusieron

Konjunktiv Imperfekt
pusiera/pusiese

Sowie alle mit **poner** zusammengesetzten Verben [➤18e].

---

querer mögen, lieben

Indikativ Präsens (sä)
quiero quieres quiere queremos queréis quieren

Konjunktiv Präsens (sä)
quiera quieras quiera queramos queráis quieran

Futur I
querré

Pretérito (pg)
quise quisiste quiso quisimos quisisteis quisieron

Konjunktiv Imperfekt
quisiera/quisiese

resolver entscheiden; auflösen

Partizip Perfekt
resuelto

Anderweitig gehört es zur 1. Gruppe von Verben, die den Stammvokal ändern.

Das gleiche bei **absolver** »freisprechen; vergeben« und **disolver** »auflösen«.

---

romper (zer)brechen

Partizip Perfekt
roto

---

saber wissen

Indikativ Präsens
sé sabes sabe sabemos sabéis saben

Konjunktiv Präsens
sepa sepas sepa sepamos sepáis sepan

Futur I
sabré

Pretérito (pg)
supe supiste supo supimos supisteis supieron

Konjunktiv Imperfekt
supiera/supiese

---

salir hinausgehen, ausgehen

Indikativ Präsens
salgo sales sale salimos salís salen

Konjunktiv Präsens
salga salgas salga salgamos salgáis salgan

Imperativ (tú), positiv
sal

Futur I
saldré

---

ser sein

Indikativ Präsens
soy eres es somos sois son

Konjunktiv Präsens
sea seas sea seamos seáis sean

Imperativ (tú), positiv
sé

Indikativ Imperfekt
era eras era éramos erais eran

Pretérito
fui fuiste fue fuimos fuisteis fueron

Konjunktiv Imperfekt
fuera/fuese

---

tener haben

Indikativ Präsens (sä)
tengo tienes tiene tenemos tenéis tienen

Konjunktiv Präsens
tenga tengas tenga tengamos tengáis tengan

Imperativ (tú), positiv
ten

Futur I
tendré

Pretérito (pg)
tuve tuviste tuvo tuvimos tuvisteis tuvieron

Konjunktiv Imperfekt
tuviera/tuviese

---

traer bringen

Indikativ Präsens
traigo traes trae traemos traéis traen

Konjunktiv Präsens
traiga traigas traiga traigamos traigáis traigan

Gerundium
trayendo

Pretérito (pg)
traje trajiste trajo trajimos trajisteis trajeron

Konjunktiv Imperfekt
trajera/trajese

---

venir kommen

Indikativ Präsens (sä)
vengo vienes viene venimos venís vienen

Konjunktiv Präsens
venga vengas venga vengamos vengáis vengan

Imperativ (tú), positiv
ven

Gerundium
viniendo

Futur I
vendré

Pretérito (pg)
vine viniste vino vinimos vinisteis vinieron

Konjunktiv Imperfekt
viniera/viniese

Ebenso alle mit **venir** zusammengesetzten Verben [➤18e].

---

ver sehen

Indikativ Präsens
veo ves ve vemos veis ven

Konjunktiv Präsens
vea veas vea veamos veáis vean

Indikativ Imperfekt
veía

Partizip Perfekt
visto

---

volver zurückkehren

Partizip Perfekt
vuelto

Anderweitig gehört es zur 1. Gruppe der Verben, die den Stammvokal ändern [➤18b(ii), 19d].

Ebenso verhalten sich **devolver** »zurückgeben, wiedererstatten«, **envolver** »einwickeln«, **revolver** »wieder umkehren, umdrehen; aufwiegeln«.

D

MENSCHEN, DINGE, VORSTELLUNGEN: NOMEN UND NOMINALPHRASEN

20 Die Dinge beim Namen nennen: Nomen

20a Wozu dient ein Nomen?

Nomen (auch *Substantive* oder *Hauptwörter* genannt) antworten auf die Frage **¿Quién es?** »Wer ist es?« und **¿Qué es?** »Was ist es?«. Sie sind die Namen, mit denen wir alles in der Welt um uns und in unseren Gedanken bezeichnen: Menschen, Tiere, Dinge, Ereignisse, Vorgänge, Ideen.

Mi hija menor estudia *física* en la *universidad.*	Meine jüngste *Tochter* studiert *Physik* an der *Universität.*

20b Mehr Details: die Nominalphrase

Im Gegensatz zum Nomen besteht die Nominalphrase meistens nicht nur aus einem Wort – sie ist sozusagen eine Erweiterung, die zusätzliche Informationen liefert. Die zusätzlichen Wörter oder Wortgruppen, mit denen weitere Informationen vermittelt werden, sind nachstehende:

- Bestimmungswörter [➤21];
- Adjektive und adjektivische Ausdrücke [22];
- Relativsätze [➤5b,23k];
- Präpositionale Ausdrücke [➤25b,c].

Um Wiederholungen zu vermeiden, werden Nomen (und damit auch Nominalphrasen) häufig durch Pronomen ersetzt [➤23].

20c Eigennamen und allgemeine Nomen

Ein *Eigenname* ist der Name eines bestimmten Menschen, Tieres, Ortes oder einer bestimmten Sache. Alle anderen Nomen bezeichnen wir als *allgemeine Nomen*. Allgemeine Nomen werden im Spanischen klein geschrieben; Eigennamen schreibt man groß. Es gibt jedoch einige Ausnahmen:

- Die Namen der Tage, Monate und Jahreszeiten schreibt man *klein*.
- Titel, sofern sie nicht abgekürzt sind, ebenfalls.

Mi hija *Julia* estudia física en la universidad de *Salamanca*. Empezó sus estudios en *octubre*. El *sábado* que viene vamos a visitarla. Su tutora se llama la *señora Calderón*. Es una universidad famosa: la han visitado recientemente los *reyes* de *España*.	Meine Tochter *Julia* studiert Physik an der Universität *Salamanca*. Sie begann ihr Studium im *Oktober*. Nächsten *Samstag* werden wir sie besuchen. Ihre Tutorin heißt *Frau Calderón*. Es ist eine berühmte Universität: vor kurzem wurde sie vom *König und der Königin von Spanien* besucht.

20d Das Geschlecht der Nomen im Spanischen

Das Wort *Geschlecht* bedeutet *Art oder Gattung*. Im Spanischen gibt es nur zwei – *Maskulinum* und *Femininum*. Da die spanische Sprache kein Neutrum kennt, sind alle Nomen entweder maskulin oder feminin, gleichgültig es sich um Lebewesen handelt oder nicht. Das Geschlecht eines Nomens läßt sich oft von seiner Bedeutung oder aufgrund seiner Endung ableiten. Es ist jedoch stets empfehlenswert, als Gedächtnisstütze ein Nomen zusammen mit seinem bestimmten Artikel zu lernen: **el** (maskulin) oder **la** (feminin) [➤21c(i)]. Nachstehende Nomen-Beispiele werden mit ihrem Artikel angegeben.

20e Das Geschlecht der Nomen anhand der Bedeutung

(i) *Allgemeines*

(A) Bei Menschen, Haustieren und einigen anderen geschlechtsspezifischen Nomen sind Männer oder männliche Tiere natürlich maskulin, Frauen und weibliche Tiere feminin.

Maskulin		***Feminin***	
el hombre	der Mann	**la mujer**	die Frau
el hijo	der Sohn	**la hija**	die Tochter
el tío	der Onkel	**la tía**	die Tante
el panadero	der Bäcker	**la panadera**	die Bäckerin
el toro	der Bulle	**la vaca**	die Kuh
el perro	der Hund	**la perra**	die Hündin
el león	der Löwe	**la leona**	die Löwin

Bei den meisten Tieren hat jedoch das spanische Wort keinerlei Bedeutung für ihr Geschlecht.

el ratón	die Maus	**la rata**	die Ratte
el oso	der Bär	**la girafa**	die Giraffe

(B) Obstbäume sind häufig maskulin, ihr Obst jedoch feminin.

el cerezo	der Kirschbaum	**la cereza**	die Kirsche
el manzano	der Apfelbaum	**la manzana**	der Apfel

(ii) Weitere männliche Nomen sind:

(A) Flüsse, Ozeane, Seen, Berge – ungeachtet ihrer Endung: **el Guadiana, el Paraná, el Atlántico, el Caribe, el Titicaca, el Teide**.

(B) Zahlen, Monate und Tage: **un 75 por ciento** »75 Prozent«, **el martes** »Dienstag«, **el próximo octubre** »nächsten Oktober«.

(C) Die als Nomen gebrauchten Infinitive der Verben [➤10a(iii)]: **el fumar es malo para la salud** »(Das) Rauchen ist schlecht für die Gesundheit«.

(iii) Weitere weibliche Nomen sind:

(A) Die Buchstaben des Alphabets: **una g, una m**.

(B) Inseln, denn **la(s) isla(s)** wird vorausgesetzt: **las Canarias** »die Kanarischen Inseln«.

(C) Medizinische Ausdrücke mit der Endung **-osis** oder **-itis**: **la diagnosis** »die Diagnose«, **la apendicitis** »die Blinddarmentzündung«

20f Das Geschlecht der Nomen anhand der Endung

(i) -o maskulin, -a feminin

Sicher ist Ihnen bei vielen der vorstehenden Beispiele aufgefallen, daß Nomen mit der Endung **-o** maskulin und diejenigen mit der Endung **-a** feminin sind. Bei den meisten spanischen Nomen auf **-o** oder **-a** ist dies in der Tat der Fall.

el bolígrafo	der Kuli	**la carta**	der Brief
el brazo	der Arm	**la pierna**	das Bein

⚠ Bei einigen Nomen ändert sich mit der Endung **-o/-a** nicht nur das Geschlecht, sondern auch die Bedeutung.

el libro	das Buch	**la libra**	das Pfund (Sterling und Gewicht)
el puerto	der Hafen	**la puerta**	die Tür
el naranjo	der Orangenbaum [➤20e(i)]	**la naranja**	die Orange

(ii) *Ausnahmen*

Es gibt jedoch auch einige Ausnahmen von der allgemeinen Regel:

(A) Nomen, die auf **-o** enden, jedoch feminin sind.

la foto	das Foto	**la mano**	die Hand
la moto	das Motorrad, der Motorroller	**la radio**	das Radio (in Hispano-Amerika maskulin)

(B) Nomen, die auf **-a** enden, jedoch maskulin sind. Zu dieser Gruppe gehören viele mit der Endung **-ma**.

el anagrama	das Anagramm	**el panorama**	das Panorama
el clima	das Klima	**el pijama**	der Schlafanzug
el crucigrama	das Kreuzworträtsel	**el programa**	das Programm
		el sistema	das System
el drama	das Drama	**el síntoma**	das Symptom
la esquema	das Schema, der Plan	**el telegrama**	das Telegramm
		el tema	das Thema
el fantasma	das Gespenst		

(C) Alle Nomen, die auf **-ista** enden, sind unveränderlich.

el/la ciclista	der/die Radfahrer/in
el/la comunista	der/die Kommunist/in
el/la derechista	der/die Anhänger/in e-r Rechtspartei
el/la futbolista	der/die Fußballspieler/in

Viele dieser Nomen werden auch adjektivisch gebraucht [➤22a].

(D) Nomen, die auf **-cida** enden, sind maskulin.

el insecticida	das Insektenvertilgungsmittel
el suicida	der Selbstmord

(E) Nomen, die auf einen betonten Vokal enden, sind ebenfalls maskulin.

el champú	das Shampoo, Haarwaschmittel
el sofá	das Sofa

(F) Und folgende ebenfalls:

el mapa	die Landkarte
el planeta	der Planet
el tranvía	die Straßenbahn
el yoga	das Yoga

(iii) *Andere Nominalendungen*

Einige andere Endungen können ebenfalls das Geschlecht andeuten.

(A) Maskulin

- Nomen, die auf **-aje** enden:

el aprendizaje	die Lehre/Lehrzeit
el garaje	die Garage
el paisaje	die Landschaft

- Nomen auf **-or**:

el color	die Farbe
el valor	der Wert

Feminin sind jedoch ***la* labor** »die Arbeit, Mühe«, ***la* flor** »die Blume«.

- Zusammengesetzte Nomen:

el parachoques	der Stoßdämpfer
el rascacielos	der Wolkenkratzer

(B) Feminin

- Nomen auf **-ión**:

la estación	der Bahnhof
la misión	die Mission
la revolución	die Revolution

Maskulin sind jedoch ***el* camión** »der Lastwagen«, ***el* avión** »das Flugzeug«, ***el* gorrión** »der Sperling«

- Nomen auf **-dad**, **-tad**, **-tud**:

la bondad	die Güte
la virtud	die Tugend
la voluntad	der Wille

- Nomen auf **-umbre**:

la cumbre	der Gipfel
la incertidumbre	die Ungewißheit

- Nomen auf **-ie**:

la superficie	die Oberfläche

- Nomen auf **-is**:

la crisis	die Krise

Maskulin sind jedoch ***el* análisis** »die Analyse«, ***el* énfasis** »die Betonung«, ***el* écstasis** »die Ekstase« und einige wenige andere.

- Länder und Regionen sind feminin, wenn sie auf ein unbetontes **-a** enden. Anderenfalls sind sie gewöhnlich maskulin.

(la) España	**(la) Argentina**	**(la) Andalucía**	
(el) Canadá	**(el) Méjico**	**(el) Perú**	**(el) Aragón**

Bei Ländern und Regionen wird der Artikel jedoch meistens nicht gebraucht [➤21c(iv)].

20g Eins oder mehrere? Singular oder Plural?

(i) -s, es

Die Regel für die Pluralbildung ist bei den meisten Nomen im Spanischen ganz einfach:

Bei Nomen, die auf einen unbetonten Vokal oder ein betontes **-é** enden, wird der Plural durch Anhängen des Buchstabens **-s** gebildet. Enden sie auf einen Konsonanten oder einen anderen betonten Vokal, wird **-es** angehängt.

Tengo dos *hijas* en *universidades* diferentes. Mis dos *hijos* son *dueños* de varios *cafés*.	Ich habe zwei *Töchter* an verschiedenen *Universitäten*. Meine beiden *Söhne* sind *Eigentümer* mehrerer *Cafés*.

(ii) Ausnahmen

Es gibt jedoch einige Ausnahmen:

(A) Bei Nomen, die auf unbetontes **-es** oder **-is** enden, und zusammengesetzten Nomen [➤3a(i)], die auf **-s** enden, wird gar nichts angehängt.

el lunes	**los lunes**	der Montag/montags
la crisis	**las crisis**	die Krise/Krisen
el rascacielos	**los rascacielos**	der/die Wolkenkratzer

(B) Nachstehende Nomen, die auf einen betonten Vokal enden, hängen ein **-s** an:

la mamá	**las mamás**	Mutti/Muttis
el menú	**los menús**	Menü/Menüs

el papá	**los papás**	Papa/Papas (manchmal auch **los papas** Eltern)
el tisú	**los tisús**	Papiertaschentuch/ Papiertaschentücher

(C) Bei einigen anderen Nomen, die auf einen betonten Vokal enden und durch Anhängen von **-es** korrekt den Plural bilden, hört man im gesprochenen Spanischen oft nur **-s**.

el rubí	**los rubíes/rubís**	der Rubin/die Rubinen

(D) Aus anderen Sprachen in das Spanische importierte Wörter hängen gewöhnlich ungeachtet der Regeln einfach **-s** an.

el barman	**los barmans**	der/die Barkeeper (engl.)
el coñac	**los coñacs**	der/die Cognacs

Wenn aber das Wort dadurch unaussprechbar wird, hängt man **-es** an.

el sandwich	**los sandwiches/ sandwich**	das/die belegte/n Brot/e, Sandwich/es

(iii) Veränderungen der Schreibweise

Bei einigen Nomen kommt es bei der Pluralbildung auch zu einer Veränderung der Schreibweise [➤2c(v)]:

(A) Nomen, die auf **-z** enden, verändern es vor **-es** in **-c**.

una vez	**dos veces**	einmal/zweimal

(B) Nomen mit Akzent auf der letzten Silbe verlieren ihn, wenn **-es** angehängt wird.

el inglés	**los ingleses**	der/die Engländer
la estación	**las estaciones**	der Bahnhof/die Bahnhöfe; die Jahreszeit/en

(C) Nomen, die auf **-en** enden und auf der vorletzten Silbe betont werden, bekommen einen Akzent, wenn **-es** angehängt wird.

el examen	**los exámenes**	die Prüfung/en

(D) Achten Sie auch auf die folgenden beiden Nomen, bei denen sich im Plural die Betonung ändert:

el carácter	**los caracteres**	der Charakter/die Charaktere
el régimen	**los regímenes**	das/die Regime; die Diät/en

20h Als Nomen gebrauchte Adjektive

(i) *Lo + Adjektiv*

Durch Verwendung des Pronomens **lo** [➤23e(ii)] kann ein Adjektiv in ein Nomen verwandelt werden, das die »charakteristische Eigenschaft« des Adjektivs zum Ausdruck bringt. Eigentlich handelt es sich um eine abgekürzte Form von **lo que es** »das was ... ist«.

Lo interesante **es que mis hijas son unas académicas y mis hijos empresarios.** ***Lo importante*** **es que cada uno encuentre un trabajo que le guste.** ***Lo inquietante*** **sería que no lo encontraran/encontrasen.**	*Das Interessante* ist, daß meine Töchter akademisch und meine Söhne unternehmerisch veranlagt sind. *Das Wichtige* ist, daß sie alle eine Arbeit finden, die ihnen Spaß macht. *Beunruhigend (das Beunruhigende)* wäre es, wenn sie keine finden könnten.

(ii) *Los + Adjektiv*

Auf ganz ähnliche Weise kann das Adjektiv auch mit einem Artikel im Plural gebraucht werden, um auf eine Kategorie von Person oder Sache hinzuweisen.

los grandes **y** ***los buenos***	*die Großen* und *die Guten*

(iii) *Farben*

Wird eine Farbe als Nomen gebraucht, so ist sie maskulin.

El rojo **es mi color preferido, pero me gusta también** ***el azul.***	*Rot* ist meine Lieblingsfarbe, doch *Blau* mag ich auch.

N.B. Das Adjektiv kann auch ohne das dazugehörige Nomen gebraucht werden (wenn man erwarten kann, daß es bekannt ist) und muß dann auf es abgestimmt werden.

De estas faldas prefiero ***las rojas*** **a** ***las azules.***	Unter diesen Röcken gefallen mir *die roten* besser als *die blauen.*

20i Aus anderen Wortarten gebildete Nomen

(i) Der als Nomen gebrauchte Infinitiv

Der Infinitiv kann – wie im Deutschen – auch im Spanischen als Nomen gebraucht werden [➤10a(iii)].

***Comer* muchos caramelos es malo para los dientes.**	Viele Süßigkeiten zu essen (das *Essen* vieler Süßigkeiten), ist schlecht für die Zähne.

Häufig wird das substantivierte Verb nach **gustar** »mögen« und **apetecer** »Lust haben auf« [8h(v)] gebraucht.

A mis hijos no les gusta *estudiar*, pero a ambas hijas les apeteció *ir* a la universidad.	Meine Söhne mögen es nicht, zu *studieren*, doch beide Töchter hatten Lust, zur Universität zu *gehen*.

(ii) Abstrakte Nomen

Sie können aus Verben, Adjektiven und sonstigen Nomen gebildet werden, doch hier müssen ein paar feste Regeln genannt werden, die man bei ihrer Bildung beachten sollte.

(A) Es gibt viele Nomen, die auf **-ción** oder **-sión** enden und gewöhnlich eine Handlung oder einen Prozeß angeben, der/die von einem Verb abgeleitet wurde.

crear	schaffen	**la creación**	die Schöpfung
perder	verlieren	**la perdición**	das Verderben, der Untergang
promover	(be)fördern	**la promoción**	die Beförderung
dimitir	ein Amt niederlegen	**la dimisión**	der Rücktritt

(B) Eine weitere Endung, die darauf hinweist, daß das Nomen von einem Verb abstammt, ist **-miento**.

llamar	rufen	**el llamamiento**	der Aufruf
nombrar	(be)nennen	**el nombramiento**	die Ernennung

(C) Von einem Adjektiv oder Nomen abgeleitete Eigenschaften enden häufig auf **-dad**, **-tad** und manchmal auch auf **-tud**.

bueno	gut, lieb	**la bondad**	die Güte
nacional	national, staatlich	**la nacionalidad**	die Staatsangehörigkeit

libre	frei	**la libertad**	die Freiheit
precoz	frühreif	**la precocidad**	die Frühreife

(D) Mit der Endung **-umbre** werden ebenfalls Nomen gebildet.

mucho(s)	viel, viele	**la muchedumbre**	die Menschenmenge
cierto	gewiß	**la certidumbre**	die Gewißheit

(E) Einige bildet man mit der Endung **-ez**.

el niño	das Kind	**la niñez**	die Kindheit
pálido	bleich	**la palidez**	die Blässe

(F) Andere, ähnlich verwendete Endungen sind **-eza**, **-ura**.

bello	schön	**la belleza**	die Schönheit
hermoso	schön	**la hermosura**	die Schönheit

(iii) *Handlungen und Geräusche*

(A) Tier- und andere Geräusche werden meistens mit Hilfe der Endung **-ido** vom entsprechenden Verb abgeleitet.

ladrar	bellen	**el ladrido**	das Gebell
maullar	miauen	**el maullido**	das Miauen
rugir	brüllen	**el rugido**	das Gebrüll
sonar	tönen	**el sonido**	der Ton

(B) Einige von Verben abgeleitete Handlungen enden auf **-ada** oder **-ida**.

ir	gehen	**la ida**	das Gehen, die Hinfahrt
llegar	ankommen	**la llegada**	die Ankunft
parar	anhalten	**la parada**	die Haltestelle
salir	ausgehen; abreisen	**la salida**	der Ausgang; die Abreise

21 Nomen näher bestimmen: Bestimmungswörter

21a *Was sind Bestimmungswörter?*

In älteren Grammatiken werden Sie das Wort *Bestimmungswörter* nicht finden. Es ist jedoch ein sehr nützliches Wort, denn es beschreibt einige der in jeder Sprache am häufigsten gebrauchten Wörter. Im Gegensatz zu normalen Adjektiven beschreiben Bestimmungswörter ein Nomen nicht, sondern stellen es in einen Zusammenhang. Sie geben an, ob die genannten Personen und Dinge bekannt sind oder nicht, (zu) wem sie gehören, wie viele es davon gibt, usw. Bestimmungswörter kommen in einer Nominalphrase als erstes vor und entsprechen in Geschlecht und Zahl dem Nomen. Die meisten Bestimmungswörter haben ein entsprechendes Pronomen, das die ganze Nominalphrase ersetzt [➤20b]. (Zahlwörter gehören ebenfalls zu den Bestimmungswörtern, sie werden jedoch in Kapitel 28 getrennt besprochen.)

21b *Das Fragewort: »welch-«?*

Dieses Fragewort wird in Abschnitt ➤6d(iii) aufgeführt.

¿En *qué* universidad estudia su otra hija?	An *welcher* Universität studiert Ihre andere Tochter?

21c *Bereits bekannt: der bestimmte Artikel »der/die/das«*

Wenn der bestimmte Artikel gebraucht wird, wissen wir ganz genau, auf was sich das Nomen bezieht, da es bereits vorher genannt wurde oder genau definiert oder offensichtlich ist. Gehört auch ein Adjektiv dazu, so antwortet der Ausdruck auf die Frage **¿qué?** »welch-« [➤6d(iii)].

(i) el los la las

Im Spanischen gibt es vier Formen des bestimmten Artikels:
Maskulin Singular (**el**) und Plural (**los**),
Feminin Singular (**la**) und Plural (**las**).

***Los* hijos trabajan en Valladolid, *el* menor en *el* centro y *el* mayor en *las* afueras; *las* hijas están en *la* universidad de Salamanca.**	*Die* Söhne arbeiten in Valladolid, *der* jüngere im (in *dem*) Zentrum und *der* ältere in *den* Außenbezirken; *die* Töchter sind an *der* Universität von Salamanca.

(ii) ***el*** *+ feminine Nomen mit betontem* ***a-*** *oder* ***ha-*** *am Wortanfang*

Für feminine Nomen, die im Singular mit betontem **a-** oder **ha-** beginnen, wird aus Gründen der Aussprache der maskuline Artikel **el** gebraucht.

Salamanca es hermosa, ¡aunque *el agua* del río Tormes no es muy clara!	Salamanca ist schön, doch *das Wasser* des Tormes ist nicht besonders sauber!

(iii) ***al*** *und* ***del***

Geht dem Nomen die Präposition **a** »an, nach« oder **de** »von, aus« voraus, so bildet das maskuline **el** des Singulars mit ihnen die zusammengesetzten Formen **al** und **del.**

(iv) Weglassen des bestimmten Artikels

Der bestimmte Artikel wird in folgenden Fällen weggelassen:

(A) Wenn nach dem Namen eines Papstes, Königs, usw. eine Zahl steht. (Im Deutschen muß man den Artikel verwenden).

El rey actual de España es *Juan Carlos primero.*	Der augenblickliche König von Spanien ist *Juan Carlos der Erste.*

(B) Bei den meisten Ländernamen, sofern sie nicht durch ein Adjektiv [➤21c(iii)] näher bestimmt werden.

Hoy en día *España* es muy distinta de *la España del siglo XIX.*	*Spanien* ist heute sehr verschieden *vom Spanien des XIX. Jahrhunderts.*

In einigen lateinamerikanischen Ländern wird der Artikel gebraucht, **el Perú** zum Beispiel. Doch immer häufiger wird der

Artikel auch weggelassen. Man hört häufig sogar **Estados Unidos** ohne das davorstehende **los**. Streng genommen sollte jedoch jedes Land, dessen Name »zusammengesetzt« ist, einen Artikel haben.

(C) Wenn das Nomen in einer Apposition [➤3c] verwendet wird, gebraucht man normalerweise (auch hier anders als im Deutschen) ebenfalls keinen Artikel.

Lima, *capital* de Perú	Lima, *die Hauptstadt* von Peru.

(v) *Gebrauch des bestimmten Artikels*

Im Spanischen wird der bestimmte Artikel gebraucht:

(A) Zur Verallgemeinerung, wenn man sich zum Beispiel auf die Gesamtheit einer bestimmten Gruppe bezieht, oder wenn das Nomen einen abstrakten Gedanken ausdrückt.

***Los españoles* son famosos por la acogida que dan a *los extranjeros.* Para ellos *la amistad* es importante.**	*Die Spanier* sind berühmt für die freundliche Aufnahme, die sie *Fremden* zuteil werden lassen. *Freundschaft* ist für sie sehr wichtig.

(B) Bei der Bezugnahme auf Titel, wenn man von der betroffenen Person spricht, jedoch nicht wenn man sie direkt anspricht.

Buenos días, *señora* Ramírez. Veo que *el rey* Juan Carlos y *el presidente* Felipe González van a visitar esta ciudad este año.	Guten Tag, *Frau* Ramirez. Ich sehe, daß *König Juan Carlos* und *Präsident Felipe González* dieses Jahr diese Stadt besuchen werden.

(C) Bei Eigennamen [➤20c], wenn sie durch ein Adjektiv näher bestimmt werden.

Mi hija Isabel es un buen ejemplo para *la joven Carmencita.*	Meine Tochter Isabel ist für *die junge Carmencita* ein gutes Beispiel.

(D) Bei der Bezugnahme auf Körperteile und Kleidungsstücke, besonders wenn die betroffene Person das indirekte Objekt des Verbs ist [➤8f(iii),21g(vi)].

Abre *la boca*. Te voy a examinar *la dentadura*.	Mach *den Mund* auf (Öffne *den Mund*). Ich möchte *deine Zähne* nachsehen.

(E) Zum Ausdruck von Prozentzahlen. Hier kann jedoch auch der unbestimmte Artikel **un** [➤21e] gebraucht werden.

***El/un 90 por ciento* de los que van al dentista tienen que ser atendidos.**	*Neunzig Prozent* aller (Menschen), die den Zahnarzt aufsuchen, müssen behandelt werden.

(F) Zum Ausdruck von Maßen und Gewichten. Im Deutschen verwendet man stattdessen meistens *pro* (*pro* Kilo, Liter, usw.).

Los tomates están a 100 pesetas *el* kilo.	Die Tomaten kosten 100 Peseten *pro (das)* Kilo.

(G) Zum Ausdruck eines bestimmten Tages oder Datums [➤30c].

Tengo que ir al dentista *el nueve* de enero. No trabaja *los sábados*.	Ich muß *am neunten Januar* zum Zahnarzt (gehen). Er arbeitet *samstags* nicht.

(H) Zusammen mit **de**, um Besitz auszudrücken [➤23j(ii)].

Mi casa y *la de mi hermano*.	Mein Haus und *das meines Bruders* (=das Haus *von* meinem Bruder).

21d Zeigen und Hinweisen: die demonstrativen Bestimmungswörter »dies« und »das«

Demonstrative Bestimmungswörter werden ähnlich wie ausdrucksstarke bestimmte Artikel gebraucht. Sie beziehen sich auf etwas ganz Spezifisches und weisen gewöhnlich auch darauf hin, ob sich etwas (zeitlich oder örtlich) in der Nähe oder weit vom Sprechenden entfernt befindet. Im Spanischen gibt es drei demonstrative Bestimmungswörter:

- **este** *dies* (in der Nähe des Sprechers)
- **ese** *jenes/das* (in der Nähe der angesprochenen Person)

- **aquel** *jenes/das dort drüben* (vom Sprecher und der angesprochenen Person entfernt).

Maskulin

este libro	dieses Buch
estos libros	diese Bücher
ese libro	jenes Buch
esos libros	jene Bücher (in Ihrer/deiner Nähe)
aquel libro	jenes Buch
aquellos libros	jene Bücher (dort drüben)

Feminin

esta revista	diese Zeitschrift
estas revistas	diese Zeitschriften
esa revista	jene Zeitschrift
esas revistas	jene Zeitschriften (in Ihrer/deiner Nähe)
aquella revista	jene Zeitschrift
aquellas revistas	jene Zeitschriften (dort drüben)

Quisiera una botella de *este* vino, dos botellas de *esa* cerveza, y ¿cuánto cuesta *aquella* sidra?	Ich möchte eine Flasche von *diesem* Wein, zwei Flaschen von *jenem* Bier (in Ihrer Nähe), und was kostet *der* (*jener*) Apfelwein (dort drüben)?
Póngame un kilo de *estos* tomates, medio kilo de *esas* cebollas y de *aquellas* uvas.	Geben Sie mir ein Kilo von *diesen* Tomaten, ein halbes Kilo von *jenen* Zwiebeln (in Ihrer Nähe) und von *den* (*jenen*) Trauben (dort drüben).

Aquel wird auch gebraucht, um auszudrücken, daß etwas schon sehr lange zurückliegt.

¿Los años treinta? ¡En *aquella* época yo ni siquiera había nacido!	Die dreißiger Jahre? Zu *jener* Zeit war ich noch nicht einmal geboren!

Demonstrativ*pronomen* und ihr Gebrauch zum Ausdruck von *»der/die/das erstere«* und *»der/die/das letztere«* werden in Abschnitt 23h beschrieben.

21e *Unbekannte Personen und Dinge: der unbestimmte Artikel »ein-«*

Wenn der unbestimmte Artikel verwendet wird, wissen wir, um was für eine Art von Person oder Sache es sich handelt, jedoch nicht genau um wen oder was. Enthält der Ausdruck auch ein Adjektiv, so antwortet er auf die Frage **¿qué tipo/clase de...?** »was für ein...?« [➤6d(iv)].

(i) *Un una*

Der unbestimmte Artikel im Spanischen ist **un** für maskuline und **una** für feminine Nomen.

Acabo de comprar *un* periódico y *una* revista.	Ich habe gerade *eine* Zeitung und *eine* Zeitschrift gekauft.

Hier gilt die gleiche Regel wie für den bestimmten Artikel [➤21c(ii)]: Vor femininen Nomen, die im Singular mit betontem **a-** oder **ha-** beginnen, wird die maskuline Form gebraucht.

Para cortar el árbol necesitamos *un hacha.*	Um den Baum zu fällen, brauchen wir *eine Axt.*

(ii) *Weglassen des unbestimmten Artikels*

Der unbestimmte Artikel steht im Spanischen im allgemeinen dort, wo er auch im Deutschen verwendet wird. Doch es gibt eine Reihe von Situationen, wo man ihn nicht gebraucht.

(A) Nach **ser** »sein«, **hacerse** »werden«, **sentirse** »sich fühlen«, usw. mit ergänzendem Nomen zum Ausdruck von Berufsbezeichnung, Rang, Stand oder Staatsangehörigkeit. Wird dieses Nomen jedoch durch ein Adjektiv oder einen sonstigen Ausdruck näher bestimmt, muß der unbestimmte Artikel doch gebraucht werden.

Mi hija quiere *hacerse abogada.* Su novio *es portugués. Es político.*	Meine Tochter möchte *Anwältin werden.* Ihr Verlobter *ist Portugiese.* Er ist *Politiker.*

Mi hija quiere *hacerse una abogada famosa.* Su novio es *un portugués muy simpático. Es un político de tendencias liberales.*	Meine Tochter möchte *eine berühmte Anwältin werden.* Ihr Verlobter *ist ein sehr netter Portugiese.* Er ist *ein Politiker mit liberalen Neigungen.*

(B) Vor dem direkten Objekt von **tener**, **llevar**, **comprar**, **sacar**, **hay** und ähnlichen Verben wird der unbestimmte Artikel ebenfalls häufig weggelassen.

¿Hay *problema?* – No, ahora que tengo coche ¡hay *solución!*	Gibt es *ein Problem* (Probleme)? – Nein, jetzt wo ich *ein Auto* habe, gibt es *eine Lösung* (ist die Lösung gefunden)!

(C) Nach **ser**.

***Es cuestión* de saber dónde comprarlo.**	*Die Frage ist*, zu wissen, wo man eines kauft.

(D) Gewöhnlich vor dem Objekt eines verneinten Verbs.

***No tengo coche* y *no veo posibilidad* de tenerlo.**	Ich *habe kein Auto* und *sehe* auch *keine Möglichkeit* dazu (eines zu haben).

(E) Oft bei der Apposition [➤4c].

Granada, *ciudad histórica* del sur de España	Granada, *eine historische Stadt* im Süden Spaniens

(F) Gewöhnlich auch nach **sin** »ohne« und oft nach **como** »wie« und **con** »mit«.

Estaba con abrigo* pero *sin sombrero.	*Er kam mit Mantel* aber *ohne Hut.*

(G) Nach **¡qué...!** »was für ein.../wie...!« in Ausrufen und vor **tal** »so ein/solch ein...«, **medio** »ein- halb-«, **otro** »ein ander-« und gewöhnlich auch vor **cierto** »ein- gewiß-«.

¡*Qué rollo!* Tenían *medio kilo* de aquel queso, pero yo quería *otro tipo*. Hay *cierto tipo* que me gusta. Nunca he tenido *tal problema* para conseguirlo.	*Wie dumm nur!* Sie hatten *ein halbes Kilo* von jenem Käse, doch ich wollte *eine andere Sorte*. Es gibt *eine bestimmte Sorte* Käse, die mir schmeckt. Ich hatte noch nie *so ein Problem*, ihn zu bekommen.

21f *Wieviel? Wie viele?: unbestimmte (quantifizierende) Bestimmungswörter: »einige, »alle«, usw.*

Wie auch beim unbestimmten Artikel bezeichnen diese Bestimmungswörter eine Person oder Sache ganz allgemein, auf unbestimmte Weise. Sie weisen auf eine Gesamtheit (oder das Gegenteil davon) hin oder drücken auf unbestimmte Weise eine beschränkte Anzahl oder einen Teil davon aus.

(i) Alguno

• *Irgendein* wird im Spanischen durch **alguno** ausgedrückt, das sowohl im Singular als auch im Plural vorkommt und sich bei adjektivischem Gebrauch in Geschlecht und Zahl nach dem Nomen richtet [➤22a(i)]. Man gebraucht es als Bestimmungswort und auch als Pronomen. Achten Sie darauf, daß die maskuline Form im Singular vor einem Nomen zu **algún** verkürzt wird.

Tendremos que consultar *algún* diccionario de español.	Wir werden *irgendein* spanisches Wörterbuch zu Rat ziehen müssen.

• Eine weitere Möglichkeit zum Ausdruck von *irgendein* ist im Spanischen der unbestimmte Artikel im Plural **unos/unas**. Hier ist jedoch die Betonung der Unbestimmtheit nicht ganz so stark und die Bedeutung ist eher *einige/ein paar* [➤21f(ix)].

Hay *unos* diccionarios en la biblioteca.	In der Bücherei gibt es *irgendwelche (ein paar)* Wörterbücher.

• Will man den Gedanken *irgendein* oder *irgendetwas* nicht besonders betonen sondern lediglich die unbestimmte Menge einer Sache oder eines Produkts ausdrücken, gebraucht man kein Bestimmungswort.

¿*Tienen diccionarios de español* en la biblioteca? ¿Qué desea Vd? – Quiero *pan, mantequilla, queso y vino*, por favor. ¿Hay vino de Rioja?	*Haben sie spanische Wörterbücher* in der Bücherei? Was möchten Sie? – Ich möchte *Brot, Butter, Käse und Wein* bitte. Haben Sie Rioja?

• Zum Ausdruck von *irgendein/irgendwer* im weitesten Sinne (*x-beliebig*) gebraucht man **cualquier**.

Lo encontrarás en *cualquier* diccionario.	Du wirst es in jedem *x-beliebigen* Wörterbuch finden.

(ii) *Ninguno*

Zum Ausdruck von *kein*, *keiner*, *niemand* gebraucht man im Spanischen **ninguno**. Hier handelt es sich um die negative Form von **alguno** (siehe Abschnitt (i) vorstehend). Es richtet sich in Geschlecht und Zahl ebenfalls nach dem darauffolgenden Nomen, ist jedoch im Plural nicht gebräuchlich. Wie bei allen verneinten Wörtern, die auf das Verb folgen, muß auch hier die zusätzliche Verneinung **no** vor das Verb gestellt werden.

***Ningún diccionario* es tan bueno como éste. ¿Diccionarios en la biblioteca? No tengo *ninguna idea*. No hay *ningún diccionario* que sirva.**	*Kein Wörterbuch* ist so gut wie dieses. Wörterbücher in der Bücherei? Ich habe *keine Ahnung*. Es gibt *kein Wörterbuch*, das zu irgendetwas nützt.

• Will man den Gedanken einer negativen unbestimmten Menge einer Sache oder eines Produkts nicht besonders betonen, wird auch hier kein unbestimmtes Bestimmungswort verwendet.

Lo siento, pero *no* tenemos *mantequilla*.	Es tut mir leid, wir haben *keine Butter*.

• Andererseits jedoch kann das Negativum durch die Verwendung von **alguno** nach dem Nomen noch verstärkt werden.

No encontré diccionario *alguno*.	Ich konnte *überhaupt kein* Wörterbuch finden.

(iii) Todo

Zum Ausdruck von *ganz*, *jede/r/s*, *alle* gebraucht man **todo**.

***Todos* nuestros vinos son de Jumilla.**	*Alle* unsere Weine kommen aus Jumilla.
He estado *todo* el día en la biblioteca.	Ich war den *ganzen* Tag in der Bücherei.

- **Todo** + Nomen im Singular bedeutet *jede/r/s* (im Sinne von *alle*).

***Todo diccionario* es propiedad de la biblioteca.**	*Jedes* Wörterbuch ist (*alle* ... sind) Eigentum der Bücherei.

(iv) Cada

Zum Ausdruck von *jede/r/s (einzelne)* wird **cada** gebraucht. Dieses Bestimmungswort ist unveränderlich und wird von einem Nomen im Singular gefolgt.

***Cada* día voy a la bibioteca.**	Ich gehe *jeden* Tag in die Bücherei.
He buscado *cada* palabra que no entendía.	Ich habe *jedes* Wort, das ich nicht verstand, nachgeschlagen.

(v) Ambos/ambas, los/las dos

Zum Ausdruck von *beide* kann man im Spanischen entweder **ambos/ambas** oder **los/las dos** gebrauchen.

***Ambos* diccionarios son buenos.** ***Los dos* diccionarios son buenos.**	*Beide* Wörterbücher sind gut.

(vi) Mucho

Mucho hat die üblichen adjektivischen Formen und bedeutet *viel*, *viele*, *eine Menge*.

Hay *mucho* trabajo que hacer y *muchas* palabras españolas que no conozco.	Es gibt *eine Menge* Arbeit (zu tun) und *viele* spanische Wörter, die ich nicht kenne.

(vii) Demasiado

Demasiado bedeutet *zu sehr*, *allzusehr*, *(all)zuviel*.

Hay *demasiados* estudiantes en la biblioteca.	In der Bücherei sind *viel zu viele* Studenten.

• **Demasiado** ist jedoch außerdem auch ein unveränderliches Adverb und bedeutet dann *viel zu* [➤26b],27b(ii)].

Este trabajo es *demasiado* difícil.	Diese Arbeit ist *viel zu* schwierig.

(viii) Varios

Varios/varias bedeutet *mehrere* und steht natürlich immer im Plural.

Utilizo *varios* diccionarios.	Ich verwende *mehrere* Wörterbücher.

(ix) Poco

Poco bedeutet *nicht viel*, *wenig*, *einige wenige* und richtet sich ebenfalls in Geschlecht und Zahl nach dem folgenden Subjekt. Es ist das Gegenteil von **mucho** und wird auf gleiche Weise gebraucht.

Hay *pocos* buenos diccionarios en esta biblioteca.	In dieser Bücherei gibt es *wenige* gute Wörterbücher.
Tengo *poco* trabajo que hacer.	Ich habe *wenig* zu arbeiten (*nicht viel* zu arbeiten).

(Im Spanischen wird der Gebrauch von **poco** vorgezogen – im Deutschen würde man vorzugsweise wahrscheinlich *nicht viel* sagen).

Achten Sie auf den Unterschied zwischen **poco**, das eine negative Bedeutung hat (*nicht viel*), und **un poco de** [➤23i(i)] und **unos pocos** mit der sehr viel positiveren Bedeutung *ein bißchen* und *ein paar.*

Encontré *pocos* diccionarios en la biblioteca.	Ich fand (nur) *wenige* Wörterbücher in der Bücherei.
Encontré *unos pocos* diccionarios en la biblioteca.	Ich fand *ein paar* Wörterbücher in der Bücherei.
Se encuentra *poca ayuda* en la biblioteca.	In der Bücherei bekommt man (nur) *wenig* Hilfe.
Hoy me dieron *un poco de* ayuda.	Heute halfen sie mir *ein bißchen.* [➤23i(i)]

(x) *Tanto*

Tanto/tantos bedeutet *so viel, so viele.*

Hay *tantas palabras* que aprender.	Man muß *so viele Wörter* lernen.

(ix) *Más* und *menos*

Más ist *mehr* und **menos** ist *weniger.* Beide sind unveränderlich, das heißt, es müssen keine Endungen angehängt werden, und ihr Gebrauch verursacht kaum Probleme. *Immer mehr* und *immer weniger* werden im Spanischen durch **cada vez más/cada vez menos** ausgedrückt.

Me hacen falta *más* días libres y *menos* trabajo, porque estudio *cada vez más.*	Ich brauche *mehr* freie Tage und *weniger* Arbeit, denn ich studiere (lerne) *immer mehr.*

Schlagen Sie bitte in Abschnitt 22d(i) über den weiteren Gebrauch von **más/menos** nach.

Je mehr (weniger)...je..., je mehr (weniger)...umso... wird im Spanischen durch **cuanto más (menos)... más (menos)** ausgedrückt.

***Cuantos más diccionarios* busco, *menos* encuentro.**	*Je mehr Wörterbücher* ich suche, *umso weniger* finde ich.

21g Zugehörigkeit: die possessiven Bestimmungswörter

Possessive Bestimmungswörter zeigen an, daß das Nomen jemandem oder etwas *gehört*. Wie im Deutschen richtet sich ihre Form nach dem *Besitzer*, ihr Geschlecht und ihre Zahl jedoch nach der *besessenen Sache*. Dabei verstehen sich die Wörter *gehören* und *besitzen* im weitesten Sinn, denn possessive Bestimmungswörter beschreiben eine Vielzahl von Beziehungen zwischen Menschen und Dingen, wie zum Beispiel *deine Familie, meine Heimatstadt, ihre Mitglieder.*

(i) Possessive Bestimmungswörter: Kurzform

Besitzer	***Singular***	***Plural***
mein	**mi**	**mis**
dein	**tu**	**tus**
sein m.	**su**	**sus**
ihr f.	**su**	**sus**
sein n.	**su**	**sus**
Ihr (**Vd**)	**su**	**sus**
unser	**nuestro/a**	**nuestros/as**
euer	**vuestro/a**	**vuestros/as**
ihr	**su**	**sus**
Ihr (**Vds**)	**su**	**sus**

Toda *mi familia* vive en esta región, *mis tíos, mis primos*, y *mis hermanos.*	*Meine* ganze *Familie* wohnt in dieser Gegend: *meine Onkel* und *Tanten, Vettern* (und *Kusinen*) und *Geschwister.*
***Mi marido* es de Andalucía. *Su hermana* vive aquí también, pero *sus padres* viven en el sur.**	*Mein Mann* ist aus Andalusien. *Seine Schwester* lebt auch hier, aber *seine Eltern* leben im Süden.

(ii) Dein/euer/Ihr

Die spanische Sprache macht den gleichen Unterschied zwischen vertrauter (**tú**) und formeller Anrede (**Sie**) wie die deutsche.

¿Has escrito recientemente a *tus* padres?	Hast du in letzter Zeit an *deine* Eltern geschrieben?

¿Habéis escrito recientemente a *vuestros* padres?	Habt ihr in letzter Zeit an *eure* Eltern geschrieben?
¿Ha escrito Vd recientemente a *sus* hijos?	Haben Sie (Sing.) in letzter Zeit an *Ihre* Kinder geschrieben?
¿Han escrito Vds recientemente a *sus* hijos?	Haben Sie (Plur.) in letzter Zeit an *Ihre* Kinder geschrieben?

(iii) *Su sus*

Achten Sie darauf, daß **su** und **sus** viele Bedeutungen haben kann – *sein, ihr, Ihr* (**Vd** + **Vds**) – und daß die *Plural*form **sus** bei besessenen Sachen verwendet wird.

Su hijo kann daher *sein* (m.), *ihr* (f.) Sohn aber auch *Ihr/ihr* (**Vd/Vds** und Plural) Sohn bedeuten – d.h. nur *ein* Sohn, wem immer er gehören mag!

Sus hijos kann *seine* (m.), *ihre* (f.) Söhne aber auch *Ihre/ihre* (**Vd/Vds** und Plural) Söhne bedeuten: zwei oder mehr *Söhne*, egal wem sie gehören!

(iv) *Vermeidung von Unklarheiten*

Es stellt sich ganz offensichtlich die Frage: Führt dies nicht zumindest zu Unklarheit und im schlimmsten Fall zu völliger Verwirrung? Wem gehört also was?

Tatsächlich kommt das nicht sehr häufig vor, denn gewöhnlich ist der Sinn aus dem Zusammenhang klar zu erkennen.

El señor Alonso escribe a *su* hijo.	Herr Alonso schreibt an *seinen* Sohn.
La señora Alonso escribe a *su* hijo.	Frau Alonso schreibt an *ihren* Sohn.
Los Alonso escriben a *su* hijo.	Die Alonsos schreiben an *ihren* Sohn.
Señor Alonso, ¿cuándo va Vd a escribir a *su* hijo?	Herr Alonso, wann werden Sie an *Ihren* Sohn schreiben?
¿Cuándo van Vds a escribir a *su* hijo?	Wann werden Sie (beide) an *Ihren* Sohn schreiben?

(v) **de** + *unverbundenes Pronomen*

Wenn nicht klar ist, wer der korrekte »Besitzer« ist, wird zu der »besessenen« Person oder Sache **de** + unverbundenes Pronomen [➤23f(v)] hinzugefügt. In diesem Fall wird das Possessivum **su/sus** gewöhnlich durch den bestimmten Artikel ersetzt [➤21c], denn es ist jetzt überflüssig geworden.

¿Cuándo van Vds a escribir a *su hijo?* **¿Cuándo van Vds a escribir *al hijo de ella?***	Wann werden Sie an *ihren Sohn (den Sohn von ihr)* schreiben?

Im ersten Beispiel könnten Sie nur dann wissen, daß **su** sich auf *ihren* Sohn – den Sohn einer Frau – bezieht, wenn Sie sich bereits mit der betreffenden Dame unterhalten haben. Anderenfalls würde **su** *Ihren* (**Vds**) Sohn bedeuten. Im zweiten Satz wird klargestellt, daß es der Sohn *von ihr* ist.

El señor Alonso va a escribir a *su hijo.* **El señor Alonso va a escribir *al hijo de Vds.***	Herr Alonso wird *an Ihren Sohn* schreiben *(den Sohn von Ihnen).*

Auch hier wieder ließe sich im ersten Beispiel lediglich aus dem Zusammenhang erkennen, daß **su** sich nicht auf *seinen* sondern auf *Ihren* (**Vds**) Sohn bezieht. In der zweiten Fassung wird diese Unklarheit beseitigt.

(iv) *Körperteile und Kleidung*

Bei der Bezugnahme auf Körperteile oder Kleidung wird im Spanischen wie im Deutschen normalerweise kein possessives Bestimmungswort gebraucht, wenn das indirekte Objektpronomen den Eigentümer identifiziert [➤8f(iii), 23b(iii)].

Le* estreché *la mano.	Ich schüttelte *ihr/ihm die Hand.*

(vii) *Possessive Bestimmungswörter: Langform:* ***mío****, usw.*

Diese Form (ohne den bestimmten Artikel) kann ebenfalls als Bestimmungswort gebraucht werden.

mío	**mía**	**míos**	**mías**	mein
tuyo	**tuya**	**tuyos**	**tuyas**	dein
suyo	**suya**	**suyos**	**suyas**	Ihr (**Vd**)
suyo	**suya**	**suyos**	**suyas**	sein/ihr
nuestro	**nuestra**	**nuestros**	**nuestras**	unser

vuestro	**vuestra**	**vuestros**	**vuestras**	euer
suyo	**suya**	**suyos**	**suyas**	Ihr (**Vds**)
suyo	**suya**	**suyos**	**suyas**	ihr (Pl.)

(A) Nach **ser**, um Besitz auszudrücken.

Esta no es *nuestra*. Tiene que ser *suya*.	Dieser gehört *uns* nicht (ist nicht *unserer*): er muß *Ihnen* gehören (der *Ihrige* sein).
Estas maletas son *mías* y creo que las otras son *suyas*, ¿no?	Diese Koffer gehören *mir* (sind *meine*) und ich glaube, die anderen gehören *Ihnen*, nicht wahr?

(B) Nach dem Nomen im Sinne von *von mir*, *von ihnen*, usw. in Ausdrücken wie:

Son *unos amigos nuestros*.	Es sind *Freunde von uns* (Sie sind *Freunde von uns*).

N.B. Kann der korrekte »Besitzer« nicht vorausgesetzt werden, wird **de** + unverbundenes Pronomen wie in (v) vorstehend gebraucht.

Estas maletas son mías, y creo que las otras son *de Vds*, ¿no?	Diese Koffer gehören *mir* und ich glaube, die anderen gehören *Ihnen* (sind die *von Ihnen*), nicht wahr?

22 Nomen beschreiben: Adjektive

22a *Was tun Adjektive?*

Adjektive beschreiben Nominalphrasen. Sie können entweder als Teil eines Ausdrucks, der ein Nomen [➤22b] enthält (also *attributiv*), oder im Prädikat des Satzes [➤22c] (daher *prädikativ*) gebraucht werden.

(i) *Angleichen der Adjektive*

Im Spanischen müssen Adjektive in Geschlecht und Zahl mit dem Nomen oder den Nomen, die sie beschreiben, übereinstimmen.

(A) Die zahlreichen Adjektive, die auf **-o** enden, besitzen vier Formen: maskulin Singular und Plural, feminin Singular und Plural.

***un* periódico nuevo**	eine neue Zeitung
periódicos nuevos	neue Zeitungen
***una* revista nueva**	eine neue Zeitschrift
revistas nuevas	neue Zeitschriften

(B) Viele Ajektive, die auf einen Konsonanten oder auf **-e** enden, besitzen keine gesonderte weibliche Form und nur eine Pluralform. An Adjektive, die auf **-e** enden, wird einfach **-s** angehängt.

un techo verd*e*	ein grünes Dach	**techos verde*s***	grüne Dächer
una pared verd*e*	eine grüne Wand	**paredes verde*s***	grüne Wände

An Adjektive, die auf einen Konsonanten enden, wird **-es** angehängt.

un techo azu*l*	ein blaues Dach	**techos azul*es***	blaue Dächer
una pared azu*l*	eine blaue Wand	**paredes azul*es***	blaue Wände

Adjektive, die Staatsangehörigkeit oder eine Region beschreiben, besitzen eine feminine Form sowie Singular und Plural, und werden (wie im Deutschen) klein geschrieben [➤2c(vi)].

un pueblo francés	ein französisches Dorf
pueblos frances*es*	französische Dörfer
una ciudad frances*a*	eine französische Stadt
ciudades frances*as*	französische Städte

Sevilla y Córdoba son *ciudades andaluzas.*	Sevilla und Córdoba sind *andalusische Städte.*

Adjektive auf **-or**, wie auch solche auf **-án**, **-ón** und **-ín,** besitzen ebenfalls eine weibliche Form.

Elvira es una mujer *mandona, charlatana,* pero puede ser *encantadora.*	Elvira ist eine *rechthaberische, geschwätzige* Frau, sie kann aber auch *charmant* sein.

(ii) *Angleichen der Adjektive: Ausnahmen*

(A) *Vergleichende* Adjektive: Bei ihnen wird im Plural einfach **-es** angehängt.

anterior	vorhergehend, früher; vorig
exterior	äußere(r), äußerlich, außerhalb
inferior	untere(r), geringer, minderwertig
interior	innere(r), innerlich
mayor	größer, höher, älter
mejor	besser
menor	kleiner, geringer, jünger
peor	schlimmer, schlechter
posterior	darauffolgend, später, hinter
superior	höher, höchst, hervorragend
ulterior	jenseitig, ferner, sonstig, später

Esta es una de *las mejores películas españolas* – mucho mejor que *las anteriores.*	Dies ist einer der *besten spanischen Filme* – viel besser als die *vorhergehenden.*

(B) Adjektive auf **-a**, z.B. **belga** »belgisch«, und auf **-ista** [➤20f(ii)] enden in der maskulinen Form *nicht* auf **-o**.

El Partido *Socialista*	Die *sozialistische* Partei

Farben, die vom Namen einer Blume oder Frucht abgeleitet sind, werden nicht verändert.

El piso tiene alfombras violeta y paredes rosa.	Die Wohnung hat *violette* Teppiche und *rosa* Wände.

- ➤ Als Nomen gebrauchte Adjektive: die *Großen* und die *Guten* [➤20h].
- ➤ Aus Adjektiven gebildete Adverbien: Ein *geschickter* Schriftsteller schreibt *geschickt* [➤26b(i)].

22b Begleiter des Nomens: attributive Adjektive

Attributive Adjektive sind Teil des gleichen Ausdrucks wie ein Nomen, obwohl das Nomen manchmal auch einfach weggelassen wird, wenn offensichtlich ist, auf was man sich bezieht [➤22b(v)].

(i) Normale Adjektivstellung

Im Spanischen folgen die Adjektive gewöhnlich dem Nomen.

Preferimos el *vino tinto*, sobre todo si es un *vino riojano*.	Wir ziehen *roten Wein* vor, besonders wenn sich um einen *Rioja* (Wein) handelt.

Einige häufig vorkommende Adjektive gehen jedoch oft auch dem Nomen voraus. Zu dieser Gruppe gehören speziell **bueno** »gut« und **malo** »schlecht«.

⚠ Folgende Adjektive werden verkürzt, wenn sie vor einem *maskulinen* Nomen im *Singular* stehen. **Grande** wird vor *jedem* Nomen im Singular verkürzt.

alguno	**algún**	irgendein-
bueno	**buen**	gut
grande	**gran**	groß, großartig, bedeutend
malo	**mal**	schlecht
ninguno	**ningún**	kein-
primero	**primer**	erst- [➤28b(i)]
tercero	**tercer**	dritt-
Santo	**San**	Sankt [➤20c]

(**San** ist streng genommen ein Titel, also ein Nomen, nimmt jedoch die gleiche Verkürzung vor und wurde daher hier mit einbezogen.)

La Rioja es una *gran* región, una de las *grandes* regiones vinícolas de España. El *primer* vino es un *buen* ejemplo de *algún* intento de aumentar la producción.	Rioja ist eine *großartige* Region, eine der *bedeutenden* Weinregionen Spaniens. Der *erste* Wein ist ein gutes Beispiel für *einen* Versuch, die Produktion zu steigern.

(ii) Adjektive, die je nach Stellung ihre Bedeutung verändern

Einige Adjektive haben eine andere Bedeutung, je nachdem, ob sie dem Nomen vorausgehen oder folgen.

	Vorgestellt	**Nachgestellt**
antiguo	ehemalig, alt	alt, bejahrt
bueno	liebenswürdig, gut	gut
cierto	(ein) gewisser	gewiß, sicher
diferente	verschieden	unterschiedlich, abweichend
grande	groß, bedeutend	groß (im Ausmaß)
medio	halb	durchschnittlich
pobre	arm, elend	arm (ohne Geld)
varios	mehrere	verschieden

Por *diferentes razones* hay *cierto sabor* que distingue un *vino bueno.*	Es gibt aus *verschiedenen Gründen* einen *bestimmten (gewissen) Geschmack,* der einen *guten Wein* ausmacht.
Por desgracia, un *hombre pobre* como yo tiene que beber *vino malo.*	Leider muß ein *armer Mann* wie ich *schlechten Wein* trinken.

(iii) Adjektive als Teil einer Wendung

Gehört ein Adjektiv zu einer Wendung oder Phrase und soll nichts besonders hervorheben, so wird es im Spanischen gewöhnlich dem Nomen vorangestellt.

Desde el avión veíamos los *altos rascacielos* de Nueva York.	Wir konnten vom Flugzeug aus die *hohen Wolkenkratzer* New Yorks sehen.

(Hohe Wolkenkratzer sind ein bekanntes Merkmal New Yorks: **los rascacielos altos** hätte sich auf die *hohen* Wolkenkratzer im Gegensatz zu anderen, die nicht hoch sind, bezogen.)

(iv) *Algo, alguien, nada, nadie* + *Adjektiv*

Nach **algo** »etwas«, **alguien** »jemand«, **nada** »nichts« und **nadie** »niemand« [➤23i(i)] gebraucht man für das Adjektiv die maskuline Form im Singular.

¡Una botella de «Gran Reserva» sería *algo especial* para *alguien importante*!	Eine Flasche »Gran Reserva« wäre für *jemand Wichtigen etwas ganz besonderes*!

(v) *»Stillschweigend verstandenes« Nomen*

Wird das Nomen weggelassen, weil man auch ohne es weiß, von was gesprochen wird, muß das Adjektiv dennoch auf es abgestimmt werden, als hätte man es gebraucht.

Yo prefiero los vinos tintos a *los blancos*.	Ich ziehe rote Weine *den weißen* vor.

22c In einiger Entfernung: prädikative Adjektive

(i) *Was ist ein prädikatives Adjektiv?*

Prädikativ bedeutet »zum Prädikat gehörig« [➤4c]. Diese Adjektive stehen gewöhnlich als Ergänzung zum Verb, d.h. sie sind mit dem Subjekt durch ein Verb verbunden (wie z.B. die Verben in Abschnitt 8c). Sie können jedoch auch alleine stehen. Achten Sie bitte darauf, das korrekte Verb für »sein« zu gebrauchen – **ser** oder **estar** [➤8d(iii)].

El vino que compramos en la tienda de la esquina no era *español*, era *asqueroso*; estaba muy *azucarado*. Como *estábamos* cansados queríamos tomar una copa y acostarnos. ¡Nos acostamos *enfadados y frustrados*!	Der Wein, den wir in dem Geschäft an der Ecke kauften, war kein *spanischer*, er war *gräßlich*; er war sehr *süß*. Da wir müde waren, wollten wir ein Glas trinken und zu Bett gehen. Wir gingen *wütend und frustriert* ins Bett!

Bei einem sehr formellen Stil kann ein prädikatives Adjektiv anstelle des Adverbs gebraucht werden [➤26b(i)].

(ii) *Tener + physischer Zustand*

Im Deutschen wird ein bestimmter physischer Zustand oft durch »sein« + Adjektiv ausgedrückt, im Spanischen gebraucht man **tener** + Nominalobjekt. Hier einige dieser Wendungen:

tener calor	heiß, warm sein (auf Menschen bezogen)
tener frío	kalt sein (auf Menschen bezogen)

Achten Sie hier darauf, daß die beiden vorstehenden Ausdrücke im Deutschen unpersönlich gebraucht werden: »mir ist heiß/kalt«

tener sueño	schläfrig sein
tener hambre	hungrig sein
tener sed	durstig sein

(iii) *Wetter*

Etwas ähnliches geschieht bei Ausdrücken des Wetters, nur gebraucht man jetzt **hace** und **hay**.

hace calor	es ist heiß
hace frío	es ist kalt
hace sol	es ist sonnig (die Sonne scheint)
hace viento	es ist windig
hay niebla	es ist neblig

Da es sich bei **calor**, usw. um Nomen und nicht Adjektive handelt, muß »sehr« mit **mucho** übersetzt und auf das Nomen abgestimmt werden.

Estábamos enfadados porque *teníamos mucha sed. ¡Hacía mucho calor* aquel día!	Wir waren böse, denn wir waren *sehr durstig. Es war* an jenem Tag *sehr heiß!*

22d *Komparativ und Superlativ*

Die meisten (jedoch nicht alle) Adjektive werden auch für Vergleiche gebraucht. Dazu verwenden wir den *Komparativ*, der im Deutschen manchmal auch Vergleichsform genannt wird. Vergleicht man mehr als zwei Personen oder Dinge, wird der *Superlativ* gebraucht.

(i) *Komparativ*

Die Bildung des Komparativs ist im Spanischen ganz einfach: Man stellt das Wort **más** vor das Adjektiv, wo notwendig gefolgt von **que** »als«.

El vino de Rioja es *más famoso* en el extranjero *que* el de Jumilla. No sé cuál es *más fuerte,* pero el Jumilla es *más barato.*	Der Wein aus Rioja ist im Ausland *berühmter als* der aus Jumilla. Ich weiß nicht, welcher der *stärkere* ist, doch der aus Jumilla ist *billiger.*

• Vier Adjektive besitzen im Spanischen eine eigene Komparativform, ohne **más** voranzustellen. **Más grande** »größer« und **más pequeño** »kleiner« werden jedoch auch gebraucht.

bueno	gut	**mejor**	besser
malo	schlecht	**peor**	schlechter
grande	groß	**mayor**	größer
pequeño	klein	**menor**	kleiner

• Merken Sie sich bitte auch: der Komparativ von **mucho** »viel« ist **más** »mehr« und von **poco** »wenig« ist **menos** »weniger«.

Siempre he bebido *mucho* vino, pero ¡parece que últimamente bebo *más* cerveza! Siempre he bebido *poco* vino, pero ahora bebo aun *menos.*	Ich habe immer *viel* Wein getrunken, doch es scheint, daß ich in letzter Zeit *mehr* Bier trinke! Ich habe immer *wenig* Wein getrunken, doch heute trinke ich noch *weniger!*

• Wird ein Vergleich mit einer Anzahl oder Menge angestellt, so gebraucht man **de** für »als.«

Debe de haber *más de mil* tipos de vino en Españo. *Más de la mitad* deben de ser tintos.	Es muß *mehr als tausend* Arten von Wein in Spanien geben. *Mehr als die Hälfte* davon muß Rotwein sein.

• Wird der Mengenvergleich mit Hilfe eines weiteren Teilsatzes ausgedrückt, wird **de** + **el/la/los/las que** [➤23k(ii)] gebraucht, wenn der Vergleich mit einem Nomen oder Pronomen erfolgt. Ist dies nicht der Fall, und auf den Komparativ des Adjektivs folgt ein neues Verb, so gebraucht man **de** + **lo que.**

El proceso es *más complicado de lo que* esperaba.	Das Verfahren ist *viel komplizierter als ich* erwartete.
Producen *más vino del que* pensaba. (i.e. *del vino que* pensaba).	Sie produzieren *mehr Wein als* ich dachte.

(ii) *Superlativ*

Der Superlativ wird im Spanischen durch Verwendung des bestimmten Artikels + Komparativ gebildet. Er kann vor oder nach dem Nomen stehen, oder sogar ohne Nomen gebraucht werden, wenn klar ist, um was es sich handelt. Achten Sie darauf, daß der Artikel *nicht* wiederholt wird (wie im Französischen zum Beispiel), wenn das Adjektiv dem Nomen nachgestellt ist.

El Rioja es *el vino más popular* de todos, pero *el más barato* es el Jumilla.	Rioja ist *der populärste Wein* von allen, doch *der billigste* ist Jumilla.

- Nach possessiven Bestimmungswörtern + Nomen wird kein Artikel gebraucht [➤21g(i)].

Mi vicio *más agradable* es el vino.	Mein *angenehmstes* Laster ist der Wein.

- Nach dem Superlativ gebraucht man im Spanischen **de**.

Esa bodega tiene *los mejores vinos* de la ciudad.	Dieses Weingeschäft hat *die besten Weine* der Stadt.

(iii) *Negativer Komparativ und Superlativ*

Eine negative Form des Komparativs oder Superlativs wird auf die gleiche Weise mit Hilfe von **menos** »weniger, wenigst-« gebildet.

Encuentro el Jumilla *menos agradable que* el Rioja, pero el vino *menos apetecible de todos* es el que hace mi hijo en casa.	Ich finde Jumilla *weniger angenehm als* Rioja, doch der Wein, der von allen *am wenigsten schmeckt*, ist der, den mein Sohn zu Hause herstellt.

(iv) *Tan...como...*

Eine weitere Möglichkeit, Menschen oder Dinge zu vergleichen, ist der Gebrauch von **tan...como...** »ebenso...wie...« oder die negative Form **no tan...como...** »nicht so...wie...«.

El vino de mi hijo es *tan bueno como* la mayoría de los vinos caseros, pero *no es tan fuerte como* el mío.	Der Wein meines Sohnes ist *ebenso gut wie* die meisten hausgemachten Weine, doch er ist *nicht so stark wie* meiner.

Um **mucho(s)** auf diese Weise zu vergleichen, gebraucht man **tanto/tantos...como** »soviel...wie...«.

Yo no hago *tanto* vino *como* mi hijo.	Ich stelle nicht *soviel Wein* her *wie* mein Sohn.

(v) *-ísimo*

Um auszudrücken, daß eine Person oder Sache etwas in *sehr hohem Grad* besitzt, kann man nach Abtrennen des **-o** an das Adjektiv **-ísimo** anhängen. Diese Endung muß dem Nomen in der üblichen Weise angeglichen werden. Achten Sie darauf, daß sich bei einigen Adjektiven die Schreibweise ändert, wenn **-ísimo** angehängt wird (**rico → riquísimo**) [➤2c(v)].

¡Esta es una bodega ca*rísima!* ¡¡Pero los vinos que vende son *riquísimos!!*	Dies ist ein *äußerst teures* Weingeschäft. Doch die Weine, die sie verkaufen, sind *ausgezeichnet*.

(vi) *Cuanto más...más...»je...je/desto...«*

»Je mehr/weniger...je/desto mehr/weniger« sind die entsprechenden Kombinationen von **cuanto más/menos... más/menos...**

***Cuanto más vino* hago en casa, *menos vino* compro en la tienda.**	*Je mehr* Wein ich zu Hause herstelle, *desto weniger* kaufe ich im Geschäft.

➤ [Alle in diesem Kapitel behandelten Vergleichsformen mit Ausnahme von **tanto...como...** kann man auch auf Adverbien anwenden ➤26b(iii).]

22e Aus anderen Wortarten gebildete Adjektive

(i) *Aus Nomen gebildete Adjektive*

Im Spanischen, wie auch in anderen romanischen Sprachen, ist es nicht möglich ein Nomen adjektivisch zu gebrauchen. Im Deutschen hilft man sich oft durch Bildung eines zusammengesetzten Substantivs, wie z.B. Kaufkraft, Weinindustrie.

Im Spanischen muß man daher entweder eine Nominalphrase gebrauchen (**el poder de compra**, **la industria del vino**) oder das Nomen durch Anhängen einer adjektivischen Endung in ein Adjektiv verwandeln. Ganz besonders in der modernen Journalistensprache werden heute sehr viele dieser Adjektive verwendet. Das größte Problem ist der Mangel an System, um zu bestimmen, welche Endung nun an das Nomen angehängt werden soll. Manchmal wird die Endung auch an ein ganz anderes Nomen angehängt als man eigentlich erwartet hätte. Für den Spanisch Lernenden ist es daher oft sehr viel einfacher – und Puristen mögen sogar sagen, stilistisch sehr viel besser – eine Nominalphrase zu gebrauchen [➤20b]. Nachstehende Beispiele verdeutlichen beide Möglichkeiten.

la industria vinícola	=	**la industria del vino**	die Weinindustrie
la experiencia laboral	=	**la experiencia del trabajo**	die Arbeitserfahrung
la formación ocupacional	=	**la formación para el trabajo**	die Arbeitsausbildung
el poder adquisitivo	=	**el poder de compra**	die Kaufkraft
el empleo juvenil	=	**el empleo de los jóvenes**	die Jugendarbeit
la vida familiar	=	**la vida de familia**	das Familienleben

(ii) *Aus Verben gebildete Adjektive*

Aus Verben lassen sich im Spanischen Adjektive bilden. Bitte schlagen Sie in Abschnitt 10c(v) über die Bildung von Adjektiven mit Hilfe des Partizips Präsens (fließendes Wasser) und des Partizips Perfekt (ein zerbrochenes Fenster) 10d(iii) nach.

22f Wie man Adjektive negativ macht

Zum Ausdruck des Gegenteils, meistens des Negativums, eines Adjektivs wird im Deutschen oft die Vorsilbe *un-* gebraucht, wie zum Beispiel »unglücklich«, »unzufrieden«. Im Spanischen kann man hier die Vorsilben **in-** oder auch **des-** gebrauchen. Wenn Sie nicht sicher sind, schlagen Sie bitte im Wörterbuch nach, denn oft gibt es auch andere Möglichkeiten. Am häufigsten ist folgendes:

- **Poco** + Adjektiv.

Encuentro este vino *poco interesante.*	Ich finde diesen Wein *uninteressant* (*wenig* interessant).

Sin + Infinitiv, anstelle von »un-« + Partizip Perfekt

Emplea un método *sin probar.*	Er verwendet eine (noch) *nicht erprobte* (*un*erprobte) Methode.

23 Nomen vertreten: Pronomen

23a *Wozu dienen Pronomen?*

Das Wort »Pronomen« bedeutet »für ein Nomen«, deshalb nennt man sie im Deutschen auch »Fürwörter«. Wir gebrauchen sie anstelle von Nomen, um dadurch Wiederholungen zu vermeiden. Die Arten der Pronomen, die in den Abschnitten 23g–j nachstehend besprochen werden, haben entsprechende Bestimmungswörter [➤21].

Im Spanischen leiten alle Pronomen:

- ihr *Geschlecht* (maskulin/feminin) und ihre *Zahl* (Singular/Plural) von dem Nomen ab, auf das sie sich beziehen. Es gibt jedoch auch eine Reihe von neutralen Pronomen, die in Abschnitt 23e erklärt werden;
- ihre *Form* von der Funktion ab, die sie im Satz erfüllen.

23b *Personalpronomen*

Personalpronomen sind die neutralsten Pronomen – sie ersetzen einfach Nomen, ohne weitere Informationen hinzuzufügen. Sie können sich auf die sprechende(n) Person(en) beziehen (1. Person), auf die angesprochene(n) Person(en) (2. Person) oder auf die besprochene(n) Person(en) (3. Person). Ihre Form verändert sich, je nachdem, ob sie das Subjekt, direkte Objekt, indirekte Objekt des Satzes sind oder unabhängig vom Verb gebraucht werden, z.b. nach einer Präposition.

(i) Subjektpronomen

Singular		
1. Person	**yo**	ich
2. Person	**tú**	du
	usted (Vd)	Sie
3.Person	**él**	er
	ella	sie
	ello	es
Plural		
1. Person	**nosotros/nosotras**	wir
2. Person	**vosotros/vosotras**	ihr
	ustedes (Vds)	Sie

3. Person	**ellos**	sie (maskulin oder maskulin/feminin)
	ellas	sie (feminin)

Da das Subjekt – der Ausführende – der Handlung [➤4b] im Spanischen durch die Endung des Verbs ausgedrückt wird, gebraucht man die Subjektpronomen lediglich zur Betonung, zur Kontrastierung oder um Unklarheiten zu vermeiden, und wenn sie alleine stehen. **Usted/ustedes** werden etwas häufiger gebraucht. Dies geschieht in erster Linie, um mögliche Mißverständnisse zu vermeiden, da die Endungen des Verbs für diese Form die gleichen sind wie für die 3. Person. Manchmal wird dieses Pronomen jedoch auch als Zeichen des Respekts für die angesprochene(n) Person(en) verwendet.

¿Qué *vas* a hacer esta tarde?	Was *machst du* heute nachmittag?
–Esta tarde *yo* iré de compras mientras *tú* te quedas con los niños.	– Heute nachmittag *gehe ich* einkaufen, während *du* bei den Kindern *bleibst*.
***Ella* va de compras. mientras *él* se queda en casa con los niños.**	*Sie geht* einkaufen, während *er* bei den Kindern zu Hause bleibt.
¿Quién quiere ir de compras? –*¡Nosotros!*	Wer will einkaufen gehen? – *Wir!*

Obwohl **usted** und **ustedes** unter der 2. Person aufgeführt wurden, ist es sehr wichtig, daß Sie daran denken, daß diese Pronomen nicht nur immer die 3. Person des Verbs gebrauchen sondern auch *in allen anderen Funktionen die 3. Person der Pronomen und possessiven Bestimmungswörter* gebrauchen [➤21g,23b,23j]. Der Grund dafür ist, daß es sich bei **usted** um die sehr verkürzte Version der früher gebräuchlichen formellen Anrede **vuestra merced** »Euer Gnaden« handelt. Im Deutschen würde man bei Gebrauch dieser Anrede ebenfalls die 3. Person gebrauchen: *Wünscht* Euer Gnaden Spanisch zu lernen, so ist hier *ihr* Lehrbuch. **Usted** wird oft abgekürzt **Vd** oder **Ud** geschrieben, die Pluralform **ustedes** verkürzt man zu **Vds** oder **Uds**.

Nosotros, **vosotros** und **ellos** besitzen eine weibliche Form **nosotras**, **vosotras** und **ellas**. Bezieht man sich auf beide Geschlechter, gebraucht man die maskuline Form.

- **Die Anrede: »du« oder »Sie«?**

In Spanien hat es sich in den letzten beiden Jahrzehnten besonders unter der jüngeren Generation sehr eingebürgert, die vertraute Anrede **tú** oder **vosotros** zu verwenden. (In Deutschland macht sich diese Tendenz ebenfalls bemerkbar). Normalerweise kann man voraussetzen, daß Menschen, die sich mit dem Vornamen anreden, auch das »Du« gebrauchen. Wenn Sie andererseits jedoch jemanden mit **señor/señora/señorita** oder mit dem etwas altmodischeren **don/doña** ansprechen, müssen Sie auf jeden Fall **usted/ustedes** verwenden. Wenn es sich nicht um Kinder handelt, die natürlich mit »du« angesprochen werden, sollten Sie sich im Grunde so verhalten, wie in Deutschland auch: Am sichersten ist es, **usted** zu gebrauchen, bis man Sie zu etwas anderem auffordert!

In den Spanisch sprechenden Ländern Südamerikas wird **vosotros/as** nicht gebraucht. Die Pluralform für »ihr« ist dort immer **ustedes**, gleichgültig wie vertraut man miteinander ist. Der Gebrauch des »Du« (**tú**) ist ebenfalls stärker beschränkt.

¿*Vienen Vds* con nosotros?	*Kommen Sie* mit uns?

¿Vienen con nosotros? *könnte* daher auch bedeuten: Kommen sie (= diese Leute) mit uns?

- **Ello** »es«, das neutrale Subjektpronomen, gebraucht man zum Ausdruck eines Gedankens oder einer Idee. Es besagt »es, dies, das« oder »die Tatsache«, doch es wird heute in erster Linie in der Literatur verwendet. In der Umgangssprache zieht man **esto** vor.

Se trata de aceptar una nueva realidad territorial. *Ello* equivale a recompensar las depuraciones étnicas.	Es handelt sich darum, eine neue territoriale Realität zu akzeptieren. *Dies* ist das gleiche, als belohne man die »ethnische Säuberung«.

(ii) *Direkte Objektpronomen [➤8e]*

Singular		***Plural***	
me	mich	**nos**	uns
te	dich	**os**	euch
le/lo	Sie (maskulin)	**les/los** (maskulin)	Sie
la	Sie (feminin)	**las** (feminin)	Sie
le/lo	ihn (maskulin, Personen)	**les/los**	sie
lo	es (maskulin)	**los** (maskulin)	sie
la	sie, es (feminin)	**las** (feminin)	sie

Sowohl **le** und **lo** werden für das maskuline direkte Objekt »ihn« gebraucht. In Hispanoamerika und Südspanien wird **lo** vorgezogen. Die entsprechenden Pluralformen sind **les** und **los** »sie«. Die gleichen Pronomen – und daher hat man hier ebenfalls die Wahl – werden als direktes Objektpronomen von **usted** und **ustedes** gebraucht. Die weiblichen direkten Objektpronomen für **Vd** und **Vds** sind natürlich **la** und **las**.

- Ist die Bedeutung eines Objektpronomens in der 3. Person unklar, wird zusätzlich **a** + unverbundenes Pronomen [➤23f] gebraucht.

¿Los niños? ¡*Los (les)* dejo contigo esta tarde! ¿*Me* oyes? ¡Claro que *te* oigo!... Pero ¿dónde está Carmencita? No *la* encuentro!	Die Kinder? Ich lasse *sie* heute nachmittag bei dir. Hörst *mich*? Natürlich höre ich *dich!*... Aber wo ist Carmencita? Ich kann *sie* nirgends finden!
Bueno, niños, *os* veo sobre las seis.	Gut, Kinder, ich sehe *euch* etwa gegen sechs.
¡Buenas tardes! señora Pérez. Quisiéramos invitar*la* a cenar con nosotros mañana, y si su marido puede acompañar*la*, claro que también *le* invitamos *a él*.	Guten Tag, Frau Pérez. Wir möchten *Sie* einladen, morgen mit uns zu Abend zu essen, und wenn Ihr Mann *Sie* begleiten kann, laden wir *ihn* natürlich auch ein.

(iii) Indirekte Objektpronomen [➤8f]

Singular		***Plural***	
me	mir	**nos**	uns
te	dir	**os**	euch
le	ihm, ihr	**les**	ihnen
	Ihnen		Ihnen

- Der Gebrauch der direkten und indirekten Objektpronomen im Spanischen ist dem Deutschen sehr ähnlich.

Los vecinos llamaron. No *me* dijiste que *les* habías llamado. Querían decir*nos* que quieren que *les* prestes tu cargador de baterías.	Die Nachbarn riefen an. Du hattest *mir* nicht gesagt, daß du *sie* angerufen hattest. Sie wollten *uns* sagen, daß sie möchten, daß du *ihnen* dein Batterieaufladegerät leihst.

- Kommen in einem Satz ein direktes und ein indirektes Objektpronomen vor, wird das indirekte immer dem direkten vorangestellt [>8f(iv)].

Stehen das direkte und indirekte Objektpronomen beide in der 3. Person und beginnen daher beide mit **l**, so wird das indirekte durch **se** ersetzt; **se** ist unveränderlich.

No *te* lo dije porque sé que odias a la señora Pérez y no sabía si querías prestár*selo.*	Ich sagte *es dir* nicht, da ich weiß, du kannst Frau Pérez nicht leiden, und ich wußte nicht, ob du *es ihnen* leihen wolltest.
¡Claro que *se lo* presto *a él,* pero ¡nunca *se lo* presto *a ella!*	Klar, daß ich *es ihm* leihe, aber *ihr* leihe ich *es* nie!

(iv) *Die Stellung der Objektpronomen*

Objektpronomen stehen fast immer vor dem Verb. Ausnahmen sind der positive Imperativ (»Tu es!«) [➤18d(i)], der Infinitiv [➤10a] und das Gerundium [➤10b], bei denen man die Pronomen an das Ende des Verbs anhängt. Die Pronomen können jedoch einem mit dem Infinitiv oder Gerundium gebrauchten Hilfsverb oder Modalverb [➤9b] vorangestellt werden. Das an das Ende des Verbs angehängte Objektpronomen wird Bestandteil eines Wortes. Um die richtige Betonung beizubehalten, brauchen das Gerundium und die meisten Imperativformen daher einen Akzent [➤2c(i)] auf dem betonten Vokal, wenn ein Pronomen angehängt wird. Beim Infinitiv ist dies nur notwendig, wenn zwei Pronomen angehängt werden.

¡No! ¡No voy a prestár*selo!* (¡No *se lo* voy a prestar!)	Nein, ich werde *es ihnen (ihm/ihr)* nicht leihen!
¿*Me* estás diciendo (estás diciéndo*me*) que vas a montar un follón?	Willst du *mir* sagen, daß du einen Streit vom Zaun brechen willst?
¡Présta*selo,* por favor!	Leih du *es ihnen* bitte!

(v) *»Redundante« Objektpronomen*

Das direkte und das indirekte Nominalobjekt werden im Spanischen oft durch Hinzufügen des Objektpronomens »verdoppelt«. Dies geschieht besonders dann (doch nicht unbedingt), wenn das Objekt dem Verb vorangestellt ist.

¡Ya *les* he prestado este aparato *a los Pérez* dos veces!	Ich habe dieses Gerät *den Pérez'* bereits zweimal geliehen!
¡Y *mi sierra me la* rompieron!	Und sie haben mir *meine Säge* kaputtgemacht!

➤ [Alternativen zum Passiv ➤17e.]

23c Reflexivpronomen

(i) *Gebrauch der Reflexivpronomen*

Reflexivpronomen sind Personalpronomen, die sich auf das Subjekt des Satzes zurückbeziehen, d.h. man tut sich selbst etwas. In der 1. (**me** »mich«; **nos** »uns«) und 2. Person (**te** »dich«; **os** »euch«) gebraucht man im Spanischen die normalen persönlichen Objektpronomen als Reflexivpronomen. Es gibt jedoch ein besonderes Reflexivum der 3. Person, das sowohl im Singular als auch im Plural verwendet wird: **se** »sich selbst«. Es wird auch bei **usted** und **ustedes** gebraucht, denn – denken Sie daran! – für diese Anrede verwendet man die *Pronomen der 3. Person.*

Gebrauchen Sie die normalen Objektpronomen der 3. Person **lo/le, la, los/les, las** (ihn, sie, sie [Pl.]), dann wird die Handlung an jemand anderem vollzogen, nicht am Subjekt des Satzes.

***Se compró* una botella de vino.**	*Er/sie kaufte sich* eine Flasche Wein.
***Le compró* una botella de vino.**	*Er/sie kaufte ihm/ihr* eine Flasche Wein.

N.B. Handlungen, die man an einem Körperteil oder an Kleidungsstücken vollzieht, werden gewöhnlich durch ein reflexives Verb und nicht durch ein Possessivum ausgedrückt [➤21c(v),21g(vi)].

***Me* corté *el* dedo.**	Ich habe *mir* in den Finger geschnitten.
***Se* lavó *la* cara.**	Sie wusch *ihr (sich das)* Gesicht.

Im Spanischen gibt es auch das reflexive unverbundene Pronomen **sí** mit der Bedeutung »sich selbst« (er, sie, man, sie [Pl.] und **Vd/Vds**) [➤23f(iv)]. In Verbindung mit **con** wird dies dann zu **consigo**.

(ii) »(Mit)einander«

Reflexive Pronomen werden im Plural auch *reziprok* gebraucht, um Wechsel- oder Gegenseitigkeit auszudrücken.

Hace ya unas semanas que la señora Pérez y yo *no nos* hablamos. Por eso mi mujer y yo *nos miramos* extrañados cuando me llamó por teléfono.	Seit einigen Wochen haben Frau Pérez und ich *nicht miteinander* gesprochen. Daher schauten meine Frau und ich *einander* erstaunt an, als sie mich anrief.

⚠ Verwechseln Sie reflexive Ausdrücke bitte nicht mit den Wörtern, mit denen wir betonen, daß das *Subjekt* selbst etwas tat und kein anderer. Um dies hervorzuheben, gebraucht man im Spanischen einfach **mismo** »selbst« nach dem Subjektpronomen, wobei es in Geschlecht und Zahl angeglichen werden muß [➤23b(i)].

Lo hizo *ella misma.*	Sie tat es *selbst.*

23d Das unbestimmte Pronomen »man«

(i) Se

Zum Ausdruck des unbestimmten deutschen »man«, also irgendjemand, gebraucht man im Spanischen normalerweise das Reflexivpronomen der 3. Person **se** mit der 3. Person Singular des Verbs.

***Se ve* que es un problema. No *se sabe* lo que se debería hacer. ¿Si *se va* a la policía? Pero no *se quiere* hacer tales cosas.**	*Man sieht,* daß dies ein Problem ist. *Man weiß* nicht, was *man tun soll.* Wenn *man* zur Polizei *ginge*? Aber *man mag* solche Dinge nicht tun.

(ii) Uno

Das Subjektpronomen **uno** (im Deutschen ebenfalls »man«) wird normalerweise nur mit einem reflexiven Verb gebraucht, wenn **se** bereits als echtes Reflexivpronomen verwendet wird. Es kann in anderen Situationen auch gebraucht werden, klingt dann jedoch etwas gekünstelt.

***Uno no se atreve* a hacer nada.**	*Man traut sich nicht,* etwas zu tun.

➤ [Weitere Ausführungen zum Gebrauch von **se** finden Sie in Abschnitt 17e]

23e *Unpersönliche Pronomen*

(i) Im Spanischen wird eine ganze Reihe von unpersönlichen Pronomen dann gebraucht, wenn der Sache, auf die sie sich beziehen, kein Maskulinum oder Femininum zugeschrieben werden kann – meist handelt es sich um eine Idee oder ein Konzept, manchmal jedoch auch um eine noch nicht identifizierte Sache. Zu diesen Pronomen gehören folgende:

- Die Demonstrativpronomen **esto**, **eso**, **aquello** [➤23h];
- Das unverbundene Subjektpronomen **ello** [➤23b,23f(iii)];
- Das Pronomen **lo**.

(ii) *Lo*

Lo gebraucht man:

(A) als neutrales Objekt oder zur Vervollständigung [➤8c]. Meistens entspricht es dem Deutschen »es« oder auch »so«.

El problema es difícil. Quizás Vds *no lo crean,* pero les aseguro que *lo es.*	Das Problem ist schwierig. Sie glauben *es* vielleicht nicht, aber ich versichere Ihnen, daß es *so* ist.

(B) + que zur Einführung einer Nominalphrase mit der Bedeutung »das was«, »welches« oder eines Relativsatzes. Hier bezieht sich »was« auf eine Idee [➤5b]; der Gebrauch von **lo cual** wäre dann ebenfalls möglich.

***Lo que* encontramos difícil es el dinero. No tenemos el dinero, *lo que/cual* plantea un gran problema.**	*Was* wir schwierig finden, ist das Geld. Wir haben das Geld nicht, *was* ein großes Problem darstellt.

(C) vor einem Adjektiv, das einen abstrakten Gedanken oder Aspekt einer Sache beschreibt und diese Sache dadurch zu einer Art Nomen macht. Es handelt sich dann um eine Kurzform von **lo que es** [➤20h(i)].

***Lo difícil* es el dinero.**	*Das Schwierige* ist das Geld (das, was schwierig ist).

(D) im Ausdruck **lo de** in der Bedeutung »die Sache mit...«

Lo del dinero **nos preocupa bastante.**	*Die Sache mit dem Geld* macht uns große Sorgen.

(E) + Adjektiv + **que** + Verb in der Bedeutung von *wie* in Nominalphrasen und bei Ausrufen [➤24a]. Ungeachtet des unpersönlichen Pronomens muß das Adjektiv dann an das Nomen, das es beschreibt, angeglichen werden.

Vd no sabe *lo difícil que es* encontrar este dinero. *¡Lo difíciles que son* estos problemas!	Sie wissen nicht, *wie schwierig es ist,* dieses Geld aufzutreiben. *Wie schwierig* diese Probleme *sind!*

(iii) *Es*

Das deutsche unpersönliche Subjektpronomen »es« besitzt im Spanischen kein wirkliches Gegenstück, denn das Subjekt ist in der Endung des Verbs enthalten.

Dennoch gibt es viele unpersönlich gebrauchte Verben, wie zum Beispiel bei Ausdrücken des Wetters wie **hace calor** »es ist heiß« oder Ausdrücke wie **hay que** »man muß/es ist notwendig, daß«, **es imposible** »es ist unmöglich«. Sie werden in Abschnitt 8h ausführlich behandelt.

23f Präpositionen und Personalpronomen: unverbundene Pronomen

Unverbunden bedeutet hier *nicht direkt mit dem Verb verbunden.* Manchmal werden diese Pronomen auch als *Präpositionalpronomen* bezeichnet, denn sie werden hauptsächlich nach Präpositionen gebraucht.

Singular		***Plural***	
mí	mich	**nosotros**	uns
ti	dich	**vosotros**	euch
usted	Sie	**ustedes**	Sie
(Vd)	**(Vds)**		
él	ihn	**ellos**	sie (maskulin oder maskulin/feminin)
ella	sie	**ellas**	sie (feminin)
ello	es (auf eine Idee bezogen)		

(i) Achten Sie darauf, daß die Form der unverbundenen Pronomen abgesehen von **mí** und **ti** die gleiche ist wie die der Subjektpronomen [➤23b(i)].

Siempre vamos teniendo problemas con ellos. ¿Qué harían sin nosotros? No tengo nada contra él, pero la señora Pérez delante de ti dijo ciertas cosas acerca de mí. ¡No puedo más con ella!	Wir werden immer Probleme *mit ihnen* haben. Was würden sie *ohne uns* machen? Ich habe nichts *gegen ihn*, aber Frau Pérez sagte *vor dir* bestimmte Dinge *über mich*. Ich kann einfach *mit ihr* nicht mehr.

(ii) Conmigo, contigo

Achten Sie auf die besonderen Formen **conmigo** »mit mir« und **contigo** »mit dir«. Siehe auch **consigo** [23f(iv)].

El señor Pérez conoce el problema y quiere hablar *contigo*.	Herr Pérez kennt das Problem und möchte *mit dir* sprechen.
Bueno, hablo *con él*, pero si aquella mujer quiere cenar *conmigo*, tiene que disculparse.	Nun gut, ich werde *mit ihm* sprechen, aber wenn diese Frau *mit mir* zu Abend essen will, muß sie sich entschuldigen.

(iii) Ello

Die unpersönliche Form **ello** bezieht sich auf eine Idee oder etwas zuvor Gesagtes.

No quiero hablar más de *ello*.	Ich möchte nicht mehr *davon* (*von ihm*, dem Gesagten) sprechen.

(iv) Sí

Weiterhin gibt es auch in der 3. Person das reflexive unverbundene Pronomen **sí** [➤23c(i)] mit der Bedeutung »sich selbst« (»er, sie, man, sie [Pl.]« und **Vd/Vds**). Man gebraucht es nach Präpositionen, wenn das Objekt der Präposition das gleiche ist wie das Subjekt. In Verbindung mit **con** »mit« wird daraus dann **consigo**. Dieses Pronomen wird häufig in Verbindung mit **mismo** »selbst« verwendet.

Lo hizo para *ella.*	Sie tat es für *sie* (jemand anderen).
Lo hizo para *sí (misma).*	Sie tat es für *sich selbst.*
Lo trajo *consigo.*	Sie brachte es *mit (sich).*

(v) Auf bestimmte präpositionale Ausdrücke folgt im Spanischen das Subjektpronomen.

excepto yo	außer mir (mit der Ausnahme von mir)
menos yo	außer mir
entre tú y yo	unter uns (zwischen dir und mir)

Unverbundene Pronomen werden manchmal nach **de** gebraucht, um Besitz klarzustellen [➤21g(v)] oder auch nach **a**, wenn das Objektpronomen besonders hervorgehoben werden soll [➤8h(v), 23b(ii), (iii)]. Sie werden ebenfalls verwendet, wenn das Verb ein präpositionales Objekt besitzt [➤8i].

No *se la* voy a prestar *a él.*	Ich werde *es ihm* nicht leihen.

23g Interrogativpronomen

Dies sind die in Abschnitt 6d(i) bis 6d(iii) aufgeführten Fragewörter.

Im Spanischen besitzen *alle* Interrogativpronomen einen Akzent auf dem betonten Vokal.

(i) ¿Quién/quiénes? »*Wer/wen/wem?*«

• **¿Quién?** wird für »wer?« »wen?« oder »wem?« als Subjekt, Objekt und auch nach einer Präposition gebraucht. Fragt man nach mehr als einer Person, wird die Pluralform **quiénes** verwendet. Handelt es sich um das direkte Objekt, wird das persönliche **a** vorangestellt [➤8e].

***¿Quién* hizo esto? *¿Quiénes* hicieron esto?**	*Wer* hat das getan?
***¿A quién/quiénes* viste?**	*Wen* hast du gesehen?
***¿Con quién/quiénes* fuiste?**	*Mit wem* bist du gegangen?
***¿Para quién/quiénes* lo hicieron?**	*Für wen* haben sie das getan?

• **¿De quién/quiénes?** »Wessen?«

¿*De quién* es este bolso? *De quiénes* son estas maletas?	*Wessen* Tasche ist das? *Wessen* Koffer sind das?

(ii) *¿Qué? »Was?«*

¿Qué? gebraucht man für »was?«, »was für ein...?« [➤23g(iii)] als Subjekt, Objekt oder nach einer Präposition, die vorangestellt werden muß.

¿*Qué* ha ocurrido?	*Was* ist passiert?
¿*Qué* vio Vd?	*Was* haben Sie gesehen?
¿*Con qué* lo hicieron?	*Womit* (*mit was*) haben sie es getan?
¿*Para qué* lo hicieron?	*Wozu* (*für was*) haben sie es getan?

(iii) *¿Cuál/cuáles? »welch-?«*

¿Cuál? bedeutet normalerweise »welch-?« Die Pluralform ist **¿cuales?**

Hay varias maletas aquí. ¿*Cuál* es de Vd? ¿*Cuáles* son de Vd?	Hier sind mehrere Koffer. *Welcher* gehört Ihnen? *Welche* gehören Ihnen?

¿Cuál? bedeutet auch »was/welches?« in Sätzen wie z.B.:

¿*Cuál* es la razón del retraso?	*Was ist* der Grund für die Verspätung?
¿*Cuál* es el mejor vuelo para Bogotá?	*Was/welches* ist der günstigste Flug nach Bogotá?

¿Qué hora es? »wieviel Uhr ist es?« wird in Abschnitt 29b näher erklärt.

23h *Zeigen und Hinweisen: Demonstrativpronomen*

Demonstrativpronomen dienen dazu, etwas ganz Spezifisches hervorzuheben. Meistens wird dabei ausgedrückt, ob es sich zeitlich oder räumlich in der Nähe oder Entfernung des Sprechers befindet. Manchmal ist die »Entfernung« jedoch auch eher geistig als körperlich zu verstehen.

(i) Formen

Die Demonstrativpronomen haben die gleiche Form wie die demonstrativen Bestimmungswörter [➤21d], und dort wird der Unterschied zwischen **este** »dies« (in der Nähe des Sprechers), **ese** »jenes/das (in der Nähe der angesprochenen Person) und **aquel** »jenes/das dort drüben« (vom Sprecher und der angesprochenen Person entfernt), sowie deren Angleichung nach Geschlecht und Zahl ausführlich erklärt. Die Pronomen bedeuten *diese/r/s, jene/r/s.* Traditionsgemäß erhielten diese Pronomen auf der betonten Silbe einen Akzent, um sie von der adjektivischen Form zu unterscheiden, doch die *Nuevas normas* der Spanischen Akademie von 1959 erklärten, dies sei nicht mehr notwendig. Da viele Leute jedoch weiterhin einen Akzent gebrauchen, haben wir sie ebenfalls weiterverwendet. Dies ist jedoch kein Problem, das dem Lernenden schlaflose Nächte verursachen sollte!

Cuál de estas maletas es de Vd: *¿ésta, ésa* o *aquélla?*	Welche dieser Koffer gehören Ihnen: *dieser, jener,* oder *der dort drüben*?
Creo que *aquéllas* son mías.	Ich glaube, *die dort drüben* gehören mir.

(ii) *Eso, esto, aquello*

In einem unterscheidet sich das Demonstrativpronomen vom Bestimmungswort: das *Neutrum.* Es wird gebraucht, wenn auf eine Idee oder ein Konzept, die kein Geschlecht haben, Bezug genommen wird oder auf eine Sache, die noch nicht genannt wurde, und daher auch kein Geschlecht haben kann.

Perder mi equipaje – *eso* siempre me preocupa.	Mein Gepäck zu verlieren – *das* macht mir immer Sorgen.
¿Qué es *esto?*	Was ist *das?*

(iii) *Aquél, éste* »ersterer« »letzterer«

Aquél und **éste** werden auch zum Ausdruck von »der erstere« und »der letztere« gebraucht.

De las dos ciudades, Caracas y Bogotá, *aquélla* me gusta más que *ésta.*	Unter den beiden Städten Caracas und Bogotá gefällt mir *erstere* besser (als *letztere).*

23i »Wieviel, wie viele?«: Pronomen, die Menge ausdrücken

Einige *quantifizierende* Bestimmungswörter weisen auf eine Gesamtheit (oder das Gegenteil davon) hin, andere wiederum drücken eine beschränkte Anzahl oder einen Teil derselben aus.

(i) Quantifizierende Pronomen

Nachstehend werden die *quantifizierenden Pronomen* im Spanischen aufgeführt. Viele sind den quantifizierenden Bestimmungswörtern sehr ähnlich [➤21f].

algo	etwas
nada	nichts
alguien	jemand
nadie	niemand
alguno	irgendein(er), jemand; (Pl.) einige, ein paar
ninguno	kein(er), niemand
unos	einige, ein paar
cualquiera	jemand, irgendwer, ein x-beliebiger
todo	alle, jeder
todos	alle, jedermann (+Verb im Plural)
todo el mundo	jedermann, alle (+Verb im Singular)
todo lo que	alles das/was
todos los que	alle die, alle diejenigen
cada uno	(ein) jeder
ambos	beide
mucho	viel, eine Menge
muchos	viele, eine Menge
más	mehr
menos	weniger
demasiado	zu viel
demasiados	zu viele
bastante	genug
varios	verschiedene, mehrere
un poco de	ein wenig
poco	wenig, nicht viel
pocos	nicht viele, ein paar

¿Quiere Vd *algo?* –No, *no* quiero *nada.*	Möchten Sie *etwas*? – Nein, ich möchte *gar nichts*.

¿Hay *alguien* allí? –No, *no* hay *nadie.*	Ist hier *jemand*? – Nein, hier ist *niemand.*
¿Queda *algún vaso* de vino? –No, *no* queda *ninguno.*	Ist noch *ein* Glas Wein übrig? – Nein, es ist *keines* mehr übrig.
Cualquiera* ve que tenemos sed, aunque *nadie* lo crea. Mire en *alguna* de las alacenas. Debe de haber *alguno.	Jeder kann sehen, daß wir Durst haben, auch wenn es *keiner* glaubt. Schauen Sie in *irgendeinem* Schrank nach. Es muß (noch) *etwas* da sein.
Todos* han bebido *demasiado.	Sie haben *alle zu viel* getrunken.
Hay un pequeño vaso para *cada uno.*	Es ist noch ein kleines Glas für *jeden* da.
Pedro y Pablo *no* tienen *ninguno.* No se preocupen, hay *bastante* para *ambos.*	Pedro und Pablo haben *keines.* Machen Sie sich keine Sorgen, es ist *genug* für *beide* da.
***Todo lo que* queda es para ellos.**	*Alles, was* da ist, ist für sie.

(ii) *Negative Pronomen*

Beim Gebrauch von negativen Pronomen wie **nada**, **nadie** und **ninguno**, die nach dem Verb stehen, muß ihm **no** vorangestellt werden [➤27a(ii)]. Stehen sie vor dem Verb, ist dies nicht notwendig. **No** wird auch dann nicht gebraucht, wenn dem Verb **sin** »ohne« vorangestellt ist.

Se fueron *sin* dejar *nada.*	Sie gingen, *ohne etwas* dazulassen.

(iii) *Irgendjemand*

»Irgendjemand/irgendeiner« wird im Spanischen durch **alguien** ausgedrückt, *niemand/keiner* durch **nadie**. »Irgendeiner« im weitesten Sinne des Wortes, d.h. »jeder x-beliebige«, drückt man durch **cualquiera** aus: **cualquiera lo sabe** »jeder x-beliebige weiß das«.

Achten Sie darauf, daß »jeder, der« durch **el que...** oder **quien** ausgedrückt wird. Dieser Punkt wird im Abschnitt ➤23k(viii) *Relativpronomen* behandelt.

(iv) ***Todo lo que***

In einem Relativsatz wird »alles, das/was« mit **todo lo que** und »alle, die/welche« mit **todos los que/todas las que** ausgedrückt [➤23k(viii)].

(v) Mucho(s) de

Als Pronomen gebraucht, wird »viel/viele/eine Menge von« durch **mucho de, muchos de** ausgedrückt.

***Mucho del vino* ha desaparecido.**	*Eine Menge Wein* ist verschwunden.

Gebraucht man **mucho** als Adjektiv, so wird kein **de** nachgestellt.

Han bebido *muchas botellas.*	Sie haben *viele Flaschen* getrunken.

23j Zugehörigkeit: Possessivpronomen

Possessivpronomen sind in gewisser Weise einzigartig, denn sie vertreten zwei verschiedene Nomen gleichzeitig: den Besitzer und den zugehörigen Besitz. Wie die possessiven Bestimmungswörter leiten sie ihre *Form* vom *Besitzer*, ihr *Geschlecht* und ihre *Zahl* jedoch vom *Besitz* ab. Lassen Sie sich hier nicht verwirren: Eine Person kann verschiedene Dinge besitzen, und mehrere Personen können auch gemeinsame Besitzer einer einzigen Sache sein.

⚠ Es ist wichtig, daran zu denken, daß das Pronomen der 3. Person im Spanischen (**suyo**) nicht nur »sein« (maskulin) und »ihr« (feminin) bedeuten kann, sondern auch »Ihr« in Verbindung mit **Vd** oder **Vds** und »ihr« (Plural).

Die Possessivpronomen lauten:

el mío	**la mía**	**los míos**	**las mías**	mein(e)
el tuyo	**la tuya**	**los tuyos**	**las tuyas**	dein(e)
el suyo	**la suya**	**los suyos**	**las suyas**	Ihr(e) (Vd)
el suyo	**la suya**	**los suyos**	**las suyas**	sein(e), ihr(e)
el nuestro	**la nuestra**	**los nuestros**	**las nuestras**	unser(e)
el vuestro	**la vuestra**	**los vuestros**	**las vuestras**	euer(e)
el suyo	**la suya**	**los suyos**	**las suyas**	Ihr(e) (Vds)
el suyo	**la suya**	**los suyos**	**las suyas**	ihr(e)

(i) Gebrauch

Wenn sie ein Nomen ersetzen, werden sie zusammen mit dem bestimmten Artikel gebraucht..

He encontrado *nuestras maletas,* pero no encuentro *las suyas.*	Ich habe *unsere Koffer* gefunden, ich kann jedoch *Ihre* nicht finden.
***La mía* es gris con correa.**	*Meiner* ist grau mit einem Riemen.

(ii) Unklarheit

Könnte es hinsichtlich der Bedeutung des Pronomens der 3. Person **el suyo**, usw. zu Unklarheiten kommen, fügt man **de** + unverbundenes Pronomen [➤23f] hinzu. In diesem Fall wird **suyo** oft weggelassen.

Estas maletas son mías y creo que las otras son *de Vds,* ¿no?	Dies sind meine Koffer und ich glaube, die anderen gehören Ihnen (sind *Ihre*), nicht wahr?
Sí, pero ésta no es nuestra. Tiene que ser *de ellos.*	Ja, aber dieser gehört uns nicht. Er muß *ihnen* (diesen Leuten dort) gehören.
He encontrado nuestras maletas, pero no encuentro *las de Vds.*	Ich habe unsere Koffer gefunden, aber *Ihre* (die *Ihrigen*) kann ich nicht finden.

Die gleiche Konstruktion wird auch gebraucht, wenn der Besitzer ein Nomen ist [➤21g].

Mi casa y *la de mi hermano.*	Mein Haus und das *meines Bruders.*

Auch im Deutschen kann man auf ganz ähnliche Weise mit »von« + Possessivpronomen + Nomen Besitz ausdrücken (»Mein Haus und das *von meinem* Bruder«).

23k Relativpronomen

(i) Gebrauch

Durch ein Relativpronomen wird ein Teil des Satzes auf ein Nomen zurückbezogen. Er steht meist gleich nach dem Nomen und erklärt es oder gibt einen Kommentar dazu. Das Nomen wird als das *Bezugswort* und der durch das Relativpronomen eingeleitete Nebensatz als *Relativsatz* bezeichnet

[➤5b]. Kann das Relativpronomen seine Form ändern, so richtet es sich in Geschlecht und Zahl nach dem Bezugswort.

Um das korrekte Relativpronomen zu gebrauchen, hilft es, im Spanischen zwischen *deskriptiven* (d.h. erklärenden oder erläuternden) und *definierenden* (d.h. bestimmenden oder beschränkenden) Relativsätzen zu unterscheiden.

• Ein *deskriptiver* Satz vermittelt Ihnen einfach nur weitere Informationen über das Bezugswort. Er wird daher normalerweise durch Kommas oder beim Sprechen durch eine kurze Pause abgetrennt.

Mi maleta, *que tenía una etiqueta de «Iberia»*, estaba en la cinta de equipajes.	Mein Koffer, *der einen »Iberia« Anhänger hatte*, befand sich auf dem Gepäckband.

Der Relativsatz beschreibt den Koffer.

• Ein *definierender* Satz gibt eine nähere Erklärung des Bezugsworts und wird normalerweise im Spanischen ohne Komma geschrieben oder ohne Pause gesprochen.

La maleta *que estaba en la cinta de equipajes* tenía una etiqueta de «Iberia».	Der Koffer, *der auf dem Gepäckband war*, hatte einen »Iberia« Anhänger.

Der Relativsatz bestimmt den Koffer näher als *den Koffer, der auf dem Gepäckband war* (die anderen waren schon gefunden).

(ii) *Formen*

Im Spanischen gibt es ähnlich wie im Deutschen verschiedene Relativpronomen: **que**, **quien/quienes** , **el que/la que/los que/lo que/las que, el cual/la cual/lo cual/los cuales/las cuales**.

Es ist daher wohl am besten, diese Konstruktion im Hinblick auf die *Funktion* des Pronomens zu untersuchen: Handelt es sich um das Subjekt oder das Objekt des Relativsatzes? Folgt das Pronomen auf eine Präposition? Handelt es sich bei dem Bezugswort um eine oder mehrere Personen oder Sachen?

(iii) *Das Relativpronomen als Subjekt*

(A) Bei einem definierenden Relativsatz wird normalerweise für Personen und Sachen **que** »der/die/das« gebraucht.

El señor *que* me ayudó es peruano.	Der Herr, *der* mir half, kommt aus Peru.
La maleta *que* estaba en la cinta de equipaje era mía.	Der Koffer, *der* auf dem Gepäckband war, war meiner.

(B) Que wird gewöhnlich auch in einem deskriptiven Relativsatz gebraucht, obwohl man hier manchmal für Personen auch **quien** »welche/r« verwendet. **El cual** »welcher, der« kann für Personen und Sachen gebraucht werden, drückt aber eine stärkere Betonung aus.

El señor, *que/quien/el cual* era peruano, me ayudó con el equipaje.	Der Herr, *welcher (der)* aus Peru war, half mir mit meinem Gepäck.
La maleta, *que/la cual* tenía una gran etiqueta de «Iberia» no se veía en ninguna parte.	Der Koffer, *welcher* (*der*) einen großen »Iberia« Anhänger hatte, war nirgends zu sehen.

(iv) *Das Relativpronomen als direktes Objekt [➤8e]*

(A) Im definierenden Relativsatz wird **que** gebraucht, wenn man sich auf Sachen oder auch Personen (wenn kein persönliches **a** [➤8e] verwendet wurde) bezieht; wird das persönliche **a** gebraucht, so ist das Relativpronomen **al que** oder **a quien.**

La maleta *que* traje conmigo es grande y gris.	Der Koffer, *den* ich mitbrachte, ist groß und grau.
El señor *que/al que/a quien* conocí en el avión me ayudó con el equipaje.	Der Herr, *den* ich im Flugzeug kennengelernt hatte, half mir mit meinem Gepäck.

(B) Im deskriptiven Relativsatz gebraucht man **que** für Sachen und **a quien/al que/al cual** für Personen.

El señor peruano y su señora, *que/a los que/a quienes* conocí en el avión, son encantadores.	Der Herr aus Peru und seine Frau, *die* ich im Flugzeug kennengelernt hatte, sind reizend.

(v) *Relativpronomen nach einer Präposition [➤25]*

(A) Im definierenden Relativsatz gebraucht man eine Präposition + **el/la que** für Sachen und + **el/la que** oder **quien** für Personen.

La maleta *de la que* hablamos ha desaparecido.	Der Koffer, *von dem* wir sprachen, ist verschwunden.
El señor *con el que/quien* hablaba en el avión es muy simpático.	Der Herr, *mit dem* ich im Flugzeug sprach, ist sehr nett.

(B) Im deskriptiven Relativsatz wird ebenfalls eine Präposition + **el/la que** für Sachen und + **el/la que** oder **quien** für Personen gebraucht. **El cual** kann für beide verwendet werden, besonders nach *zusammengesetzten Präpositionen* (die mit einem Nomen durch **a** oder **de** verbunden sind). Im modernen spanischen Sprachgebrauch wird es jedoch als ein wenig »gespreizt« empfunden.

La maleta, *delante de la que/de la cual* estaba sentada hace unos momentos, ha desaparecido.	Der Koffer, *vor dem* ich vor einigen Minuten (noch) saß, ist verschwunden.
El señor peruano, *al lado de quien/del cual* estaba sentada en el avión, es encantador.	Der Herr aus Peru, *neben dem* ich im Flugzeug saß, ist sehr nett.

Sehr oft wird auch **en que** und **de que** anstelle von **en el que** und **del que** gebraucht.

(vi) *Relativpronomen, die sich auf eine Idee oder den Inhalt eines ganzen Satzes beziehen*

Bezieht sich das Relativpronomen auf eine Idee oder einen ganzen Satz und nicht auf ein Nomen mit bekanntem Geschlecht, muß das neutrale Relativpronomen **lo que** oder **lo cual** gebraucht werden [➤23e(ii)].

La maleta desapareció, *lo que/lo cual* no me gustó nada.	Der Koffer verschwand, *was* mir überhaupt nicht gefiel.

Es war nicht *der Koffer*, der dem Sprecher nicht gefiel, sondern *die Tatsache, daß er verschwunden war.*

(vii) Cuyo

Cuyo bedeutet »dessen/deren«, und obwohl es sich hier streng genommen um ein Bestimmungswort handelt, soll es hier ebenfalls erwähnt werden. Es richtet sich in Geschlecht und Zahl nach der besessenen Sache, d.h. dem darauf folgenden Nomen. Das Bezugswort kann sowohl eine Person als auch eine Sache sein.

El señor, con *cuya* señora estaba hablando, es peruano.	Der Herr, mit *dessen* Frau ich gerade sprach, ist aus Peru.
El aeropuerto, *cuyos* clientes siempre se quejan, no trata de rectificar el problema.	Der Flughafen, *dessen* Kunden sich immer beklagen, bemüht sich nicht, das Problem richtigzustellen.

(viii) Die(jenigen), welche

Normalerweise werden »der-/die-/dasjenige, welche/r/s«, usw. mit **el/la/los/las que** übersetzt. Ist das Bezugswort unbestimmt, wie im letzten Beispiel nachstehend, so muß das Verb im Konjunktiv stehen [➤16d(i)].

***Los que* han perdido la maleta tienen que dirigirse a aquella oficina.**	*Die(jenigen), die* ihren Koffer verloren haben, müssen sich an jenes Büro wenden.
***Las que* desaparecen suelen reaparecer dentro de unos dias.**	*Die(jenigen), die* verlorengehen, tauchen gewöhnlich innerhalb von ein paar Tagen wieder auf.
***El que* crea que va a volver a verla hoy es muy optimista.**	Glaubt jemand (*derjenige, der* glaubt), er werde ihn heute wiedersehen, so ist er ein großer Optimist.

24 Gefühle ausdrücken: Ausrufe und Zwischenrufe

24a Ausrufe

Ausrufe drücken Gefühle wie Freude, Wut, Überraschung oder Angst aus. Im Spanischen werden sie gewöhnlich von **¡Qué...!** »Was für (ein)...!« + Nominalphrase oder »Wie...!« + Adjektiv oder Adverb eingeleitet. Sehr oft wird nicht einmal ein vollständiger Satz gebraucht, da offensichtlich ist, wie der Rest des Satzes lauten könnte.

¡Qué risa!	Wie komisch!
¡Qué lástima!	Wie schade!
¡Qué barbaridad!	Wie gräßlich/wie schlimm!
¡Qué triste!	Wie traurig!
¡Qué vago eres!	Wie faul du bist!
¡Qué joven pareces!	Wie jung du aussiehst!
¡Qué bien escribe!	Wie gut er/sie schreibt!

- »Wie« + Adjektiv oder Adverb läßt sich auch mit Hilfe von **lo** [➤23e(ii)] + Adjektiv oder Adverb + Verb ausdrücken. Das Adjektiv wird dem Nomen, das es beschreibt, angeglichen.

¡Lo lista que es Anita!	Wie klug Anita ist!
¡Lo rápidamente que trabajas!	Wie schnell du arbeitest!

- In den wenigen Fällen, wo das Adjektiv dem Nomen vorangestellt ist, gebraucht man im Spanischen für »was für (ein)« + Adjektiv + Nomen **qué** + Adjektiv + Nomen. Ist das Adjektiv jedoch nachgestellt, so wird **qué** + Nomen + **tan** oder **más** + Adjektiv gebraucht..

¡Qué buen hombre!	Was für ein guter Mann!
¡Qué ciudad tan grande!	Was für eine große Stadt!
¡Qué película más divertida!	Was für ein lustiger Film!
¡Qué nariz tan roja tienes!	Was für eine rote Nase du hast!

- »Wieviel...!« wird durch **¡cuánto...!** ausgedrückt.

¡Cuántos regalos he tenido!	Wieviele Geschenke ich bekommen habe!
¡Cuánta gente!	Wieviele Menschen!

• »(Sieh nur) wie...!« drückt man durch **¡como!** + Verb aus.

¡Cómo nieva!	Sieh nur wie es schneit!
¡Cómo has crecido!	Wie du gewachsen bist!

➤ [Bitte schlagen Sie auch unter **¡ojalá...!** in 16e(i) nach].

24b Zwischenrufe

Zwischenrufe sind Wörter oder kurze Redewendungen, die im Prinzip verkürzte Ausrufe und Gefühlsäußerungen sind. Mit ihrer Hilfe verleihen wir (oft unwillkürlich) den verschiedenen Emotionen Ausdruck, die uns »in der Hitze des Gefechts« bewegen.

• Einige sind Reaktionen auf Sinneswahrnehmungen – Schmerz, Geschmack, Geruch, Geräusch, Anblick. Es handelt sich kaum um richtige Wörter.

¡Ah!	Ah! Oh!
¡Ay!	Ach! Oh! Au! (Allzweckausruf!)
¡Huy!	Au! Weh! Pfui!
¡Puf!	Pfui! Bah!

• Einige drücken Überraschung, Ungläubigkeit aus.

¡Caramba!	Zum Donnerwetter! Zum Teufel!
¡Caray!	Zum Donnerwetter! Zum Teufel!
¡Dios mío!	Meine Güte! O Gott!
¡Jesús!	Herrje! Herrjesses!
¡Anda!	Gute Güte!
¡Vaya!	Sieh mal einer an! Nanu!
¡No me diga(s)!	Das darf doch nicht wahr sein!
¿Verdad?	Wirklich? Tatsächlich?
¿De veras?	Wahrhaftig? Wirklich?

• Einige drücken Ermahnung, Aufforderung oder sogar flehentliche Bitte aus.

¡Por Dios!	Um Himmels willen!
¡Vamos!	Los!

¡Venga!	Los! Mach schon!

- Einige enthalten eine Warnung oder Anweisung.

¡Cuidado!	Achtung! Vorsicht!
¡Ojo!	Aufpassen! Vorsicht!
¡Socorro!	Hilfe!
¡Tenga!	Hier bitte!
¡Chist!	Pst! Still!

- Andere wiederum drücken Empörung, Enttäuschung oder Abscheu aus.

¡Ni hablar!	Kommt gar nicht in Frage!
¡En absoluto!	Kommt nicht in Frage!
¡Ni mucho menos!	Überhaupt nicht! Ganz im Gegenteil!
¿Y qué?	Was soll's?
¡Fatal!	Gräßlich! Furchtbar!
¡Mierda!	Scheiße!
¡Puaj!	Pfui!

- Oder auch Freude, Vergnügen.

¡Estupendo!	Toll! Großartig!
¡Fantástico!	Super! Phantastisch!
¡Ñam ñam!	Lecker, lecker!
¡Olé!	Hurrah! Bravo!

24c Anrufungen und »Kraftausdrücke« im Spanischen

(i) *Religiöse Ausdrücke*

Die Hilfe des Himmels anzurufen, wird im Spanischen (wie im Deutschen ja auch) nicht als Blasphemie empfunden: **¡Dios!**, **¡Jesús!**, **¡Jesucristo!**, **¡Cristo!**, **¡la Virgen María!**

(ii) *Sexuelle Ausdrücke*

Spanische Flüche enthalten einen beträchtlichen »Reichtum« an sexuellen Ausdrücken, der bei weitem über die Reichweite dieses Buches hinausgeht. Als Nicht-Muttersprachler sollte man große Zurückhaltung üben und sich sehr hüten, diese zu gebrauchen, wenn man nicht vollkommen sicher ist, wie akzeptabel oder passend sie sind – und vor allem: niemand beleidigen!

E

BEDEUTUNG VERBINDEN UND VERÄNDERN: PRÄPOSITIONEN UND ADVERBIALE BESTIMMUNGEN

25 Verbindung der Nominalphrase mit dem Satz: Präpositionen

25a *Wozu dient eine Präposition?*

Eine Präposition ist ein Bindewort, das vor ein Nomen oder ein Pronomen gestellt wird, um es mit dem Rest des Satzes zu verbinden.

25b *Präpositionale Ausdrücke, die mit Verben verbunden sind*

Es gibt zwei Möglichkeiten, um einen präpositionalen Ausdruck mit einem Verb zu verbinden.

(i) *Alleinstehende adverbiale Ausdrücke*

Bei einem präpositionalen Ausdruck kann es sich um einen alleinstehenden adverbialen Ausdruck handeln [➤27], der die Bedeutung des Verbs modifiziert oder erweitert. Er antwortet auf Fragen wie **¿cuándo?** »wann«?, **¿dónde?** »wo?« oder **¿cómo?** »wie?« [➤6d(vi)-(viii)].

¿Cuándo salieron Vds de casa? –Salimos *a las diez.*	Wann gingen Sie zu Hause weg? – Wir gingen *um zehn.*
¿Dónde pararon a almorzar? –Paramos *en Córdoba.*	Wo hielten Sie an, um zu Mittag zu essen? – Wir hielten *in Córdoba.*
¿Cómo viajaron? –Viajamos *en coche.*	Wie sind Sie gereist? – Wir fuhren *mit dem Auto.*

(ii) Bestimmte, häufig gebrauchte Präpositionen verbinden bestimmte Verben mit nachgestellten Nominalphrasen [➤8i] oder dem Infinitiv eines weiteren Verbs [➤8k]. Bitte schlagen Sie zwecks weiterer Erklärungen in den genannten Abschnitten nach.

25c *Präpositionale Ausdrücke nach Nominalphrasen*

Es gibt zwei Möglichkeiten, um einen präpositionalen Ausdruck mit einer Nominalphrase zu verbinden.

(i) Er kann die Funktion eines Adjektivs [➤22b] erfüllen; er antwortet dann auf die Frage **¿qué...?** »welch-?«. Man kann ihn dann als abgekürzten Relativsatz auffassen.

En Córdoba tomamos un bocadillo de jamón y una caña de cerveza. Luego buscamos gasolina sin plomo.	In Córdoba aßen wir *ein belegtes Brot mit Schinken* und tranken *ein Glas Bier.* Dann gingen wir auf die Suche nach *bleifreiem Benzin.*

(ii) Auf bestimmte Nomen, besonders wenn sie mit den Verben in Abschnitt 8k verwandt sind, folgt ebenfalls immer eine ganz bestimmte Präposition, die sie mit dem nachfolgenden Satzteil verbindet.

Gracias por su *ayuda para encontrar* un buen itinerario, aunque tuvimos una verdadera *lucha para encontrar* nuestro camino por Sevilla. Sus *consejos de tomar* la autopista hasta Sevilla y nuestra *decisión de seguirlos* nos ahorraron bastante tiempo. ¡Somos muy *capaces de* cometer errores!	Danke für Ihre *Hilfe,* eine gute Route *zu finden*; wir hatten jedoch einen wahren *Kampf, unseren Weg* durch Sevilla *zu finden.* Ihr *Rat, die Autobahn* bis Sevilla *zu nehmen* und unser *Entschluß, diesem Rat (ihm) zu folgen,* ersparte uns eine ganze Menge Zeit. Wir machen *viele Fehler* (sind zu *vielen Fehlern fähig*)!

(iii) *Besitz*

Im Deutschen ist es oft möglich, den Besitz durch die Präposition »von« mit dem Besitzer zu verbinden (»das Auto *von* Frau Pérez«). Genau das geschieht im Spanischen mit Hilfe von **de** [➤23j(ii)].

***Los consejos de nuestros amigos* fueron muy buenos. *El tráfico de Sevilla* puede ser muy denso.**	*Der Rat unserer Freunde* war sehr gut. *Der Verkehr von Sevilla* kann sehr stark sein.

25d Präposition + Verb

Steht eine Präposition vor dem Verb, so handelt es sich immer um den Infinitiv [➤10a(iv)].

Después de salir* de Cádiz tomamos la autopista *sin considerar* otra carretera. *Al llegar* a Córdoba, nos paramos *a almorzar.	*Nachdem wir* Cádiz *verlassen hatten,* nahmen wir die Autobahn *ohne eine andere Straße in Betracht zu ziehen. Als wir* in Córdoba *ankamen,* hielten wir an, *um zu Mittag zu essen.*

25e Häufig vorkommende Präpositionen

Spanische Präpositionen bestehen oft aus nur einem Wort, können aber auch aus zwei oder mehr Wörtern zusammengesetzt sein. Diese werden mit Hilfe von **a** oder **de** mit dem nachfolgenden Nomen oder Pronomen verbunden.

Die einzigen Pronomen, die im Spanischen normalerweise auf eine Präposition folgen können, sind die unverbundenen Personalpronomen oder Präpositionalpronomen [➤23f].

(i) Einfache Präpositionen

a	an, auf, nach, in, mit, durch, von (nicht übersetzt, wenn als persönliches **a** gebraucht)
bajo	unten, darunter
con	mit
contra	gegen
de	von, aus, bei; wegen, vor; über, in, mit, zu, an, auf, für
desde	seit; von...an
durante	während, ...lang
en	in, an, auf
entre	zwischen, unter
hacia	gegen, nach, auf...zu
hasta	bis, bisher
mediante	mittels; mit, durch
para	für, wegen, um zu
por	durch, wegen, um
según	gemäß, laut, nach
sin	ohne
sobre	auf, über, etwa
tras	hinter, nach (hauptsächlich in der Schriftsprache)

(ii) *Zusammengesetzte Präpositionen*

Folgt auf eine der nachstehenden Präpositionen ein maskulines Nomen im Singular, wird **a + el** zu **al** und **de + el** zu **del** [➤21x(iii)].

a causa de	wegen	**encima de**	auf, über, oberhalb
a la derecha de	rechts von	**enfrente de**	gegenüber
a la izquierda de	links von	**en lugar de**	statt, anstatt
al final de	am Ende von	**en medio de**	mitten in
al lado de	neben	**en torno a**	um ... herum
al otro lado de	auf der anderen Seite von	**en vez de**	anstatt, an Stelle von
alrededor de	ungefähr, etwa	**frente a**	gegenüber von, angesichts
antes de	vor	**fuera de**	außer(halb), ausgenommen
a razón de	aufgrund von	**gracias a**	dank ...
cerca de	in der Nähe von	**junto a**	neben, in der Nähe
debajo de	unter	**(no) lejos de**	(nicht) weit von
debido a	aufgrund von	**por medio de**	(ver)mittels, durch
delante de	vor		
dentro de	innerhalb, in		
después de	nach		
detrás de	hinter		

(iii) ***Para*** *und* ***por***

Diese beiden Präpositionen werden oft verwechselt. **Para** weist im wesentlichen auf einen Endzweck, ein Ziel hin: **¿Para qué?** bedeutet »wofür?, zu welchem Zweck?«. **Por** dagegen gibt in erster Linie einen Grund an: **¿Por qué?** bedeutet »warum?, aus welchem Grund?«

(iv) ***Para***

Para bedeutet gewöhnlich:

(A) »Für« im Sinne von »bestimmt für« oder «in Anbetracht«.

En Córdoba compramos unas flores *para la tía María. Para ser hombre* no escogí mal, ¿verdad?	In Córdoba kauften wir Blumen *für Tante Maria. Für einen Mann (in Anbetracht dessen, daß ich ein Mann bin)* habe ich nicht schlecht gewählt, nicht wahr?

(B) »Zu« einem bestimmten Zeitpunkt oder »für« eine

bestimmte Dauer in der Zukunft.

La semana que viene vamos a Francia *para quince días.*	Nächste Woche fahren wir *für vierzehn Tage* nach Frankreich.
Las flores estarán listas *para las tres.*	Die Blumen werden *für drei Uhr* fertig sein.

(C) »Um zu« + Infinitiv

***Para encontrar* un florista tuvimos que ir al mercado.**	Wir mußten auf den Markt gehen, *um* einen Blumenhändler *zu finden.*

(v) *Por*

Por bedeutet gewöhnlich:

(A) »Durch« (oder »von«) – drückt den Handelnden bei einem Verb im Passiv aus [➤17d].

Estas flores son cultivadas *por* una empresa de horticultores de la comarca.	Diese Blumen werden *von* einer Gärtnerei dieser Gegend gezüchtet.

(B) »Für« im Sinne von »durch, aufgrund von, infolge von«.

La empresa es famosa *por* sus geranios, pero no pudimos visitarla *por* la necesidad de continuar nuestro viaje.	Die Firma ist *für* ihre Geranien berühmt. Wir konnten sie jedoch nicht besuchen, *da* (*aufgrund der Notwendigkeit, daß*) wir unsere Reise fortsetzen mußten.

(C) »Für« im Sinne von »als Gegenleistung für«.

Gracias *por* las flores. Has debido pagar bastante *por* ellas.	Danke *für* die Blumen. Du hast (sicher) sehr viel *für* sie bezahlen müssen.

(D) »Durch, über, entlang« bei Angabe von Weg/Richtung.

Salimos *por* Sevilla, luego pasamos *por* el río.	Wir starteten *durch* Sevilla und fuhren dann am Fluß *entlang.*

(E) »Durch« im Sinne von Bewegung (»hierherum, hierorts, hierdurch«), bei Ortsangaben oft in Verbindung mit einer weiteren Präposition.

Dimos un paseo *por* las calles de la ciudad. Luego subimos *por* la rampa hasta lo alto de la Giralda. Desde allí vimos toda la ciudad *debajo de* nosotros.	Wir machten einen Spaziergang *durch* die Straßen der Stadt. Später gingen wir die Rampe bis zur Giralda *hoch.* Von dort sahen wir die ganze Stadt *unter* uns liegen.

(F) Zur Angabe einer Zeitspanne, die gewöhnlich bereits abgeschlossen ist und in der Vergangenheit liegt.

Nos quedamos allí *por* media hora.	Wir blieben *(für)* eine halbe Stunde dort.

(G) Außerdem wird **por** auch in den nachstehenden, häufig gebrauchten adverbialen Bestimmungen verwendet:

por la mañana	am Morgen, heute morgen
por la tarde	am Nachmittag
por la noche	am Abend
por ahora	jetzt
por si acaso	falls, wenn etwa

und viele andere.

⚠ **Para siempre** — auf immer, auf ewig

26 Die verschiedenen adverbialen Bestimmungen

26a *Was ist eine adverbiale Bestimmung?*

Adverbiale Bestimmungen antworten in erster Linie auf die in Abschnitt 6d(vi)–(x) genannten Fragen. Sie modifizieren die Bedeutung, indem sie sie vervollständigen, verändern oder ihr sogar widersprechen. Dabei kann es sich um die Bedeutung von Verben, Adjektiven oder sogar des ganzen Satzes handeln. Es gibt drei Arten von adverbialen Ausdrücken: Adverbien, Adverbialphrasen und adverbiale Nebensätze. Sie alle erfüllen im Satz die gleiche Funktion – oft ist es möglich, das gleiche auszudrücken, gleichgültig welche adverbiale Form man gebraucht.

antes	**antes de la reunión**	**antes de que empezara la reunión**
vorher	vor der Besprechung	ehe die Besprechung begann

26b *Adverbien*

Bei Adverbien handelt es sich um ein einziges Wort; es gibt zwei Arten.

(i) Von Adjektiven abgeleitete Adverbien [➤22]

Die meisten dieser Adverbien beantworten die Frage **¿Cómo?** »Wie?«, können jedoch auch auf andere Fragen antworten.

Im Gegensatz zum Deutschen, wo sich die meisten Adverbien in der Form vom Adjektiv nicht unterscheiden, werden Adverbien im Spanischen vom Adjektiv abgeleitet. Dies geschieht durch Anhängen der Endung **-mente** an die weibliche Form des Adjektivs im Singular [➤22a].

Adjektiv	*Femininum Singular*	*Adverb*	
rápido	**rápida**	**rápidamente**	schnell
sincero	**sincera**	**sinceramente**	aufrichtig
principal	**principal**	**principalmente**	hauptsächlich
reciente	**reciente**	**recientemente**	kürzlich

• Das Adverb von **bueno** »gut« ist **bien** und von **malo** »schlecht« **mal**.

- Besitzt das Adjektiv einen Akzent, so wird er auch beim Adverb beibehalten.
- Wo mehrere Adverbien mit der Endung **-mente** zusammentreffen, gebraucht man die Adjektive in der jeweiligen weiblichen Form und hängt **-mente** nur an das letzte an.

Avanzaban *lenta, cautelosa y silenciosamente.*	Sie bewegten sich *langsam, vorsichtig* und *schweigend* vorwärts.

- Möglichkeiten zur Vermeidung langer Adverbien

(A) Da manche Adverbien durch das Anhängen von **-mente** sehr lang würden und ungeschickt klingen, werden sie im Spanischen oft in eine Adverbialphrase [➤26c] umgewandelt. Dazu gebraucht man **con** oder eine andere passende Präposition + Nomen oder **de un modo** (*maskulin*)/**de una manera** (*feminin*) + Adjektiv [➤20b, 22a, 26c].

Avanzaban *con lentitud y cautela y en silencio.* **Avanzaban *de un modo lento, cauteloso y silencioso.*** **Avanzaban *de una manera lenta, cautelosa y silenciosa.***	Sie bewegten sich *langsam, vorsichtig* und *schweigend* vorwärts.

(B) Im formellen Stil gebraucht man im Spanischen oft das Adjektiv, das dann dem Subjekt des Verbs angegeglichen werden muß [➤22c(i)].

Avanzaban *lentos, cautelosos y silenciosos.*	Sie bewegten sich *langsam, vorsichtig* und *schweigend* vorwärts.

(ii) *Sonstige Adverbien*

Sehr viele häufig gebrauchten Adverbien, besonders wenn sie auf die Frage **¿Cuándo?** »Wann?« und **¿Dónde?** »Wo?« antworten, werden nicht von Adjektiven abgeleitet. [Für Adverbien und häufig gebrauchte Adverbialphrasen ➤27.]

(iii) *Komparativ und Superlativ*

Die meisten abgeleiteten Adverbien können gebraucht werden,

um Vergleiche zu machen: wir verwenden dafür den Komparativ. Werden die Handlungen von mehr als zwei Personen oder Sachen verglichen, gebraucht jedoch man den Superlativ.

• Der Komparativ der Adverbien wird im Spanischen auf die gleiche Weise gebildet wie der der Adjektive [➤22d(i)]: Man stellt einfach **más** »mehr« vor das Adverb und **que** »als« dahinter (wenn notwendig).

Vds habrán ido a un concierto *más recientemente* que nosotros.	Sie werden (wohl) *vor sehr viel kürzerer Zeit* im Konzert gewesen sein *als* wir.

• In den meisten Fällen hat der Superlativ [➤22d(ii)] des Adverbs die gleiche Form wie der Komparativ.

Son nuestros amigos los que han ido *más recientemente* a un concierto.	Es sind unsere Freunde, die *jüngstens (vor kürzester Zeit)* im Konzert waren (nicht wir).

• Der Komparativ und Superlativ von **bien** »gut« ist **mejor** »besser, am besten« und von **mal** »schlecht« **peor** »schlechter, am schlechtesten«

Esta es la orquesta que toca *mejor.*	Dieses Orchester spielt *am besten.*

• Der negative Komparativ und Superlativ mit **menos** »weniger, am wenigsten« wird auf die gleiche Weise gebraucht.

Vds pueden ir a los conciertos *menos fácilmente* que nosotros.	Für Sie ist es *weniger einfach* ins Konzert zu gehen *als* für uns.
Son nuestros vecinos los que pueden ir a los conciertos *menos fácilmente.*	Es sind unsere Nachbarn, für die es am schwierigsten *(am wenigsten einfach)* ist, ins Konzert zu gehen.

• Vergleicht man »Gleiches mit Gleichem« wird im Spanischen **(no) tan...como** »(nicht so) ebensoviel...wie« oder **tanto como** »soviel/so viele wie« [➤22d(iv)] gebraucht.

Vds van a conciertos *tan frecuentemente como* nosotros. A Vds les gustan los conciertos *tanto como* a nosotros.	Sie gehen *ebenso häufig wie* wir ins Konzert. Sie genießen die Konzerte *ebenso sehr, wie* wir es tun.

- Es ist möglich, an die Superlativform von Adjektiven, die auf **-ísimo** enden, eine zusätzliche Endung **-mente** anzuhängen. Das bedeutet dann »äußerst, ausgesprochen« oder »sehr sehr...« [➤22d(v)].

Si queremos ir a este concierto hay que actuar *rapidísimamente.*	Wenn wir in dieses Konzert gehen wollen, müssen wir *äußerst schnell* handeln.

26c *Adverbialphrasen*

Manchmal übernimmt eine Nominalphrase [➤20b] die Funktion eines Adverbs, wie zum Beispiel in dem Satz **Habla *todo el tiempo*** »er redet *die ganze Zeit*«. Die meisten Adverbialphrasen beginnen jedoch mit einer Präposition. Sie werden in Kapitel 27 ausführlicher besprochen.

Vorstehend wurde bereits erwähnt [➤26b(i)], daß man im Spanischen oft eine Nominalphrase, die mit einer Präposition beginnt, einem langen Adverb mit der Endung **-mente** vorzieht.

Hay un gran número de conciertos *en la capital.* Los mejores se dan *con frecuencia en la sala de conciertos a orillas del río cerca del puente.*	*In der Hauptstadt* gibt es eine große Anzahl von Konzerten. Die besten werden *häufig in der Konzerthalle am Flußufer in der Nähe der Brücke* gegeben.

26d *Adverbiale Nebensätze*

Im Gegensatz zu Adverbialphrasen enthalten adverbiale Nebensätze ein Hauptverb und werden durch eine unterordnende Konjunktion eingeleitet. Sätze dieser Art werden in Abschnitt 5a(ii) besprochen. Bei vielen steht das Verb im Konjunktiv [➤16c].

Quisiéramos ir a aquel concierto *porque la orquesta es muy famosa.*	Wir möchten gerne zu diesem Konzert gehen, *denn das Orchester ist sehr berühmt.*
Quisiéramos ir, *aunque las entradas sean bastante caras.*	Wir würden gerne gehen, *selbst wenn die Karten sehr teuer sind.*
***Si vamos a conseguir entradas,* tendremos que sacarlas cuanto antes.**	*Wenn wir uns um Karten bemühen,* müssen wir sie so schnell wie möglich besorgen.

27 Die Aufgabe der adverbialen Bestimmung

27a *Negative Ausdrücke*

(i) *Die Verneinung des Verbs*

Um ein Verb zu verneinen, wird ihm **no** unmittelbar vorangestellt und kann höchstens durch ein oder mehrere Objektpronomen [➤23b, c] von ihm getrennt werden.

No tengo* mi monedero. *¡No lo tengo!	Ich *habe* meinen Geldbeutel *nicht.* Ich *habe ihn nicht!*

(ii)

Folgt im Spanischen auf das Verb ein negativer Ausdruck, so muß **no** ihm dennoch vorangestellt werden. Steht der negative Ausdruck als erstes, oder es ist kein Verb vorhanden, oder **sin** »ohne« ist dem Verb vorangestellt, ist **no** nicht erforderlich.

Bei fast allen negativen Ausdrücken handelt es sich um Adverbien. Wir führen sie hier an, denn vorstehende Regel trifft auf alle zu.

no	nicht
nunca	niemals
jamás	niemals
en mi vida	nie im Leben
de ninguna manera	in keiner Weise, überhaupt nicht
de ningún modo	in keiner Weise, überhaupt nicht
en ninguna parte	nirgends, nirgendwo
en ningún sitio	nirgends, nirgendwo
tampoco	auch nicht, ebensowenig (*Negativum* von **también** »auch«)
ni ... ni	weder ... noch
ni	noch
ya no	nicht mehr, nicht länger

Und auch die Pronomen [➤23i(i)]

nada	nichts
nadie	niemand, keiner

sowie das Bestimmungswort [➤21f(ii)]

ninguno	keiner, kein einziger

***En mi vida* he entendido por qué los miembros de una orquesta llevan negro. *¡No he visto en ninguna parte* una orquesta que se vista de amarillo! *¡Ni* en rojo *tampoco!* (*¡Tampoco* en rojo!) *Sin* haber pensado *nunca* en esto, ¡tengo que admitir que es verdad!**	Ich habe *nie in meinem Leben* verstanden, weshalb die Mitglieder eines Orchesters schwarz tragen. Ich habe *nirgends* ein Orchester gesehen, das sich gelb gekleidet hätte. *Auch nicht* rot! *Ohne jemals* darüber nachgedacht zu haben, muß ich zugeben, das stimmt!

27b Sonstige Adverbien und Adverbialphrasen

Sie antworten auf verschiedene Fragen.

*(i) **¿Cuándo?** »Wann?«: Zeit [➤6d(vi)]*

ahora	jetzt
a menudo	oft, häufig
anoche	gestern abend
antes	vorher
anteayer	vorgestern
ayer	gestern
actualmente	im Augenblick, zur Zeit
ahora mismo	jetzt sofort
a tiempo	rechtzeitig, pünktlich
algunas veces	manchmal
a veces	manchmal
muchas veces	oft, häufig
rara vez	selten
una vez	einmal
con frecuencia	oft, häufig
después	nachher
el domingo por la tarde	am Sonntagnachmittag
en seguida	sofort, sogleich
entonces	dann
luego	(so)dann, (als)bald
mañana	morgen
mañana por la mañana	morgen früh
mañana por la tarde	morgen nachmittag

mañana por la noche	morgen abend
nunca	niemals
pasado mañana	übermorgen
pronto	bald
por ahora	für jetzt, einstweilen, vorläufig
por el momento	vorläufig
los sábados por la noche	samstags abends
temprano	früh
tarde	spät
más tarde	später
de aquí en adelante	von nun an
siempre	immer
ya	schon, bereits

***Anoche* fuimos a un concierto y *después* cenamos en un restaurante. *Mañana* vamos a ir a otro. Viviendo en el campo *nunca* vamos a conciertos, y se olvida *pronto* que *siempre* hay buenos conciertos en la capital.**	*Gestern abend* gingen wir zu einem Konzert und *nachher* aßen wir in einem Restaurant. *Morgen* gehen wir in ein anderes. Da wir auf dem Land leben, gehen wir *niemals* ins Konzert und man vergißt *bald*, daß es in der Hauptstadt *immer* gute Konzerte gibt.
***Actualmente* los hombres llevan *a veces* chaqueta blanca, pero *por el momento* nada va a cambiar.**	*Zur Zeit* tragen die Männer *manchmal* ein weißes Jackett, doch *vorläufig* wird sich nichts ändern.

(ii) ¿Como? *»Wie?«: Art und Weise [➤6d(vii)]*

a propósito	à propos, übrigens, in dieser Beziehung
así	so
asimismo	ebenso
bien	gut
de espaldas	mit dem Rücken nach/zu
de puntillas	auf den Fußspitzen
del mismo modo	auf die gleiche Weise
de la misma manera	auf die gleiche Weise
demasiado	zu sehr, zu viel
de repente	plötzlich
de soslayo	schräg, schief; flüchtig
en autobús	per Bus

en avión	per Flugzeug
en bicicleta	per Fahrrad
en (el) tren	per Bahn, per Zug
entonces	dann, damals
mal	schlecht
por desgracia	unglücklicherweise

A propósito, creo reconocer a un amigo en el concierto, pero no le veía _bien,_ porque _por desgracia_ estaba _de espaldas_

Übrigens glaubte ich im Konzert einen Freund zu erkennen, doch ich sah ihn nicht sehr *gut*, denn er stand *leider mit dem Rücken zu mir.*

(iii) ¿Dónde? »Wo?«: Ort [➤6d(vii)]

acá	hier, hierher (*Südamerikanisch*)
aquí	hier
ahí	dort, da (in Ihrer Nähe)
allí	dort (drüben) [➤21d,23h]
allá	(weit) dort (drüben), dorthin
delante	vorn
adelante	vorwärts, herein!
dentro	innen
adentro	hinein
detrás	hinten
atrás	nach hinten
encima	oben
fuera	außen
afuera	nach draußen
en alguna parte	irgendwo
en cualquier parte	irgendwo
en ninguna parte	nirgends
en otra parte	anderswo
en todas partes	überall

(Soll Bewegung ausgedrückt werden, wird **en** durch **a** ersetzt).

debajo	unten, unterhalb
abajo	(nach) unten, herunter, hinunter
arriba	(nach) oben, hinauf
allí abajo	dort unten
allí arriba	dort oben
calle abajo	die Straße hinunter
calle arriba	die Straße hinauf

río abajo	flußabwärts
río arriba	flußaufwärts

¿Dónde quieres sentarte? *¿Aquí, ahí* o *allí?* Prefiero sentarme *delante,* no me gusta tener el balcón *encima.*	Wo möchtest du sitzen? *Hier, da* oder *dort (drüben)?* Ich möchte lieber *vorn* sitzen, es gefällt mir nicht, den Balkon *über mir* zu haben.

- Bei einigen, im Spanischen häufig gebrauchten Adverbien des Ortes handelt es sich eigentlich um Adverbialphrasen [➤26c].

en todas partes	überall	**en ninguna parte**	nirgends

Dejé el programa del concierto *en alguna parte,* pero no lo veo *en ninguna parte.* He buscado *en todas partes.*	Ich habe das Konzertprogramm *irgendwo* gelassen, ich sehe es jedoch *nirgends.* Ich habe *überall* gesucht.

- Eine Reihe dieser Adverbien können als zusammengesetzte Präpositionen gebraucht werden, die man durch **de** (**delante de** »vor«) mit einem Nomen verbindet [➤25e(ii)].

(iv) *¿Cuánto?* *»Wieviel?«: Grad oder Umfang [➤6d(ix)]*

bastante	genug, eine Menge
mucho	viel, eine große Menge
muchísimo	sehr viel
poco	wenig
poquísimo	äußerst wenig
un poco	ein wenig
más	mehr
menos	weniger
cada vez más	immer mehr
cada vez menos	immer weniger
todo	ganz, gänzlich, völlig

Claro que me preocupa *bastante.* En efecto, me preocupa *cada vez más.*	Natürlich macht mir das *eine Menge* Sorgen. Es macht mir in der Tat *immer mehr* Sorgen.

(v) *¿Por qué? »Warum?«: Gründe [➤6d(x)]*

por lo tanto	daher, deshalb	**entonces**	daher, deshalb

Por lo tanto* voy a seguir buscándolo *entonces.	*Aus diesem Grund* werde ich *daher* weiter danach suchen.

27c *Die Stellung der adverbialen Bestimmungen im Satz*

Im Spanischen gibt es für die Stellung der adverbialen Bestimmungen im Satz keine feste Regel. Nachstehende Bemerkungen sind jedoch zusätzlich zu den allgemeinen Regeln der Wortstellung [➤4g] eventuell eine Hilfe.

- Adverbien stehen normalerweise *direkt vor* oder *direkt nach* dem Wort, das sie modifizieren. Dabei stehen Adverbien der *Zeit* gewöhnlich vor denen des *Ortes* (wie dies auch im Deutschen der Fall ist).

La orquesta tocaba *otra vez* la obertura 1812 cuando *al sonar los cañones desde el balcón* gritaron «bravo».	Das Orchester spielte die Ouvertüre von 1812 gerade *noch einmal*, als *beim Ertönen der Kanonen vom Balkon* »bravo« gerufen wurde.

- Adverbien der Art und Weise stehen in der Regel direkt nach einem intransitiven Verb [➤8b]. Bei einem transitiven Verb folgen sie jedoch am Ende der Verbalphrase.

Esta orquesta tocó *estupendamente* anoche. **La orquesta tocó la obertura *estupendamente* anoche.**	Dieses Orchester spielte gestern abend *ausgezeichnet.* Das Orchester spielte die Ouvertüre gestern abend *ausgezeichnet.*

- Wie bei anderen Wortarten auch können adverbiale Bestimmungen aus Gründen der Betonung an den Satzanfang gestellt werden.

***Anoche* la orquesta tocó estupendamente.**	*Gestern* spielte das Orchester ausgezeichnet.

F

DER GEBRAUCH DER ZAHLEN

28 Zahlwörter

28a Zählen: die Grundzahlen

1	uno (un/una)	32	treinta y dos, etc.
2	dos		
3	tres	40	cuarenta
4	cuatro	41	cuarenta y uno (un/una)
5	cinco		
6	seis	42	cuarenta y dos, etc.
7	siete		
8	ocho	50	cincuenta
9	nueve	60	sesenta
10	diez	70	setenta
11	once	80	ochenta
12	doce	90	noventa
13	trece	100	cien
14	catorce	101	ciento uno (un/una)
15	quince		
16	dieciséis	102	ciento dos
17	diecisiete	110	ciento diez
18	dieciocho	125	ciento veinticinco
19	diecinueve		
20	veinte	199	ciento noventa y nueve
21	veintiuno (veintiún/veintiuna)		
		200	doscientos/ doscientas
22	veintidós	201	doscientos uno/un, doscientas una
23	veintitrés		
24	veinticuatro		
25	veinticinco	258	doscientos/as cincuenta y ocho
26	veintiséis		
27	veintisiete		
28	veintiocho	300	trescientos/as
29	veintinueve	400	cuatrocientos/as
30	treinta	500	quinientos/as
31	treinta y uno (un/una)	600	seiscientos/as
		700	setecientos/as

800	ochocientos/as	3.000	tres mil
900	novecientos/as	20.000	veinte mil
999	novecientos/as noventa y nueve	85.000	ochenta y cinco mil
1.000	mil	100.000	cien mil
1.005	mil cinco	1.000.000	un millón
1.588	mil quinientos/as ochenta y ocho	2.000.000	dos millones
		3.456.789	tres millones, cuatrocientos cincuenta y seis mil, setecientos ochenta y nueve
1.995	mil novecientos noventa y cinco		
2.000	dos mil		

Aus vorstehender Tabelle ist ersichtlich, daß die Grundzahlen im Spanischen keine größeren Schwierigkeiten machen. Nachstehende Punkte sind jedoch zu berücksichtigen.

(A) **Uno** ist die vollständige maskuline Form von »ein(s)« und wird gebraucht, wenn sie alleine steht. Vor einem maskulinen Nomen wird sie zu **un** verkürzt und vor einem femininen Nomen gebraucht man **una** (jedoch **un**, wenn es mit betontem **a-**oder **ha-** beginnt) [➤21e(i)]. Dies geschieht bei *allen* Zahlen, die mit **-uno** enden .

Hay *treinta y un* hombres y *cuarenta y una* mujeres en el grupo.	In der Gruppe sind *einunddreißig* Männer und *einundvierzig* Frauen.
¿Cuántos hombres? –*Treinta y uno.* –¿Y cuántas mujeres? –*Cuarenta y una.*	Wie viele Männer? – *Einunddreißig.* – Und wieviele Frauen? – *Einundvierzig.*

(B) Bis zur Zahl 30 werden Zahlen als ein Wort geschrieben. Achten Sie auf den Akzent bei **dieciséis** (16), der verkürzten Form **veintiún** (21), **veintidós** (22), **veintitrés** (23) und **ventiséis** (26).

(C) Von 31 bis 99 wird zwischen Zehnern und Einern **y** gebraucht und die Zahlen werden als getrennte Wörter geschrieben.

(D) Steht 100 alleine oder vor einem Nomen, so gebraucht man **cien**; folgt jedoch darauf eine weitere Zahl, d.h. Sie sagen »einhundert und etwas«, so gebraucht man **ciento**.

¿Cuántas personas hay? –*Cien.* Hay *cien* personas. No, perdón, hay *ciento dos.*	Wie viele Personen sind hier? – *Hundert.* Es sind *hundert* Personen. Nein, Entschuldigung, es sind *hundertzwei.*

(E) Die Ausdrücke für 200 bis 900 sind jeweils ein Wort. Es endet auf **-os** und wird häufig in **-as** verwandelt, wenn das nachfolgende Nomen weiblich ist. In Spanisch-sprechenden Ländern geschieht dies sehr häufig, wenn ihre Währung feminin ist: z.B. die spanische Peseta.

¿Cuánto vale? –*Seiscientas* pesetas.	Was macht das? – *Sechshundert* Peseten.

(F) Die Wörter für 500, 700 und 900 sind ***quin*ientos**, ***sete*cientos** und ***nove*cientos**.

(G) Das Wort für 1000, **mil**, wird als Zahl nie in den Plural gesetzt: **dos mil** »zweitausend«. Man kann jedoch sagen **miles de** »Tausende von...«

¡Hay *miles de* palabras en un idioma como el español!	In einer Sprache wie dem Spanischen gibt es *Tausende von* Wörtern!

(H) »Eine Million« heißt **un millón**, »zwei Millionen« **dos millones,** usw. Sie sind mit dem folgenden Nomen durch **de** verbunden.

Madrid tiene *tres millones de* habitantes.	Madrid hat *drei Millionen* Einwohner.

(I) Der kontinentaleuropäischen Praxis entsprechend wird auch in Spanien ein Punkt zwischen Tausendern und ein Komma zur Abtrennung der Dezimalstellen verwendet. In einigen spanisch-sprechenden Ländern Südamerikas folgt man jedoch der Praxis der USA und Großbritanniens (das heißt, genau das Gegenteil ist der Fall).

2.867 dos mil ochocientos	zweitausend achthundert siebenundsechzig
2,867 dos coma ocho, seis, siete	zwei Komma acht sechs sieben

28b Reihenfolge oder Rangordnung: die Ordnungszahlen

(i) Die Ordnungszahlen – **primero** »erst-«, usw. – sind Adjektive und müssen nach Geschlecht und Zahl dem oder den Nomen, die sie bestimmen, angeglichen werden.

Primero und **tercero** werden vor einem maskulinen Nomen im Singular zu **primer** und **tercer** verkürzt.

El *primer* hombre está en el *tercer* asiento.	Der *erste* Mann ist im *dritten* Sitz(platz).

(ii) Die am häufigsten gebrauchten Ordnungszahlen sind:

primero	erst-	**sexto**	sechst-
segundo	zweit-	**sé(p)timo**	siebt-
tercero	dritt-	**octavo**	acht-
cuarto	viert-	**noveno**	neunt-
quinto	fünft-	**décimo**	zehnt-

und gelegentlich auch

centésimo	hundertst-	**milésimo**	tausendst-

(iii) Ordnungszahlen gibt es natürlich auch für andere Zahlen (**duodécimo**, 12.; **décimoquinto**, 15.; usw.), doch sie werden selten verwendet. An ihrer Stelle gebraucht man die Grundzahlen, ganz besonders bei Königen, Päpsten, Jahrestagen, Geburtstagen, usw.

Alfonso Décimo, «el Sabio», reinó en el siglo trece. Alfonso Trece abdicó en 1931. El rey actual de España es Juan Carlos Primero. En 1988 celebró su cincuenta cumpleaños.	Alfons der *Zehnte*, »der Weise«, regierte im *dreizehnten* Jahrhundert. Alfons der *Dreizehnte* dankte 1931 ab. Der heutige König von Spanien ist Juan Carlos der *Erste*. Er feierte 1988 seinen *fünfzigsten* Geburtstag.

28c Teilen: die Bruchzahlen

1/2	un medio	1/3	un tercio
1/4	un cuarto	1/5	un quinto

und so weiter. Man gebraucht die Ordnungszahlen [➤26b] bis:

1/10		un décimo	

Von **once** (11) an wird an die Grundzahl **-avo** angehängt.

1/11	un onceavo	1/16	un dieciseisavo
1/100	un centavo/centésimo		

• Die meisten dieser Bruchzahlen werden lediglich in der Mathematik gebraucht; in einem nicht-spezifischen Zusammenhang zieht man Ausdrücke wie **una tercera parte**, **la sexta parte** vor.

***Las dos terceras partes* del mundo están debajo del agua.**	*Zwei Drittel* der Welt sind von Wasser bedeckt.

• Die *Hälfte* einer speziellen Sache oder eines Konzepts ist **la mitad**.

¿Quieres *la mitad* de mi naranja?	Möchtest du *die Hälfte* meiner Apfelsine?

28d Gruppieren und Schätzen: Kollektivzahlen

Die spanische Sprache besitzt ein paar Kollektivzahlen, die zur Angabe einer ungefähren Menge gebraucht werden. Sie werden alle mit dem nachfolgenden Nomen durch **de** verbunden.

un par (de)	einige, ein paar
una decena (de)	etwa zehn
una docena (de)	ein Dutzend
una quincena (de)	etwa fünfzehn, etwa 2 Wochen, vierzehn Tage
una veintena (de)	etwa zwanzig
un centenar (de)	etwa hundert
centenares/cientos (de)	hunderte von
un millar (de)	etwa tausend
millares/miles (de)	Tausende von
millones (de)	Millionen von

Había *centenares de personas* allí y tuvimos que esperar *un par de horas*.	*Hunderte von Menschen* waren dort, und wir mußten *ein paar Stunden* warten.

29 Die Uhrzeit

29a Wie man die Zeit angibt

Im Spanischen wie im Deutschen gibt es zwei Möglichkeiten zur Angabe der Uhrzeit: zum einen die umgangssprachliche, auf zwölf Stunden bezogene (**las siete menos cuarto** »viertel vor sieben«) und zum anderen die exakte, amtliche (24-Stunden Uhr) für Fahrpläne, usw. (**las seis cuarenta y cinco** »sechs Uhr fünfundvierzig«, **las dieciocho cuarenta y cinco** »achtzehn Uhr fünfundvierzig«).

29b Zeitausdrücke

»Wieviel Uhr ist es?« wird im Spanischen durch **¿Qué hora es?** und »Können Sie mir bitte die Zeit sagen?« durch **¿Tiene (Vd) la hora, por favor?** ausgedrückt.

Es la una	es ist ein Uhr
Son las dos	es ist zwei Uhr
Son las siete	es ist sieben Uhr
Es la una y diez	es ist zehn nach sieben
Son las cuatro y cuarto	es ist Viertel nach vier
Son las cuatro quince	es ist vier Uhr fünfzehn
Son las seis y media	es ist halb sieben
Son las seis treinta	es ist sechs Uhr dreißig
Son las nueve menos cuarto	es ist Viertel vor neun
Son las ocho cuarenta y cinco	es ist acht Uhr fünfundvierzig
Son las once menos cinco	es ist fünf vor elf
Son las diez cincuenta y cinco	es ist zehn Uhr fünfundfünfzig

- Wird **la una** »ein Uhr« angegeben, steht das Verb im Singular, doch bei allen anderen Uhrzeiten steht es im Plural. Zum Ausdruck der Uhrzeit wird gewöhnlich das Verb **ser** [➤8d(i)] gebraucht, doch manchmal wird auch **dar** »schlagen« verwendet.

***Daban las doce* cuando volvimos a casa.**	*Es schlug (gerade) zwölf,* als wir nach Hause kamen.
A qué hora* sale el avión? –Sale *a las diez y media.	*Um wieviel Uhr* geht (fliegt) das Flugzeug? – Es geht *um halb elf.*

• In der Umgangssprache fügt man zur Vermeidung von Mißverständnissen ähnlich wie im Deutschen **de la mañana** »vormittags, morgens«, **de la tarde** »nachmittags« oder **de la noche** »abends/nachts« hinzu.

• Bei offiziellen Zeitangaben (Fahrpläne, Öffnungszeiten, usw.) verwendet man die 24-Stunden Uhr.

El avión sale *a las diez y media de la noche.*	Das Flugzeug geht *um halb elf abends.*
El avión sale *a las veintidós treinta.*	Das Flugzeug geht *um zweiundzwanzig Uhr dreißig.*

• »Etwa« oder »ungefähr« wird im Spanischen durch **sobre** oder **a eso de** ausgedrückt, »nicht später als« durch **para** [➤25e(iv)].

Saldremos de casa *sobre/a eso de* las nueve y llegaremos al aeropuerto *para* las nueve y media.	Wir werden *etwa um neun* zu Hause losfahren und am Flughafen *nicht später als* halb zehn ankommen.

mediodía	mittags, 12 Uhr mittags
medianoche	um Mitternacht

30 Der Kalender

Tage und Monate werden im Spanischen nicht groß geschrieben [➤2c(vi)].

30a Die Wochentage

lunes	Montag	**viernes**	Freitag
martes	Dienstag	**sábado**	Samstag
miércoles	Mittwoch	**domingo**	Sonntag
jueves	Donnerstag		

»Am Donnerstag« heißt auf Spanisch **el jueves**, »donnerstags« **los jueves** [➤21c(v)].
Achten Sie auch auf nachstehende Ausdrücke:

el viernes que viene	nächsten Freitag
el viernes próximo	nächsten Freitag
el sabado pasado	letzten Samstag
el domingo por la mañana	am Sonntagmorgen
el martes por la tarde	am Dienstagnachmittag
los lunes por la noche	montags abends

30b Die Monate

enero	Januar	**julio**	Juli
febrero	Februar	**agosto**	August
marzo	März	**septiembre**	September
abril	April	**octubre**	Oktober
mayo	Mai	**noviembre**	November
junio	Juni	**diciembre**	Dezember

Vamos a Caracas *en enero.*	Wir werden *im Januar* nach Caracas fahren.

30c Das Datum

Um das Datum auszudrücken gebraucht man vom 2. bis 31. des Monats die Grundzahlen [➤28a], gefolgt von **de**.

El *dos de* febrero y el *treinta y uno de* marzo.	Der *zweite* Februar und der *einundreißigste* März.

• Der erste des Monats ist **el primero**, obwohl man sehr häufig auch **el uno** hört: **el primero (uno) de abril**.

• Das Datum läßt sich auf zwei Arten erfragen und ausdrükken.

***¿Qué fecha es? –Es* el veintitrés de abril.**	*Welches Datum haben wir?*
***¿A cuántos estamos?* *–Estamos* a veintitrés de abril.**	*Es ist* der dreiundzwanzigste April.

An einem bestimmten Datum (*am* ...) wird im Spanischen einfach durch Verwenden des bestimmten Artikels ausgedrückt [➤21cx(v)].

¿Qué fecha vamos a Caracas? –Vamos *el* diez de enero.	»An welchem Datum fahren wir nach Caracas?« – »Wir fahren *am* zehnten Januar.«

• Wird das Datum ohne Angabe des Monats ausgedrückt, stellt man gewöhnlich **el día** voran.

Vamos a Caracas *el día diez.*	Wir fahren *am zehnten* nach Caracas.

30d Jahreszahlen

Jahreszahlen werden genauso ausgedrückt wie die Grundzahlen.

1994	**mil novecientos noventa y cuatro**
2002	**dos mil dos**

Monate werden mit einem Jahr durch **de** verbunden.

El diez de enero *de 1995.*	Der zehnte Januar *1995.*

• Achten Sie auch auf folgendes:

Este manual se publicó *en 1995.*	Dieses Handbuch wurde *1995* veröffentlicht.

Antes de Jesucristo (antes de J.C.)	v.Chr.
Después de Jesucristo (después de J.C.)	n.Chr.

G
REGISTER

REGISTER

N.B. Querverweise beziehen sich auf Kapitel und Abschnitte

A